D1691903

Das Diak in Schwäbisch Hall

Die kleine Stadt am Berge

Wir Verlag   Walter Weller

EVANG. DIAKONIEWERK
SCHWÄBISCH HALL E. V.

◁ *Seite 2*

Das Gottlob-Weißer-Haus (GWH)

Eingang des Mutterhauses

Die Landschaftsgärtner gestalten das Diak-Gelände farbenfroh

Im Hintergrund das sogenannte Hochhaus des Diakonie-Krankenhauses

Friederike-Fliedner-Heim, Schwesternheim ▷

Das Evangelische Diakoniewerk liegt wie eine kleine Stadt am Berge ▽

Titelbild:

Das Evangelische Diakoniewerk Schwäbisch Hall aus der Vogelperspektive. Im Nordwesten von Schwäbisch Hall entstand im Laufe der Jahrzehnte eine „kleine Stadt am Berge". Der Krankenhaus-Komplex fällt sofort ins Auge; dahinter steht das Gottlob-Weißer-Haus. Stadteinwärts schließen sich Auferstehungskirche, Mutterhaus und Internat an. Aus der Gründerzeit sind Stammhaus, Johanniterhaus und Kapellensaal. Etwa 3000 Menschen füllen die Häuser mit Leben.

© 1996
ISBN 3 – 924492 – 70 – 0

Wir-Verlag Walter Weller, Meisenstr.17,
D-73431 Aalen, Telefon (07361) 31425

Evangelisches Diakoniewerk
Schwäbisch Hall e. V.
Am Mutterhaus 1, 74523 Schwäbisch
Hall, Telefon (0791) 753-1

Alle Rechte vorbehalten – Nachdruck, auch auszugsweise sowie fotomechanische Wiedergabe nur mit Genehmigung des Verlages

Einband Rückseite:

Idyllischer Winkel in Wilhelmsglück, entdeckt und fotografiert von der Mitarbeiterin Irene Böttcher. Auch dieser Steg gehört zum Diak.

Der Bildband ist ein Produkt vieler Personen, die eines gemeinsam haben: ihre Verbindung zum Evangelischen Diakoniewerk. Der Wir-Verlag dankt allen, die sich an der Entstehung beteiligt haben - den Autoren (siehe Inhaltsverzeichnis), den Fotografen Ufuk Arslan vom Haller Tagblatt, Birgit Bayer, Luise Binder, Irene Böttcher, B. Braun, Inge Comtesse, Ruth Conrad, Barbara Fischer, Kurt Gramer, Fotografenmeister, Manfred Grohe, Fotografenmeister, Kirchentellinsfurt, Ute Hertel, Barbara Hettler, Damaris Holl, Fotografenmeisterin Margit Kern, Reinhold Kettner, Gerald Koch, Achim Köpf, Fotografenmeister Klaus Krüger, Maulbronn, Irmtraut Krumrey, Jochen Maier, Karlheinz Rapp, Hilke Ruta, Dieter Seybold, Ingrid Wartenberg, Foto Weller, Schwäbisch Hall, Wir-Verlag Walter Weller, Steffen Westphal, Helmut Wörner, Kurt Württemberger, dem Archiv des Evang. Diakoniewerkes und allen weiteren, die Fotos zur Verfügung stellten. Besonderer Dank gilt den Mitarbeitern des Evang. Diakoniewerkes, die die Texte gesammelt, geschrieben und korrigiert haben: Helga Beck, Dora Betz, Elisabeth Burkhardt, Barbara Fischer, Maria Herwarth, Gerald Koch, Irmtraut Krumrey, Birgit Otterbach, Karlheinz Rapp, Dunja Schönfeld, Anita Schuleit, Maria Singer, Gertraut Stutz, Brunhilde Wieland, Margarete Zeuner, sowie allen nicht Genannten, die ein Jahr lang alle Höhen und Tiefen bei der Entstehung dieses Buches mit durchlebt haben. Auch der Leitung des Evang. Diakoniewerkes, namentlich Herrn Direktor Pfarrer Manfred Jehle und Frau Oberin Irmtraut Krumrey, gilt unser Dank für alle Unterstützung.

Seite 6

Eindrücke vom Gelände des Evangelischen Diakoniewerkes:
Kapellensaal,
Auferstehungskirche,
Johanniterhaus;
Team der Krankenpflegeschule
Badhaus und Hochhaus

Seite 7

Beim Jahresfest 1994 wurde die Erde bewegt
Das Kugelbad ist immer wieder beliebt
Sag's mit Blumen: Verwaltungsdirektor Heinz Nägele mit
Oberin Maria Herwarth bei ihrer Verabschiedung
Januar 1995
Ellen Körner führt die Krankenhaus-Bücherei

Das Evangelische Diakoniewerk Schwäbisch Hall
Informationen		8
Das Diak - die kleine Stadt am Berge	Pfarrer Manfred Jehle	12

Eine Idee wird Wirklichkeit:
Am Anfang stand eine Idee	Margarete Zeuner	15
Gemeinschaft der Haller Schwestern und Pfleger	Maria Herwarth	22
Das Haller Mutterhaus	Prälat Hans Kümmel	24
Die Entwicklung des Leitbildes	Irmtraut Krumrey	28

Blicke von außen auf das Diak:
Das Diak aus Stuttgarter Sicht	Ministerin Helga Solinger	30
Die Bedeutung des Diaks für den Landkreis	Landrat Ulrich Stückle	31
Schwäbisch Hall und sein Diak	OB Karl Friedr. Binder	33
Am Diak kommt keiner vorbei	Dekan Paul Dieterich	35

Das Diak mit seinen Arbeitsbereichen:
Ein Tageslauf im Diak	Wilma Strudthoff u. a.	37
Rondo Veneziano	Renate Ucik	40
Das Diak heute	Diethelm Ricken	41
Pflege im Diakonie-Krankenhaus	Rolf Hitzler	47
Neurochirurgie	Jochen Korte	48
Akuter Notfall - wie er im Labor erlebt wird	Prof. Dr. Hans-Peter Geisen	51
Hebammen im Diak	Maria Brazel, Johanna Binder	53
Die Kinderabteilung im Wandel der Zeit	Dr. Fritz Hopfengärtner Prof. Dr. Hartmut Geiger	55
Medizinisch-Ethischer Gesprächskreis	Barbara Fischer	57
Seelsorge im Krankenhaus	Kurt Württemberger, Karlheinz Rapp	58
Wertvolle Beziehungen	Renate Flaxa	61
Geriatrischer Schwerpunkt	Prof. Dr. Gerhard Utz	62
Krankenpflegeschule	Hanni Krüger	63
Kinderkrankenpflegeschule	Gertrud Fischer	65
Die Regiebetriebe	Heinz Nägele	67
Hausdruckerei	Rolf Friedrich	72
Haller Schwestern und Pfleger in der Gemeindekrankenpflege	Margarete Mühlbauer	72
Heim Schöneck	Maria Zimmermann	75
Die Wohn- und Pflegestifte	Mechthild Mohr	78
Haller Schwestern im Kinderzentrum Maulbronn	Margret Preiß	80

Leben im Diak - früher und heute:
30 Jahre in der Chirurg. Abt.	Dr. Wolfgang Kolb	81
Die Eiserne Lunge	Alfred Bohn	84
Gedanken über die Entwicklung im Krankenhaus	Dr. Hansjörg Schneider	85
Damals auf der Uro. Abteilung	Beate Volz	88
Veränderungen	Adelheid Jehle	90
Das Biblisch-Diak. Seminar	Alexander Klenk	91
Zivildienst im Diak	Thomas Föller	93
Mit der Krankenpflege a. d. Weg	Ulrike Werner	94
Leben u. einkehren im Mutterhaus	Luise Binder	95
Man nehme 360 Eier …	Barbara Fischer	96
Als Hauswirtschaftsleiterin im Internat	Ute Hertel	99
Schwester Emma und die PDL	Prälat i. R. Dr. Albr. Hege	101
Mit der Gemeindekrankenschwester einen Tag unterwegs	Katrin Ziegler	102
Dank an die Mitarbeiter im Gottlob-Weißer-Haus	Margarete Gebhard	104
Ist so Nachtdienst im Gottlob-Weißer-Haus?	Rosemarie Schmid, Käthe Maurer, Elfriede Gradl	105
Wo man singt …	Ernst-Günter Hillnhütter	107
Sport im Diak	Gerald Koch	108
Ein schöner Ausflug	Cornelia Foeckel	109
Schwester Evas Tonfiguren	Eva Szörösi	111
Feierabendschwestern	Dora Betz	112

„Alles Leben ist Begegnung". Schwestern erinnern sich
Begegnung durch 5 Jahrzehnte	Gisela Laible	115
Schwäbisch Hall – Indonesien – Eisenach	Waltraud Keck	118
Begegnung m. d. Staatsmacht 1940	Renate Breuning	121
Behindertenarbeit im Stammhaus	Luise Winter	123
24 J. im Brettheimer Krankenhaus	Luise Kühnle	125
„Ebbes" von meinem Leben	Hilde Ebert	126

Chronik über das Diak
	Elisabeth Burkhardt Maria Singer	130

EVANG. DIAKONIEWERK SCHWÄBISCH HALL E. V.

Das Evangelische Diakoniewerk Schwäbisch Hall e. V. ist eine große diakonische Einrichtung im Raum Hohenlohe/Franken mit rund 2300 Mitarbeiterinnen und Mitarbeitern. (Stand 9/1995)

Gegründet wurde das Werk im Jahr 1886 von Pfarrer Hermann Faulhaber als Evangelische Diakonissenanstalt. Im Laufe der Jahre entstanden die Arbeitsbereiche

- Gemeindekrankenpflege
- Diakonie-Krankenhaus
- Ausbildung in Berufen der Kranken- und Kinderkrankenpflege, Heilerziehungspflege
- Behindertenarbeit
- Altenarbeit

Verantwortliche Gremien:
Mitgliederversammlung (ca. 30 Mitglieder)
Verwaltungsausschuß (10 Mitglieder)
Vorsitzender: Prälat Hans Kümmel, Heilbronn

Die Leitung des Gesamtwerkes liegt beim Vorstand:
Pfarrer Manfred Jehle, Direktor (Vorsitzender)
Schwester Irmtraut Krumrey, Oberin (stellv. Vorsitzende)
Heinz Nägele, Verwaltungsdirektor
Diethelm Ricken, Verwaltungsdirektor

Das Evangelische Diakoniewerk wird mitgetragen von der Gemeinschaft der Haller Schwestern und Pfleger.

GEMEINDEKRANKENPFLEGE

Rund 300 Haller Schwestern und Pfleger arbeiten in Diakonie-Sozialstationen. Zu ihren Aufgaben gehören Pflege und Beratung von kranken und behinderten Erwachsenen und Kindern sowie Altenpflege im häuslichen Bereich. Pflegende Angehörige werden unterstützt und angeleitet. Das Netz der Diakonie-Sozialstationen, in denen Haller Schwestern und Pfleger arbeiten, erstreckt sich über das Hohenloher Land bis in weiter entfernte Gemeinden auf der Schwäbischen Alb und im Schwarzwald. „Ambulant vor stationär" - bei uns seit über 100 Jahren ein wichtiger Grundsatz.
Referatsleitung: Margarete Mühlbauer

AUSBILDUNG IN PFLEGEBERUFEN, FORT- UND WEITERBILDUNG

Das Diakoniewerk unterhält eine Krankenpflegeschule und eine Kinderkrankenpflegeschule mit insgesamt rund 150 Plätzen.
Ausbildungsbeginn ist jedes Jahr zum 1. 4. und 1. 10. (Krankenpflegeschule) bzw. zum 1. 4. (Kinderkrankenpflegeschule).
Schulleiterinnen: Hanni Krüger, Gertrud Fischer
Die Ausbildung dauert drei Jahre und schließt mit dem Staatlichen Examen ab.
Neben den Ausbildungsplätzen am Diakonie-Krankenhaus gibt es auch Plätze in den Kreiskrankenhäusern Künzelsau und Öhringen.
Das Diakoniewerk ist Mitträger der Evangelischen Fachschule für Heilerziehungspflege Schwäbisch Hall, sowie der Schule für Krankenpflegehilfe in Künzelsau. In Zusammenarbeit mit der Ev. Fachschule für Altenpflege Hohenlohe bestehen Ausbildungsplätze in Altenpflege.
Das Diakonie-Krankenhaus ist staatlich anerkannte Weiterbildungsstätte im Operationsdienst und in der Anästhesie- und Intensivpflege (zweijährige Kurse).
Für die Mitarbeiter im Diakoniewerk besteht ein umfangreiches Fortbildungsangebot.

WOHN- UND PFLEGESTIFTE

Das Evangelische Diakoniewerk unterhält zwei Wohn- und Pflegestifte mit insgesamt 172 Plätzen: das Gottlob-Weißer-Haus (GWH) mit Friedenshort (114 Plätze und Kurzzeitplätze) und das Nikolaihaus (56 Plätze).
Durch ihre Struktur „des Pflegewohnens" bieten die Wohn- und Pflegestifte den Bewohnern eine bleibende Heimat. Wenn sie pflegebedürftig werden, muß ihnen kein Umzug auf eine Pflegestation zugemutet werden.
Die Kurzzeitpflegeplätze sind für Personen, die vorübergehend im Wohn- und Pflegestift aufgenommen werden.
Referatsleitung: Mechthild Mohr

DIAKONIE-KRANKENHAUS

Haus der Zentralversorgung mit 599 Betten
Akademisches Lehrkrankenhaus der
Universität Heidelberg

Krankenhausleitung
Verwaltungdirektor Diethelm Ricken, Vorsitzender
Ärztlicher Direktor Chefarzt Prof. Dr. med. H. P. Geisen
Pflegedirektor Rolf Hitzler

Hauptabteilungen	Chefärzte
Anästhesie	Dr. med. Meisel
Allgemein- und Gefäßchirurgie	Prof. Dr. med. Lenner
Unfall-, Hand-, plastische und Wiederherstellungschirurgie	Prof. Dr. med. Siebert
Apotheke	Apotheker Martin Scheerer
Gynäkologie und Geburtshilfe	Dr. med. Klink
Innere Abteilung	Prof. Dr. med. Heißmeyer/ Prof. Dr. med. Utz
Innere Kinderabteilung	Prof. Dr. med. Geiger/ Dr. med. Fahr
Laboratoriumsmedizin und Blutbank	Prof. Dr. med. Geisen
Neurologie	Priv. Doz. Dr. Meyer-Wahl
Neuropädiatrie	Dr. med. Goldacker
Nuklearmedizin	Dr. med. Schneider
Röntgenabteilung u. Strahlentherapie	Dr. med. Rehnitz
Urologie	Dr. med. Schmidt

Belegabteilungen	Belegärzte
Augenabteilung	Dr. med. Ksinsik/ Dr. med. Nowak
HNO-Abteilung	Dr. med. Dr. dent. Menke/ Dr. med. Mulach
Kernspintomographie	Dr. med. Rehnitz/ Dr. med. Kübler
Mund- Kiefer-Gesichts- chirurgie	Dr. med. Pescheck
Neurochirurgie	Dr. med. Dette/ Dr. med. Hopf

BEHINDERTENBEREICH: HEIM SCHÖNECK

Heim Schöneck ist eine Einrichtung für Erwachsene mit geistiger und mehrfacher Behinderung. Im Heimbereich Wilhelm-Lotze-Weg und den Wohnbereichen in der Stauferstraße, in Wilhelmsglück und im Vogelsang bestehen insgesamt 161 Plätze.
In 15 Wohngruppen leben Frauen und Männer zwischen 20 und 90 Jahren, die wegen ihrer Behinderungen auf Begleitung im Leben angewiesen sind. Die Heimbewohner werden als Menschen in ihrer persönlichen Eigenart angenommen, in eine Gemeinschaft aufgenommen und an ihr beteiligt. Dabei ist es unser Ziel, möglichst individuelle Lebensgestaltung zu ermöglichen.
Die bei uns lebenden Menschen werden sowohl in den Wohnbereichen als auch im Bereich Bewegung, Beschäftigung und Förderung sowie in der Werkstatt für Behinderte begleitet und gefördert.
Referatsleitung: Ingrid Kettner

DAS ALLES - UND NOCH VIEL MEHR:

Das Diakoniewerk ist anerkannte Einsatzstelle für Zivildienstleistende. Für junge Leute, die als Praktikanten oder Diakonische Helfer mitarbeiten, bieten wir Plätze an. Ehrenamtliche Mitarbeiterinnen sind in der Ökumenischen Krankenhaushilfe tätig.

Wichtig ist uns die seelsorgerliche Begleitung und das gottesdienstliche Angebot für alle Menschen im Diakoniewerk. Seelsorger, Diakone und ein Kirchenmusiker arbeiten schwerpunktmäßig in diesen Bereichen mit. Die SchülerInnen besuchen vor Ausbildungsbeginn ein vierwöchiges Biblisch-Diakonisches Seminar.

Weitere Arbeitsgebiete sind die Verwaltung, die Versorgungsbetriebe (Ökonomieabteilung, Technische und Bauabteilung), die Hauswirtschaft.

Für die MitarbeiterInnen gibt es Sozialeinrichtungen wie Kindertagheim, Wohnungen, Freibad und eine Ferienwohnung.

Die Mitarbeitervertretung ist für die Belange der Mitarbeiter da.
Vorsitzende: Gudrun Manke

Rund 110 MitarbeiterInnen arbeiten im Gestellungsverhältnis in auswärtigen Krankenhäusern (Brettheim, Creglingen, Ilshofen, Künzelsau, Öhringen, Schrozberg und Kinderzentrum Maulbronn) und Heimen (Kirchberg, Mariaberg, Kirchheim/Teck, Sonnenhof in Schwäbisch Hall).

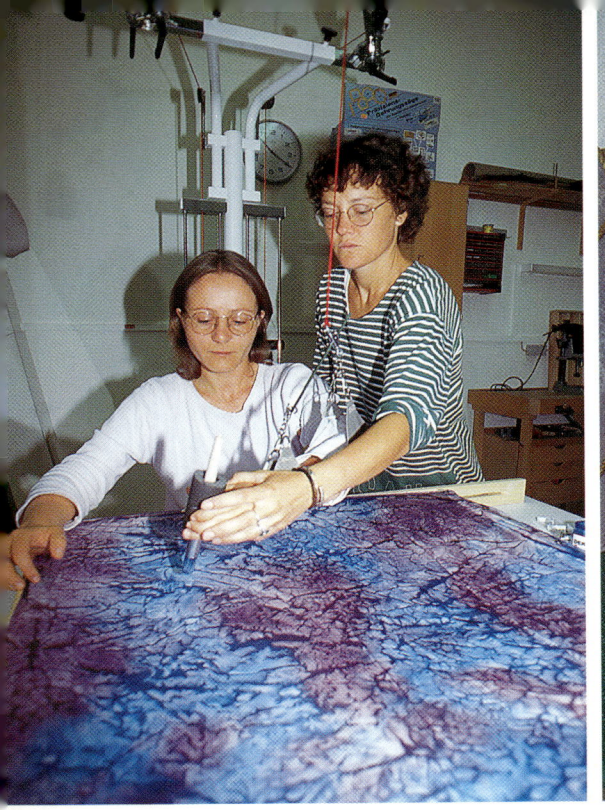
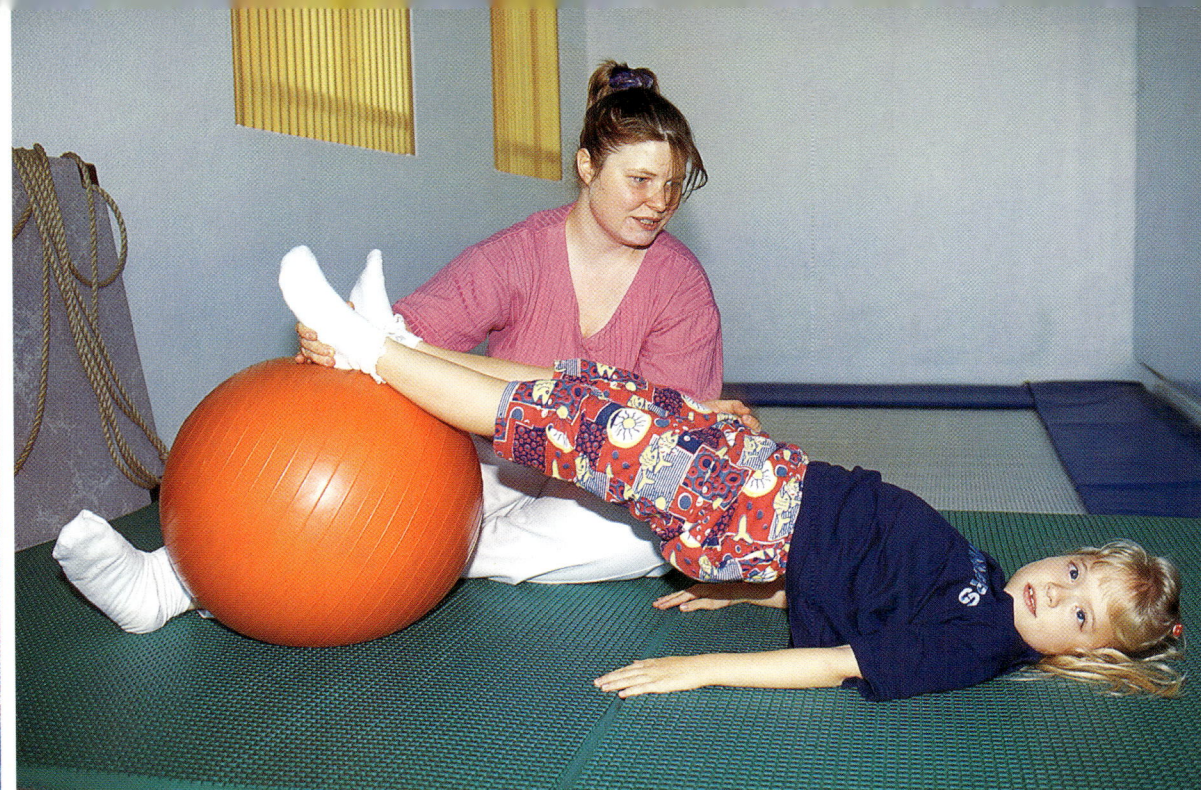
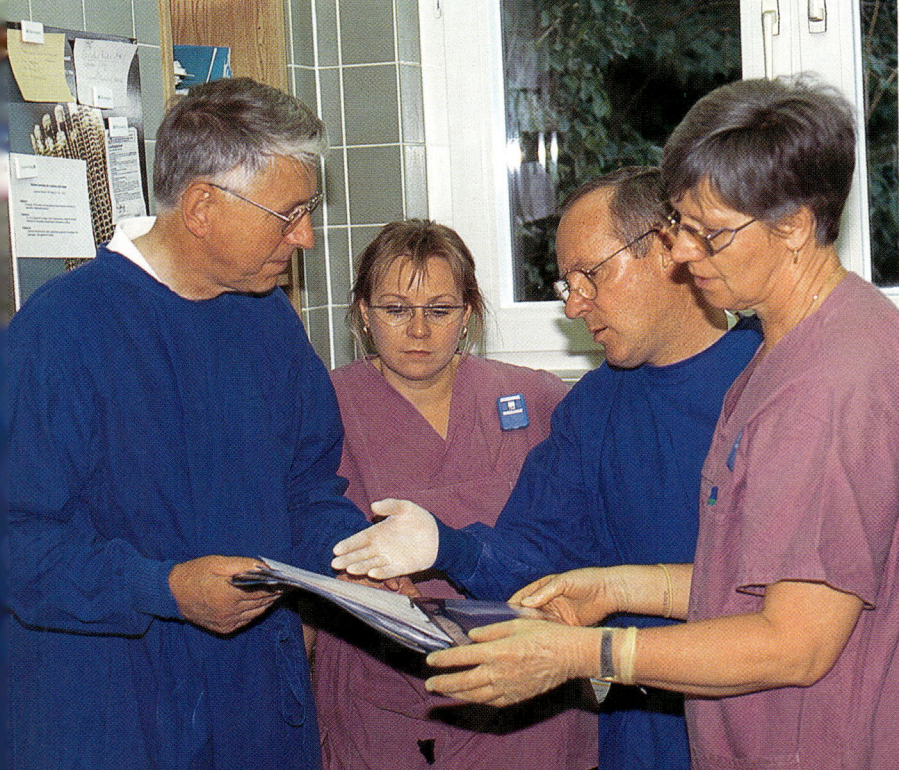
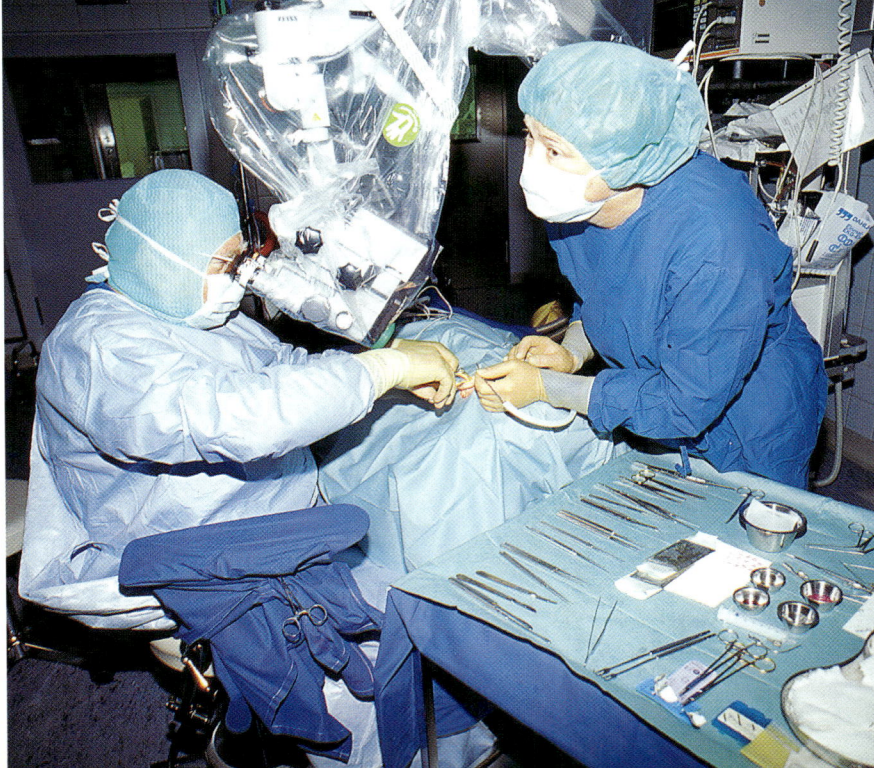

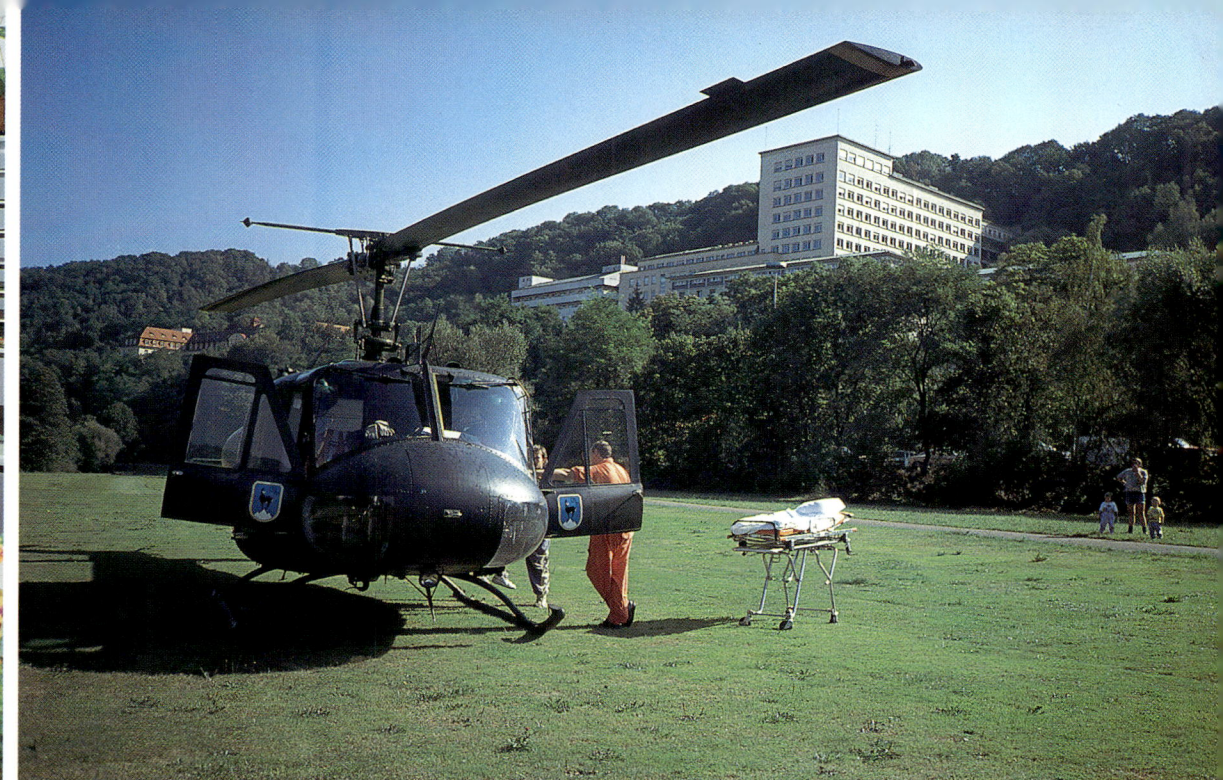
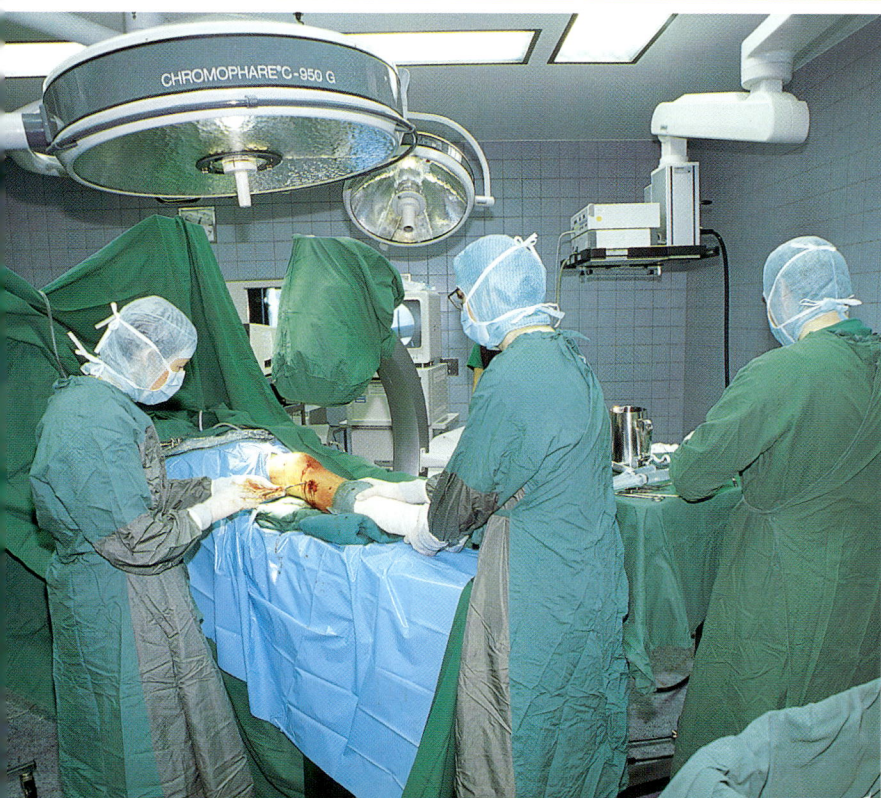
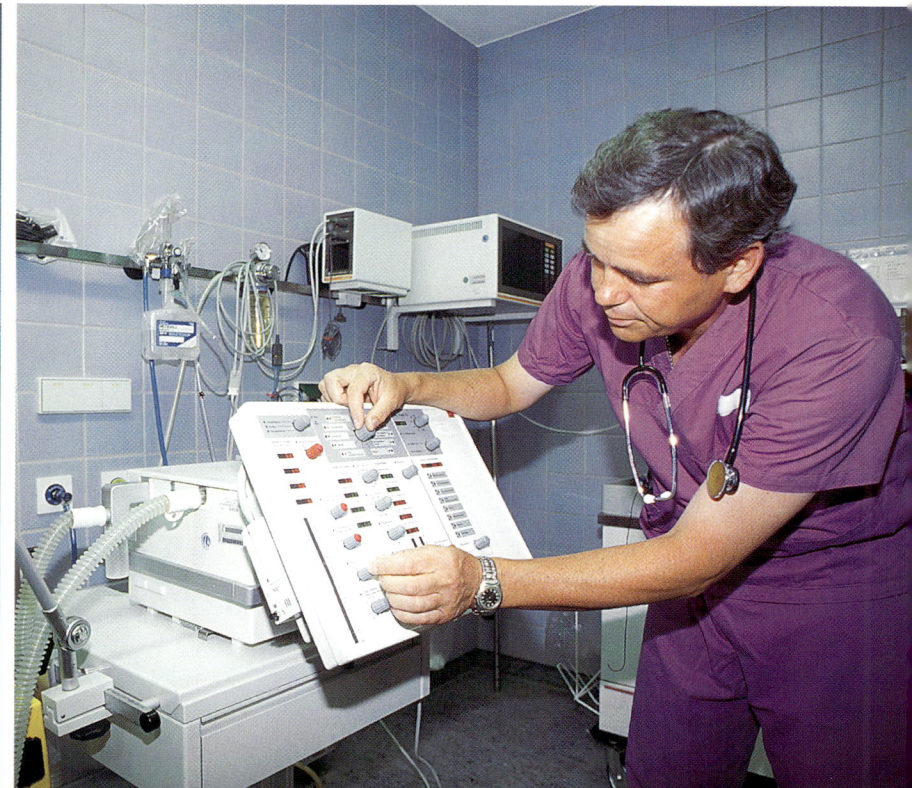

Das Diak – die kleine Stadt am Berge

Faszinierend – am späten Abend die Heimkehr nach Schwäbisch Hall. Ich komme von der Autobahn und fahre über den Gelbinger Sattel beim Neuberg. Plötzlich taucht am Kocherhang drüben das Diak auf. Unübersehbar grüßen die hellen Lichter des Kranken-Hochhauses und all der anderen Gebäude. In 110 Jahren wurden sie Schritt für Schritt gebaut. Sie dokumentieren ein stetiges Wachstum. Flußabwärts von Schwäbisch Hall hat das Diak sich damals angesiedelt, nachdem die Haller einen Bauplatz flußaufwärts nicht genehmigten. Sie hatten Sorge, der Fluß könnte verseucht werden und die Gesundheit der Bürger gefährden.

Der Anfang war klein. Das Stammhaus, das heute auf eine Generalrenovierung wartet und nach einer lohnenden Zweckbestimmung Ausschau hält, bot Raum für

Seite 10
Das Diakonie-Krankenhaus:
In der Ergotherapie wird mit verschiedenen Materialien gearbeitet
Krankengymnastik macht Spaß
Team der Inneren Abteilung
Hand in Hand beim Operieren

Seite 11
Zwei Mitarbeiter in der Patienten-Aufnahme
Noch landet der Hubschrauber mit schwerstverletzten Patienten auf einem Sportplatz im Tal
Im neuen Operationssaal
In der Anästhesie-Abteilung

Im Zentrum des Diaks steht die Auferstehungskirche, umgeben von Schulhaus, Johanniterhaus und Mutterhaus

die Schwesternschaft, war zugleich Krankenhaus und beherbergte die Pfarrfamilie Faulhaber.

Aber das kleine Senfkorn ist längst zu einem kräftigen Baum geworden. Die wenigen Häuser wuchsen zu einer kleinen Stadt am Berge. Zum herausragenden Bauwerk wurde „das Hochhaus", in den Jahren 1930 bis 1938 gebaut. Und das in einer Zeit, als auf dem flachen Lande – und der Haller Raum gehörte dazu – Hochhäuser nicht zu finden und auch verpönt waren. Es gehörte viel Mut dazu, ein solches Projekt zu wagen. Kein Wunder, daß manche, wenn sie mit ihren Pferdekutschen auf der Landstraße vorbeifuhren, meinten, das sei ein „Turmbau zu Babel". Anderen aber war dieser eindrucksvolle Bau Hinweis auf das Lied von Martin Luther: „Ein feste Burg ist unser Gott".

In der Tat – großes Gottvertrauen war nötig, um dieses ganze Diakoniewerk aufzubauen. Mehrere Generationen von Schwestern haben ihre ganze Kraft eingesetzt, ihren Glauben, ihre Liebe, ihre Tatkraft, um die wachsenden Aufgaben zu bewältigen. „Diakonissenanstalt" hieß das Werk bis 1978.

Es ist wohl nicht von ungefähr, daß der

Erdaushub beim Bau des Hochhauses in die anschließende Klinge Richtung Gelbingen gefahren wurde. Dort entstand eine stille Ecke, die Schwesternfriedhof wurde. Hier werden sie zur letzten Ruhe gebettet, die dieses Werk geprägt und getragen haben. Dorthin lenken viele ihre Schritte und stehen an den Gräbern. Erinnerungen tauchen auf, auch bei mir. Schwester Karoline hat mich als kleinen, armseligen Zwilling auf den Armen getragen und versorgt. Sie war damals Gemeindeschwester in meiner Heimat. Ich sehe ihr rundes Gesicht hinter den dicken Brillengläsern noch vor mir, denn sie begleitete auch noch den heranwachsenden Buben. Und da liegt Schwester Anna begraben. Sie half meiner Frau im alten Krankenhaus auf die Welt. Und diese … und diese … Und nun harren sie alle unter dem dunklen Kreuz dem Tag der Auferstehung entgegen.

Die hellen Lichter im Diak aber zeigen an: Auch wenn inzwischen nur noch wenige Diakonissen die Arbeit tun, es sind viele andere, die heute die Aufgaben anpacken. Seit 1978 trägt das Werk den Namen „Evangelisches Diakoniewerk Schwäbisch Hall e. V.". Die Kurzform aber ist geblieben: Es ist eben „das Diak". Das ist zunächst einfach eine hilfreiche Abkürzung. Man weiß, was gemeint ist und muß nicht viel erklären. „Ich gehe ins Diak". „Ich arbeite im Diak". „Er liegt im Diak". „Sie hat im Diak entbunden". Es gab Zeiten, da hat man im Diak diese Kurzform nicht geliebt. Man hielt sie für eine unzulässige despektierliche Verkürzung, aber sie hat sich durchgesetzt. In Wirklichkeit schwingt hier bei vielen so etwas wie Zärtlichkeit, Vertrauen, Hoffnung, hilfreiche Erfahrung mit. Besonders schön aber klingt es, wenn jemand sagt „unser Diak". Da wird deutlich: Das Diak gehört zu Hall wie die Freitreppe und St. Michael und wie die Steine, auf die man bauen kann. Dann wird spürbar, was das Diak von Anfang an sein wollte: ein Ort der Hilfe, eine diakonische Einrichtung für die Menschen in Hall und im Hohenloher Raum.

In den vergangenen Jahren hat sich das Diak ein neues „Logo" als Erkennungszeichen zugelegt. Wenn wir dieses Logo ansehen, können wir unschwer darin die Haller Freitreppe angedeutet finden. Das Diak gehört zu Schwäbisch Hall.

Die fünf ineinander liegenden Balken in U-Form sind Hinweis auf die fünf Arbeitsbereiche im Diak. Den Anfang bildete die Arbeit in der Gemeindekrankenpflege an so vielen Orten unseres Landes. Dazu gehört die Arbeit im Krankenhaus und die Ausbildung in den Schulen für Krankenpflege und Kinderkrankenpflege, seit einigen Jahren auch die Schule für Heilerziehungspflege. Dann gibt es den ganzen Bereich der Altenpflege in unseren Wohn- und Pflegestiften Gottlob-Weißer-Haus und Nikolaihaus. Oben auf der Höhe beim Wohngebiet Teurershof liegt Heim Schöneck, in dem Behinderte Heimat, Begleitung und Förderung finden.

In der Mitte des Logos aber steht das Kronenkreuz. Es will unverwechselbar deutlich machen, wo die Diakonie ihren Ursprung und ihre Mitte hat. Es ist der Diakon Jesus Christus. Er kam in diese

Mitarbeiter aus allen fünf Arbeitsbereichen gestalteten das Logo des Diakoniewerkes beim Jahresfest 1995 in der Auferstehungskirche

Welt, nicht um sich dienen zu lassen, sondern um zu dienen und sein Leben für uns Menschen dranzugeben. In seiner Nachfolge will Diakonie geschehen. Es fällt beim Logo auf, daß es nach oben, zum Himmel, zu Gott hin, offen ist und so alle fünf Bereiche wie offene Gefäße sind, bereit für den Segen Gottes. Solange im Diak der Segen drin ist, ist es gut. Ohne Segen ist ein gutes Arbeiten, Helfen, Leben und auch Sterben nicht möglich.

Im Diak ist noch Licht – das ist der Eindruck, wenn ich am späten Abend die kleine Stadt am Berge wiedersehe und heimkehre. Die Anbindung an die B 19 ist unbefriedigend, wenn ich in scharfer Spitzkehre ins Diak-Gelände einbiege. Das Parken in unserer schwierigen Hanglage bedeutet ein großes Problem. Aber im Diak brennt noch Licht! Es sind Menschen da, die sich für andere einsetzen. In der Notaufnahme ist alles vorbereitet, falls Hilfe nötig wird. Vor der Notaufnahme grüßt die Bronzeplastik von Ulrich Henn. Sie zeigt Menschen, die voller Angst in ihrem Boot sitzen, das in Seenot geraten ist. Aber im Boot steht Jesus. Er breitet seine Arme aus. Er glättet die Wogen. Er lädt die Verängstigten ein. Er gibt ihnen Frieden und Geborgenheit. Faszinierend – im Diak brennt noch Licht.

Manfred Jehle, Pfarrer im Diakoniewerk von 1969–1975, Direktor von 1990–1996.

Bild oben: Die Bronzeplastik „Stillung des Sturmes" wurde von Ulrich Henn gestaltet und im April 1993 vor der Notaufnahme aufgestellt

Der Funke springt über... Ausstellungseröffnung im Diakonie-Krankenhaus mit Bildern von Bewohnern und Mitarbeitern aus dem Heim Schöneck

Am Anfang stand eine Idee

Zum 100. Geburtstag des Evang. Diakoniewerkes schrieb der damalige Schwäbisch Haller Landrat Dr. Biser in einem Grußwort: „Die Gründung des Diakoniewerkes war eine Sternstunde in der Geschichte von Württembergisch-Franken, des Landkreises Schwäbisch Hall und der Stadt Schwäbisch Hall." Und von seinem Nachfolger Landrat Stückle war im Herbst 1994 im Haller Tagblatt zu lesen, für ihn seien die drei wichtigsten Einrichtungen in Schwäbisch Hall das Diak, der Sonnenhof und die Bausparkasse.

Solche Stimmen der Wertschätzung spornen die heutige Diak-Generation an, ihr Bestes zu geben für eine gute Weiterentwicklung dieses groß gewordenen Werkes mit seinen ca. 2300 Mitarbeitern in fünf Arbeitsbereichen – Ausbildung, Gemeindekrankenpflege, Behindertenhilfe, Altenhilfe und Krankenhaus.

Es ist immer wieder spannend und bewegend, sich an die Ursprünge zu erinnern. Am Anfang stand eine Idee. Es war die Vision eines Einzelnen, des jungen Gemeindepfarrers Hermann Faulhaber (1842–1914). Er war davon überzeugt, daß die Kirche ihren Auftrag verfehlt, wenn zur Verkündigung des Wortes Gottes nicht das diakonische Handeln kommt. Er hatte einen am Evangelium orientierten Blick für die Nöte seiner Zeit und wollte darauf eine Antwort geben. Dabei dachte er nicht nur an seine kleine Gemeinde in Triensbach bei Crailsheim. Das ganze Hohenloher Land mit der vielfachen Not alter und kranker Menschen lag ihm am Herzen. Er sah im Geist ein Netz von Gemeindeschwesternstationen, gespannt über die acht Dekanatsbezirke in Hohenlohe (Blaufelden, Crailsheim, Gaildorf, Hall, Künzelsau, Langenburg, Öhringen, Weikersheim).

Für die Ausbildung und Sammlung von künftigen Schwestern plante er nach dem Vorbild schon vorhandener Einrichtungen ein Diakonissenhaus mit kleinem Krankenhaus. Pfarrer Faulhaber verstand es, im Einzelgespräch und auf großen Pfarrerversammlungen die Pfarrer im fränkischen Raum für seine Idee zu gewinnen und als Multiplikatoren einzuspannen.

Die noch vorhandenen Spendenverzeichnisse im Archiv des Mutterhauses machen deutlich, daß schon in der Planungsphase viele Gemeindeglieder sich identifizierten mit Faulhabers Vorhaben und gespannt auf seine Verwirklichung warteten. Mit entscheidend für das Gelingen war der Beitrag des damaligen Schloßherrn von Langenburg, des Fürsten Hermann zu Hohenlohe-Langenburg.

Der Diak-Gründer Pfarrer Hermann Faulhaber

Die erste Oberin Sophie Pfizmajer

Oberin Emma Weizsäcker

Er war während der Vorbereitungszeit Vorsitzender des „Gründungskomitees" und dann noch acht Jahre Vorsitzender des Verwaltungsrats bis zu seiner Berufung nach Straßburg als „Statthalter der Reichslande".

In der über 6jährigen Planungszeit waren ungezählte Schwierigkeiten zu überwinden.

Bis nur die Standortfrage entschieden war! Schon um seines beharrlichen Durchhaltens willen verdient der Diak-Gründer, Pfarrer Faulhaber, Respekt und Dank. Es muß für ihn ein bewegender Tag gewesen sein, als am 1. Februar 1886 das Diakonissenhaus mit dem 30-Betten-Krankenhaus eröffnet werden konnte.

Zwei Patienten, die erste Oberin Sophie Pfizmajer mit drei weiteren Schwestern und die vierköpfige Pfarrfamilie Faulhaber waren am Eröffnungstag die Bewohner dieses ersten Gebäudes, das wir heute Stammhaus nennen.

Die Männer und Frauen der ersten Stunde konnten nicht ahnen, daß zum ersten Arbeitsbereich, der Heranbildung und Aussendung von Gemeindeschwestern, eine Vielfalt von weiteren Aufgaben kommen würde.

Die Weichenstellungen waren jeweils eine Antwort auf die Nöte der Zeit. Schon ein kurzer Gang durch die 110 Jahre Diak-Geschichte kann die Entwicklung und die wechselnden Schwerpunkte deutlich machen.

Radwechsel – Fahrer Johann Schneider und das erste Diak-Auto

Ein Tänzchen zu Ehren des Fürsten Hermann zu Hohenlohe-Langenburg

Ausflug – auf der Fahrt zum Bahnhof

1886–1911

Dieses Vierteljahrhundert läßt sich in zwei Hälften mit dem Einschnitt im Jahr 1899 aufteilen. Nach anfänglichem raschem Aufblühen brachte eine wirtschaftliche Krise das junge Werk an den Rand seiner Existenz. Der Diak-Gründer und erste Anstaltsleiter, Pfarrer Hermann Faulhaber, wurde im Jahr 1899 von Pfarrer Gottlob Weißer abgelöst. Im neuen Jahrhundert kam zur Ausbildung im Krankenhaus und Gemeindeschwesternarbeit als dritter Schwerpunkt die Arbeit mit geistig behinderten Frauen und Kindern dazu – als Antwort auf viele Hilferufe von betroffenen Familien. Auch baulich gab es Erweiterungen. Zu den ursprünglich drei Gebäuden (Stammhaus, Altes Krankenhaus, Johanniterhaus) gesellten sich für die Bedürfnisse der wachsenden Schwesternschaft die Kapelle und das Mutterhaus. Nach dem Einzug der Schwestern ins neue Mutterhaus (1906) wurden zwei kleinere Gebäude für andere Zwecke frei, das „Kleine Frauenheim" und das „Frauenasyl" (Friedenshort). Alleinstehende und dauernd pflegebedürftige Frauen fanden darin Heimat und Pflege – wieder eine Antwort auf viele drängende Fragen betroffener Menschen.

Pfarrer Gottlob Weißer

Krankenzimmer im sogenannten „Alten Krankenhaus", erbaut 1889, seit 1900 Krankenhaus (das Gebäude steht nicht mehr, an seiner Stelle steht seit 1970 das Internat der Krankenpflegeschule)

Die ersten Diakonissen, Pauline Schiefer, Lisbeth Weidner und Margarete Burkhardt, mit Sanitätsrat Dr. Richard Dürr

Das Johanniter-Krankenhaus zur Pflege kranker Kinder wurde 1890 eingeweiht und steht heute unter Denkmalschutz

Für die jungen Schwestern ergab sich mit diesem neuen Arbeitszweig der Altenhilfe ein weiteres Übungsfeld, ehe sie mit der Arbeit im Krankenhaus und mit der Krankenpflegeausbildung begannen.

Hatte man in den ersten Jahren junge Frauen eingeladen, auf eine befristete Zeit von drei bis vier Jahren als Diakonisse mitzuarbeiten, so kam es in Hall, wie auch in vielen anderswo bestehenden Diakonissen-Mutterhäusern, zur Vorstellung vom Lebensberuf der Diakonisse. Sie wird zu ihrem Amt eingesegnet und ist Glied einer Schwesternschaft. Das Mutterhaus sollte nicht nur Ausbildungsstätte, sondern auch Mittelpunkt der Fortbildung, Versorgung und des Gemeinschaftslebens der Schwestern sein. Die Glaubens-, Lebens- und Dienstgemeinschaft wurde zur gültigen Form. 1904 folgte eine wichtige Weichenstellung durch den Anschluß an die Kaiserswerther Generalkonferenz.

Die Leitung der Schwesternschaft hatte die Oberin zusammen mit dem jeweiligen Anstaltsleiter. In den ersten Jahrzehnten waren dies:
Sophie Pfizmajer (1886–90),
Elisabeth Schultes (1890–91),
Lotte Gerok (1892–99) und
Emma Weizsäcker (1900–25).

1911–1936

Gleich zu Anfang des zweiten Vierteljahrhunderts gelang das Wagnis eines großen Neubaus Richtung Gelbingen, Pflegeanstalt genannt (heute Gottlob-Weißer-Haus). Bald fanden darin ca. 500 geistig behinderte Frauen und Kinder eine Heimat. Für die jungen Diakonissen, die alle hier ihren ersten Arbeitsplatz hatten, war es eine „Hochschule der Diakonie". Die nächste Weichenstellung brachte der Erste Weltkrieg. Haller Schwestern hatten sich zu bewähren in Lazaretten an der West- und Ostfront und auch im eigenen Lazarett im Johanniterhaus, das dann nach dem Krieg wieder als Kinderkrankenhaus zur Verfügung stand. Später wurden darin in Verbindung mit der Bäderabteilung Solbadkuren durchgeführt. (Seit 1981: Neuropädiatrische Abteilung).

Die durch die Inflation bedingten Versorgungsengpässe führten zum Kauf von landwirtschaftlichen Höfen, die später wieder verkauft bzw. verpachtet wurden.

Und dann erforderten die steigenden Patientenzahlen und die Fortschritte der Medizin ein größeres Krankenhaus. Viel Mut war dazu notwendig, viel Gottvertrauen. Die Schwierigkeiten durch die Weltwirtschaftskrise und danach die Blockierungen durch die Machthaber des Dritten Reiches verzögerten den Bau. 1930 löste Pfarrer Wilhelm Breuning den Anstaltsleiter Pfarrer Gottlob Weißer ab. Die Oberin Emma Weizsäcker gab ihr Amt bereits 1925 an Luise Gehring weiter.

1936 – 1961
Für das nächste Vierteljahrhundert setzte das Kranken-Hochhaus (Bau abgeschlossen 1938) einen wichtigen Akzent. Fortan dominierte die Krankenhausarbeit. Im Zweiten Weltkrieg war das Krankenhaus teilweise Lazarett.

Dagegen erlitt 1940 die Behindertenarbeit überaus schmerzliche Einbußen im Zusammenhang mit dem Euthanasieprogramm des Dritten Reiches. Die dadurch ausgelöste Erschütterung führte später zur Gründung von Sonnenhof und Heim Schöneck.

Die Ausbildung zur Krankenpflege, die immer an erster Stelle stand, wurde nach dem Krieg durch die Eröffnung einer Kinderkrankenpflegeschule erweitert.

Oberin Luise Gehring, Pfarrer Wilhelm Breuning

Sanitätsrat Dr. Robert Dürr vor dem Diakonissenhaus (heute Stammhaus): stets rufbereit

Zimmer im „Kleinen Frauenheim", ab 1906 ein Altenheim

1956 übernahm Pfarrer Gotthold Betsch das Amt des Anstaltsleiters von Pfarrer Wilhelm Breuning. Bald darauf konnte mit dem Bau des Schwesternheimes das Bauprogramm für die dringend nötige Beschaffung von Wohnraum für Schwestern und Mitarbeiter begonnen werden.

1961–1986/1988

In den 60er und 70er Jahren hat sich das äußere Diak-Bild stark verändert: Auferstehungskirche, Schulhaus, Internat, Haus Bergfrieden, Mutterhausumbau und alle Schwestern- und Mitarbeiterhäuser jenseits des Gottlob-Weißer-Hauses Richtung Gelbingen sowie das Schwimmbad. Dazu viele Renovierungen, besonders im Krankenhausbereich.

Und es gab strukturelle Änderungen. Mit dem Inkrafttreten des Krankenhausfinanzierungsgesetzes wurde das Diakonie-Krankenhaus in der Rechtsform einer GmbH organisiert (1973–1990).

Auch Schwesternschaften sind keine für alle Zeiten festgefügten Gebilde. Die innere Zielsetzung muß bleiben, Formen können sich wandeln. Im Jahr 1968 haben sich die Haller Diakonissen mit den Verbandsschwestern (heute Diakonische Schwestern) zur Haller Schwesternschaft zusammengeschlossen. Nach der Öffnung des Kaiserswerther Verbandes auch für männliche Mitglieder erfolgte 1975 die Erweiterung zur „Gemeinschaft der Haller Schwestern und Pfleger". Oberin Luise Gehring gab 1961 ihr Amt an Margarete

Pfarrer Gotthold Betsch (oben)
Pfarrer Eckhard Klein (unten links)

Der langjährige Chefarzt der Kinderabteilung Dr. Fritz Hopfengärtner mit Frau Oberin Luise Gehring

Zeuner weiter. Deren Nachfolgerin wurde Dora Betz (1979–1987). Viele Renovierungen und Neubauten im Behinderten- und Altenbereich sowie im Diakonie-Krankenhaus prägten baulich die 80er Jahre, in denen Pfarrer Eckhard Klein (1980–1990) der Leiter des Gesamtwerks war (als „Hauptgeschäftsführer" und nach der Wiedereingliederung des Diakonie-Krankenhauses in das Diakoniewerk als „Direktor"). Das Heim Schöneck für Erwachsene mit geistiger und mehrfacher Behinderung konnte 1980 eingeweiht werden.

Das Gottlob-Weißer-Haus und das Nikolaihaus, die beiden Wohn- und Pflegestifte, wurden durch Umbau zeitgemäß gestaltet. Als Beispiel der Modernisierung der Versorgungs- und Regiebetriebe sei die Erstellung eines neuen Wäscherei-Gebäudes genannt (1985). Im Krankenhaus begann 1988 im Rahmen der Gesamtsanierung der Bau des neuen Operationstraktes (Fertigstellung 1992). In der Gemeindekrankenpflege erfolgte die Umstrukturierung in Diakonie- und Sozialstationen.

1986–1995

1987 wurde Schwester Maria Herwarth Oberin. 1990 bekam das Diakoniewerk eine neue Struktur. Pfarrer Manfred Jehle übernahm das Amt des Direktors. Er ist der sechste Anstaltsleiter bzw. Direktor und bildet zusammen mit Oberin Irmtraut Krumrey (seit 1995) den sogenannten Hausvorstand. Der Vorstand des Gesamtwerkes setzt sich aus vier Personen zusammen: Direktor, Oberin und zwei Verwaltungsdirektoren. Sie sind zusammen mit den weiteren verantwortlichen Gremien – Verwaltungsausschuß, Mitgliederversammlung, Gesamtvertretung der Gemeinschaft der Haller Schwestern und Pfleger, Mitarbeitervertretung, Gemeindevertretung – für die künftigen Entwicklungen und Weichenstellungen zuständig. Es braucht uns um den Weiterweg des Diakoniewerkes nicht bange zu sein, wenn auch in Zukunft fachlich tüchtige und von ihrem christlichen Glauben motivierte Menschen sich zum Wohl der hilfesuchenden Patienten und Heimbewohner engagieren und bereit sind, bedarfsorientiert und situationsbezogen auf die jeweiligen Herausforderungen der Zeit flexibel zu reagieren.

Diakonisse Margarete Zeuner, seit 1953 im Diakoniewerk, Oberin 1961–1979, heute im Ruhestand

Parkplätze waren im Diak schon immer knapp – In den 50er und 60er Jahren prägten Motorräder und vereinzelt Autos das Bild am Eingang

Gemeinschaft der Haller Schwestern und Pfleger

„Wir wollten einfach dazugehören ..."
So lautete die spontane Antwort des Ehepaares Jacob auf die Frage, warum sie beide Mitglieder in der Gemeinschaft der Haller Schwestern und Pfleger sind. Was beinhaltet dieses Dazugehören-Wollen? Ich will es am Beispiel dieses Ehepaares erläutern.

Die Gemeinschaft der Haller Schwestern und Pfleger ist ein Zusammenschluß christlicher Frauen und Männer, die Teil des Evang. Diakoniewerkes sind und sich so verstehen. Die Wurzeln reichen bis in die Anfänge des Werkes, zur damaligen Diakonissengruppe.

Seit 1975 gibt es die Gemeinschaft der Haller Schwestern und Pfleger in dieser Form mit Diakonissen, Diakonischen Schwestern und Brüdern. Die Mitglieder sind unverheiratet oder verheiratet, aktiv, bereits im Ruhestand oder beurlaubt, mit abgeschlossener Berufsausbildung oder noch in der Ausbildung, sie arbeiten im pflegerischen, medizinischen oder sozialpflegerischen Bereich, in der Hauswirtschaft oder Verwaltung. Frau Jacob zum Beispiel trat während ihrer Ausbildung zur Krankenschwester in die Gemeinschaft ein. Auch während der Familienphase gehörte sie dazu, obwohl sie in keinem Arbeitsverhältnis stand. Herr Jacob gehörte zur ersten Gruppe von Männern, die 1975 in die Gemeinschaft eingetreten sind. Als Haller Bruder übernahm er 1975 die Aufgabe der Pflegedienstleitung im Kreiskrankenhaus Öhringen. Zur Gemeinschaft zählen heute über 1000 Schwestern und Pfleger.

Was ist es, was Menschen verschiedenen Standes, Alters, Geschlechtes und Berufes in eine Gemeinschaft zusammenführt? Der Glaube an Jesus Christus befähigt Menschen zum Dienst aneinander. Dies in Solidargemeinschaft zu tun, ist Inhalt und Ziel der Gemeinschaft der Haller Schwestern und Pfleger. Was die Mitglieder verbindet, ist der Glaube an Jesus Christus und die Bejahung des diakonischen Auftrages. Sie wollen Mitverantwortung für das Diakoniewerk tragen und sich untereinander Hilfe und Stütze geben.

Vor der Aufnahme in unsere Gemeinschaft geben wir Gelegenheit zum gegenseitigen Kennenlernen. Wer dazu gehört, kann sowohl direkt in einem der Arbeitsbereiche des Diakoniewerkes tätig sein oder auch in einem auswärtigen Arbeitsbereich, mit dem das Diakoniewerk in einem Gestellungsvertrag für Haller Schwestern und Pfleger steht. Sie sind und bleiben Angestellte des Evang. Diakoniewerkes, wie etwa das Ehepaar Jacob. Das bedeutet, daß Haller Schwestern und Pfleger sich innerhalb der Arbeitsbereiche des Diakoniewerkes versetzen lassen können, ohne daß es einer Kündigung bedarf.

Die Gemeinschaft bietet Beratung in beruflichen und persönlichen Angelegenheiten sowie Fortbildung in Diakonie, Theologie, Ethik, Seelsorge, Pflege und in berufspolitischen Themen.

„Wir gehören zur Gemeinschaft der Haller Schwestern und Pfleger". Bei einem Fortbildungskurs für Schwestern und Pfleger aus allen Bereichen des Diakoniewerkes

Kleines Hauben-Einmaleins vergangener Tage
links:
Diakonische Schwester, zu erkennen an den sechs Falten in der Haube
rechts:
Schülerin mit der glatten, faltenlosen Haube

Sich gegenseitig Stütze und Hilfe zu geben, soll nicht nur am Arbeitsplatz, sondern auch in der Freizeit erfahrbar werden, z. B. bei den verschiedensten Angeboten in größeren und kleineren Gruppen.

Damit dies möglich ist, geben die Schwestern und Pfleger einen finanziellen Beitrag. In diese Gemeinschaftsangebote sind auch die Schwestern und Brüder, die im Ruhestand leben, eingeschlossen. Wer nicht mehr am offiziellen Arbeitsprozeß beteiligt ist, hat Gelegenheit zur ehrenamtlichen Mitarbeit, je nach Kraft und Gesundheit. Dazuhin schließt das Gebet und das Gemeindeleben in verschiedenen Ausprägungen die Gemeinschaftsmitglieder zusammen in dem Wissen: Wir brauchen uns gegenseitig und können uns aufeinander verlassen, wir sind von Gott beauftragt, an unserem Platz seine Liebe weiterzugeben.

Besondere Verantwortung für das Gemeinschaftsleben und für die Erfüllung der Aufgaben des Diakoniewerkes nimmt die gewählte Gesamtvertretung der Gemeinschaft wahr, z. B. auch Frau Jacob als Mitglied. Ebenso gehören einige Mitglieder der Gesamtvertretung zum obersten Gremium des Diakoniewerkes, der Mitgliederversammlung. Die Oberin ist Leiterin der Gemeinschaft und zugleich Mitglied und stellvertretende Vorsitzende des vierköpfigen Vorstandes.

Aber nicht nur innerhalb des Diakoniewerkes ist unsere Gemeinschaft präsent.

Schwestern- und Mitarbeiterjubiläum im Herbst 1992

Das Haller Mutterhaus

Schwester Irmtraut Krumrey (zweite von links), Oberin seit 1. Februar 1995, mit ihren Vorgängerinnen (von links) Margarete Zeuner (1961–79), Dora Betz (1979–87), Maria Herwarth (1987–95)

Die Zeichen der Verbundenheit des Diak mit dem Hohenloher Raum sind unübersehbar. Immer wieder ist das Diakoniewerk mit seinen verschiedenen Einrichtungen Ziel von Gemeindeausflügen. Konfirmandengruppen kommen zu Besuch und staunen über die vielfältigen Dienste, die hier getan werden. Noch vor wenigen Jahren kamen am Tag nach dem Erntedankfest Lastwagen angefahren, die die Erntegaben von den Altären der Kirchen überbrachten. Ganz zu schweigen vom Krankenhaus, einem Haus der Zentralversorgung, das großes Ansehen und Vertrauen genießt. Vor gut 100 Jahren, als das Diak gegründet wurde (1886), war noch keineswegs klar, daß die Kirche die Diakonie als ihre Sache begreifen würde. Die Impulse kamen zumeist aus freien Initiativen, die Nöte erkannten, derer sich

Wir gehören mit anderen Schwesternschaften in den Dachverband, den Kaiserswerther Verband Deutscher Diakonissen-Mutterhäuser, und in den internationalen Zusammenschluß von Schwesternschaften und Gemeinschaften in der Kaiserswerther Generalkonferenz. Auch mit DIAKONIA sind wir verbunden, dem Weltbund von Schwesternschaften und Gemeinschaften verschiedener christlicher Konfessionen. Ebenso über den Kaiserswerther Verband sind wir Mitglied in der Arbeitsgemeinschaft Deutscher Schwesternverbände, die auf Landes- und Bundesebene mit den Berufsverbänden für Pflegeberufe zusammenarbeitet und somit in den gesellschaftspolitischen Bereich hineinwirkt.

Diakonische Schwester Maria Herwarth, seit 1972 im Diakoniewerk, Oberin 1987–1995, heute im Ruhestand

Eine Schwester zog ins Mutterhaus ein

die Kirche noch nicht annahm. Erst in den schrecklichen Notzeiten gegen Ende des Zweiten Weltkrieges und in den Jahren danach ist dies klar geworden. Längst vorher aber taten die diakonischen Einrichtungen einen höchst segensreichen Dienst an Kranken und Sterbenden, an Behinderten und Pflegebedürftigen. Das Diak war schon lange aus dem Hohenloher Raum nicht mehr wegzudenken.

In den Berichten der ersten Jahre wird immer wieder hervorgehoben, wie segensreich dieser Dienst für Hohenlohe und wie gut die Zusammenarbeit mit den Landkreisen und Kommunen sei. Pfarrer Hermann Faulhaber, der Gründer des „Diakonissenhauses", berichtet, daß am 1. Februar 1886 mit 3 Schwestern die Arbeit begonnen wurde; nach 4 Monaten waren es ihrer 6, „und es war ihnen allen von Anfang an eine Freude, den vielen Kranken dienen zu können". In dieser Motivation steckt das ganze Geheimnis des Diaks. Ihre Bedeutung kann nicht hoch genug in der stationären und ambulanten Krankenpflege eingeschätzt werden. So nimmt es nicht wunder, daß das Diak bald einen unverlierbaren Platz in Hohenlohe einnahm und die „Amtskorporation Hall" von Anfang an die Zusammenarbeit suchte. Sie konnte davon nur profitieren. Mit den Worten „Mutterhaus" und „Diakonisse" verbinden heute viele die Vorstellung einer Lebensform, die ihre Zeit gehabt hat. Es ist ja auch wahr, daß im Diak seit Jahren keine Einsegnung und keine Aussendung mehr stattgefunden hat. Man darf dabei nicht übersehen, daß in der Gründerzeit der Mutterhäuser viele Frauen den Eintritt ins Mutterhaus als Befreiung und als besondere Wertschätzung erlebt haben. Frauen hatten nur in Ausnahmefällen die Möglichkeit, einen Beruf zu erlernen. In einem Raum, der fast gänzlich von der Landwirtschaft geprägt war, gab es längst nicht für alle Töchter in einer Bauernfamilie die Möglichkeit zu heiraten. Viele mußten als Mägde auf dem elterlichen oder einem anderen Hof bleiben. Die Mutterhäuser boten die Möglichkeit, den hochgeschätzten Beruf der Krankenschwester zu erlernen.

Die Tracht der Diakonisse war das Kleid der verheirateten Bürgerfrau. Darin kam die Würde der Person und die Wertschätzung ihres Berufes sinnfällig zum Ausdruck. Die Vorteile gegenüber der

So schön war das alte Mutterhaus

◁ *Mutterhaus, 1906 eingeweiht, mit Freitreppe für die adligen Gönner (sie wurde später, vermutlich in den 20er Jahren, entfernt). Der Umbau des Mutterhauses erfolgte 1970–73.*

Rolle der unverheirateten und daher gänzlich abhängigen Frau waren so eindeutig, daß sich die „Diakonissensache" rasch verbreitete und große Verbände von Mutterhäusern entstanden. Wer einer solch blühenden Lebensgemeinschaft angehörte, war jemand. Wer in einer Gemeinde fachlich qualifiziert Kranke und Sterbende pflegte, galt als eine hochgeachtete Persönlichkeit. Und wer in einem Krankenhaus den Patienten eine Schwester im eigentlichen Sinn des Wortes war, galt im Einzugsbereich bald als bekannte und geachtete Frau.

Das Mutterhaus bot eine „Stätte der Sammlung und Erziehung, des Rückhaltes und der Zuflucht". So heißt es in der Grundordnung des Kaiserswerther Verbandes, dem das Haller Mutterhaus angehört. Es war der Ort eines Dienstes, der dem Leben Sinn und Gewißheit gab, weil es sich als Dienst verstand und „Kirche für andere" sein wollte, längst ehe diese Formel bekannt war, die heute in jedermanns Mund ist. So hat das Haller Mutterhaus jungen Frauen aus dem Hohenloher Raum den Weg zu modernen Frauenberufen geöffnet und ihnen jene „Glaubensgemeinschaft, Dienstgemeinschaft und Lebensgemeinschaft" geboten,

Wer heute vom Parkplatz neben der B 19 über die Brücke ins Diak kommt, blickt direkt auf das Stammhaus (erbaut 1886). Leider ist diese Türe abgeschlossen, weil das Haus z. Zt. leersteht. Es ist baufällig und steht unter Denkmalschutz.

Speisesaal des Mutterhauses (1911) mit strenger Sitzordnung. Später gab es Einzeltische.

als die sich die Schwesternschaften verstanden und noch verstehen. Umgekehrt sind die Schwestern in ihren Einsatzorten zu Beispielen gelebten Glaubens geworden. Daß christlicher Glaube durch die Liebe tätig ist (Gal. 5,6), kann kaum eindrücklicher dargestellt werden als durch Menschen, die sich in den Dienst einer Schwester oder eines Pflegers rufen lassen. Sie brauchen das nicht zu predigen, ihr Beispiel überzeugt durch sich selbst.

Idyllischer Winkel in der Diakoniestraße

Die Haller Schwestern haben sich sehr bewußt als Glieder der örtlichen Gemeinde verstanden, haben aktiv mitgearbeitet, in der Jugendarbeit oder in einem Kreis. Wieviele junge Menschen durch diese Tätigkeit zum Glauben gekommen oder gar für diesen Beruf gewonnen wurden, läßt sich nur ahnen. Als die Diakonissensache, vor allem in städtischen Mutterhäusern, schon sehr rückläufig war, hat man mit ein wenig Neid auf Hall geblickt, das durch sein „Hinterland" noch länger als andere Häuser Eintritte verzeichnen konnte.

Aber auch Hall ist inzwischen längst von der neueren Entwicklung betroffen. Die Bedingungen, die seinerzeit für einen ständigen Zustrom von Diakonissen gesorgt haben, sind überholt. Die Rolle der Frau ist anders geworden, eine qualifizierte Berufsausbildung gilt heute schon als selbstverständlich. Die Lebensformen haben sich verändert. Es ist sinnlos, nostalgische Verhältnisse zu beschwören, die heute nicht mehr gegeben sind. Primäre Aufgaben der Gemeinschaft sind nach wie vor die diakonische Mitarbeit und Mitverantwortung innerhalb der verschiedenen Arbeitsbereiche unseres Evangelischen Diakoniewerkes.

Gleichzeitig soll die Gemeinschaft im gegenseitigen Geben und Nehmen ihrer Glieder Stütze und Hilfe sein, daß Dienst und Leben gelinge. „Die Gemeinschaft der Haller Schwestern und Pfleger hält unter uns die Frage wach, was denn wesentlich sein muß für ein evangelisches, für ein christliches Krankenhaus und eine Pflege unter dem Vorzeichen des christli-

Prälat Hans Kümmel, Heilbronn

chen Glaubens". So beschreibt die frühere Oberin Maria Herwarth die heutige Aufgabe des Diakoniewerkes.

Etwa 2300 Personen – vor allem Frauen – finden im Diak Arbeitsplätze. Für viele ist dies die Voraussetzung dafür, daß sie in Hohenlohe bleiben können, weil sie hier Arbeit und Auskommen finden. Die Hohenloher sind sogar etwas stolz darauf, ein solch großes Diakoniewerk mit dem Diakonie-Krankenhaus (Haus der Zentralversorgung und Akademisches Lehrkrankenhaus der Universität Heidelberg) in der Nähe zu haben. Sie wissen, daß man auch bei schwerer Erkrankung medizinisch, pflegerisch und seelsorgerlich bestens versorgt ist. Eine Patientin sagte bei einem Besuch: „Helfen Sie mit, daß das Diak bleibt, was es ist."

Prälat Hans Kümmel, Vorsitzender der Mitgliederversammlung und des Verwaltungsausschusses des Evangelischen Diakoniewerkes seit 1993

Die Entwicklung des Leitbildes

Zur Einleitung eine Geschichte, die ich nicht so schnell vergessen kann.

Da lebte im Wald eine Spinne. Sie hatte ihren Lebensraum sorgfältig ausgewählt und ihr Leben gut eingerichtet. Das Netz war an einem geradezu idealen Platz gebaut. Von oben her sah man am Zweig eines Strauches ihren Faden befestigt und abwärts gesponnen. Weit unten zwischen Blättern hing ihr kunstvolles Netz. Stabil war ihr Zuhause. Von oben her war es gehalten, nach den Seiten hin bestand eine gute Spannung. Was sich in ihrer Umgebung abspielte, hatte sie im Blick. Und weil genügend Insekten in ihr Netz gingen, litt sie nie unter Mangel. So hatte sie eine Weile gelebt. Eines Tages aber betrachtete sie das Ganze aus angemessenem Abstand. „Wozu eigentlich der Faden nach oben?" fragte sich die Spinne. „Die vertikale Verbindung ist überflüssig, die Spannung in der horizontalen reicht aus. Das Netz ist stabil gesponnen. Es entspricht den Qualitätsanforderungen", dachte sie. „Nur nicht so ängstlich", sagte sie nach einer Weile zu sich selbst, „man muß doch auch mal was riskieren. Ich will mich neu orientieren." Entschlossen biß die Spinne den von oben haltenden Faden durch. Das Netz verlor seinen Halt. Es fiel über der Spinne zusammen. Sie erstickte. Die Geschichte macht mich nachdenklich im Blick auf unser Diakoniewerk.

Ein großes Netz ist in den vergangenen 110 Jahren gespannt worden: von der nördlichen Grenze des Hohenloher Lan-

Mitarbeiterinnen und Mitarbeiter aus allen Bereichen beim Leitbild-Workshop

des bis in den Schwarzwald, von Maulbronn über Crailsheim hinaus bis an den Rand Bayerns, von der Ostalb ins Unterland. Und dazwischen liegt Schwäbisch Hall mit dem Mutterhaus, der Auferstehungskirche, den Schulen, dem Krankenhaus, den Bereichen der Alten- und Behindertenhilfe. Schwestern und Brüder, Mitarbeiterinnen und Mitarbeiter erleben das Netzwerk von Beziehungen, Schulungen und Informationsweitergaben sowie seelsorgerlicher Begleitung hilfreich, dynamisch und spannend.

Was bedeutet der von oben haltende Faden?

Unser Name und unser Logo geben Auskunft. Alle Diakonie hat ihren Anfang in Jesus Christus. „Ich bin unter euch wie ein Diener", hatte Jesus seinen Jüngern erklärt. Er hatte entsprechend gehandelt und seine Freunde beauftragt: „Ein Beispiel habe ich euch gegeben, daß ihr tut, wie ich euch getan habe." Und er ermutigte und stärkte sie: „Ich bin bei euch alle Tage". Das galt damals. Das gilt heute und hält uns.

Wozu dient dieser „Faden"?

Der Faden steht für die Verbindung zu Gott. Diese Verbindung hilft uns, unser Menschsein umfassend zu verstehen. Menschliches Leben trägt immer die Dimension Gottes in sich. „Ich bin der Herr, dein Gott, Schöpfer und Erlöser" und die Dimension des Menschen: „Du sollst deinen Nächsten lieben wie dich selbst." Die Verbindung zu Gott hilft uns zu einem umfassenden Verständnis unserer Welt. Sie ist mit allem, was auf ihr lebt, Gottes Gabe an uns. Jedes Leben ist ein Geschenk von Gott. Wir haben die Chance, diese Gaben zu pflegen und zu fördern, aber auch die Möglichkeit, sie zu zerstören.

Auf der Grundlage der Aussage „Gott schenkt Leben" arbeitete eine Projektgruppe mit dem Ziel, ein Leitbild für das Diak zu entwickeln.

Was soll ein Leitbild? Mit dem Leitbild wollen wir Auskunft geben über die Wurzeln unseres Werkes, die vielseitigen Aufgaben heute, über die Ziele und Werte, die uns wichtig sind und wie wir diese leben wollen. Mit dem Leitbild möchten wir uns nach außen darstellen. Nach innen soll es uns dazu dienen, die gesteckten Ziele im Auge zu behalten, Qualität zu sichern, das Selbstverständnis von Mitarbeiterinnen und Mitarbeitern zu stärken und zu besserem Miteinander helfen.

Wer hat bei der Leitbildentwicklung mitgewirkt? 35 Mitarbeiterinnen und Mitarbeiter unseres Werkes aus allen Bereichen und Berufsgruppen haben als Projektgruppe bisher daran gearbeitet. Dabei war es uns wichtig, möglichst alle, die bei uns arbeiten, einzubeziehen durch eine Fragebogenaktion und eine Testwoche mit anschließenden Rückmeldungen. Aufgrund der Arbeit der Projektgruppe und nachdem die Fragebogen und Rückmeldungen der Mitarbeiterin-

Intensive Diskussion beim Leitbild-Workshop in Waldenburg

nen und Mitarbeiter ausgewertet waren, haben wir erkannt, daß für das Diak kein „kosmetisches" Leitbild in Frage kommt, bei dem nur Äußerlichkeiten verändert werden. Die Mitglieder der Projektgruppe haben sich für ein spirituelles Leitbild ausgesprochen, dem das biblische Menschenbild zugrunde liegt.

Wie und wann wollen wir das Leitbild umsetzen? Alles Lebendige braucht Zeit zum Wachsen und Reifen. So auch die Umsetzung unseres Leitbildes. Der erste Schritt: sich entschließen anzufangen. Das spirituelle Leitbild zielt in alle Lebensbereiche. Es sieht den Menschen in der Beziehung zu Gott – zu sich selber – zum Mitmenschen und in der personalen Einheit von Leib–Seele–Geist:
– im Krankenhaus
– in den Wohnstiften
  für betagte Menschen
– in ambulanter und stationärer Pflege
– in der Tages- und Lebensgestaltung mit Menschen mit Behinderungen
– in der Ausbildung
– in der Verwaltung
– in den Regiebetrieben.

Dies gilt in der Arbeitszeit und in der Freizeit.
Leitbildentwicklung ist ein ständiger Prozeß.
Unser Leitbild soll ein elastischer, stabiler Faden in allen Bereichen unseres Evang. Diakoniewerkes sein.

Diakonische Schwester Irmtraut Krumrey, Oberin, seit 1987 im Diakoniewerk

Das Diak aus Stuttgarter Sicht

Das Evangelische Diakoniewerk Schwäbisch Hall e. V. feiert seinen 110. „Geburtstag" – ein Fest, das weit mehr ist als nur ein Familienfest. Aus kleinen Anfängen, aus der Sorge für kranke und sterbende Menschen, die in ihrer ländlichen Umgebung keine qualifizierte Versorgung erwarten konnten, ist ein Hilfswerk entstanden, das bis zum heutigen Tag weit über Schwäbisch Hall hinaus segensreich wirkt und die soziale Landschaft prägt. Längst sind die vielen Haller Schwestern und Pfleger aus den Sozialstationen im Hohenloher Raum und weit darüber hinaus nicht mehr wegzudenken. Das Haller Krankenhaus hat sich zu einem modernen Krankenhaus der Zentralversorgung und zum Akademischen Lehrkrankenhaus der Universität Heidelberg entwickelt. Behinderte finden im Heim Schöneck des Diakoniewerkes Hilfe und Geborgenheit, alte und pflegebedürftige Menschen sind in den Wohn- und Pflegestiften des Diakoniewerkes in guten Händen. Durch seine vielfältigen Aktivitäten, durch die hohe Kompetenz seiner Mitarbeiterinnen und Mitarbeiter und

Ministerin Helga Solinger besuchte das Diak 1993. Zum Programm gehörte eine Begegnung im Heim Schöneck. Von links: Pfarrer Manfred Jehle, Schwester Maria Zimmermann, Helga Solinger MdL, Dr. med. Walter Müller MdL und zwei Heimbewohner.

seinen innovativen Geist ist das Evangelische Diakoniewerk Schwäbisch Hall seit vielen Jahren ein wichtiger Partner und ein geschätzter Ratgeber auch für das Land. Ein Jubiläum wie dieses ist deshalb auch für mich Anlaß, Bilanz zu ziehen, aber auch den Blick nach vorne zu richten.

Wir haben in den vergangenen Jahren gemeinsam mit unseren Partnern in den Kommunen und in der freien Wohlfahrtspflege für unsere Bürger Hilfsstrukturen geschaffen, die sich nicht nur im Vergleich mit anderen Bundesländern sehen lassen können, sondern vor allem den Bedürfnissen der Bürgerinnen und Bürger in hohem Maße Rechnung tragen - und zwar in allen sozialen Aufgabenfeldern. Dies darf uns jedoch nicht ruhen lassen. Gemeinsam und ebenso entschlossen wie bisher, müssen wir die großen Aufgaben der Zukunft anpacken, die uns mit der Einführung des Pflegeversicherungsgesetzes, aber auch mit den wissenschaftlichen Fortschritten im Gesundheitswesen, neuen Erkenntnissen im Umgang mit Alterskrankheiten und in der Rehabilitation gestellt sind. Mein Dank gilt allen Mitarbeiterinnen und Mitarbeitern des Diakoniewerkes sowie allen Freunden und Förderern, die dieses eindrucksvolle Werk ermöglicht haben. Ich bin zuversichtlich, daß wir die bisherige Zusammenarbeit in der bewährten Weise fortsetzen und vielleicht sogar noch weiter ausbauen können.

Helga Solinger MdL, Ministerin für Arbeit, Gesundheit und Sozialordnung Baden-Württemberg

Die Bedeutung des Diaks für den Landkreis

Aus kleinen Anfängen ging ein großes Werk hervor. Das zuerst gegründete Krankenhaus hatte von Anfang an eine Doppelfunktion: Zur Verbesserung der Pflege der unzureichend versorgten Kranken in den ländlichen hohenlohischen Gemeinden sollten Diakonissen in der Krankenpflege ausgebildet werden. Außerdem sollte das Krankenhaus der stationären Krankenversorgung im Oberamt Schwäbisch Hall dienen. Das Oberamt verzichtete deshalb auf ein eigenes Bezirkskrankenhaus.

Die ehemalige Diakonissenanstalt entwickelte sich zum heutigen Evangelischen Diakoniewerk als dem Träger eines modernen Krankenhauses mit rund 600 Betten in zahlreichen Fachabteilungen. Der Einzugsbereich des Krankenhauses reicht heute weit über die Kreisgrenzen hinaus. Die Kreisbevölkerung nimmt das breite medizinische und pflegerische Leistungsangebot dankbar an.

Der Landkreis weiß die segensreiche Arbeit des Diakoniewerkes als Krankenhausträger zu schätzen. Die begrenzte finanzielle Leistungskraft des Kreises, verbunden mit einer weit überdurchschnittlichen Belastung im Bereich der sozialen Sicherung, würde es dem Landkreis unmöglich machen, das Evangelische Dia-

Landrat Hall Ulrich Stückle gratuliert Oberin Irmtraut Krumrey zum Amtsantritt im Januar 1995

koniewerk als Krankenhausträger zu ersetzen. In den letzten Jahren war der Landkreis im Rahmen seiner bescheidenen Möglichkeiten bemüht, Zuschüsse für einzelne Investitionsmaßnahmen im Krankenhaus zu gewähren.

Das Evangelische Diakoniewerk ist der Mittelpunkt nicht nur der stationären Krankenversorgung, sondern auch umfangreicher diakonischer Arbeit im Kreis. Diese diakonische Arbeit umfaßt sowohl die Behinderten- und Altenversorgung als auch die Gestellung von Pflegekräften für die flächendeckende ambulante Krankenpflege durch die kirchlichen Sozialstationen. Auch sind im Kreiskrankenhaus Ilshofen seit seiner Gründung vor 100 Jahren bis heute Haller Schwestern tätig.

Als einer der größten Arbeit- und Auftraggeber im Landkreis ist das Evangelische Diakoniewerk von großer wirtschaftlicher Bedeutung. Es bietet z. B. eine bunte Palette von krisensicheren qualifizierten Arbeits- und Ausbildungsplätzen. Mittelständische Betriebe, insbesondere Handwerksbetriebe und Lieferanten des täglichen Bedarfs, verdanken dem Evangelischen Diakoniewerk Aufträge des Krankenhauses und der Alten-, Pflege- und Behindertenheime. Allein die Unterhaltung des umfangreichen Gebäudebestandes sorgt beim Handwerk für Arbeit und Umsatz.

Der Landkreis schätzt die hervorragenden Leistungen des Evangelischen Diakoniewerkes sehr. Er dankt allen Mitarbeiterinnen und Mitarbeitern für den aufopfernden Dienst am Nächsten. Der Landkreis wird dem Diakoniewerk auch in Zukunft verbunden bleiben.

Ulrich Stückle, Landrat

So zeigte sich die Diakonissenanstalt im Jubiläumsjahr 1911, inzwischen war das Diak 25 Jahre alt

Schwäbisch Hall und sein Diak

Das Evangelische Diakoniewerk Schwäbisch Hall e. V. feiert seinen 110. Geburtstag. Im Namen des Gemeinderates, der Stadtverwaltung und persönlich gratuliere ich dazu sehr herzlich. Das Diak ist in dieser Zeit zu einer wichtigen Einrichtung in unserer Stadt geworden und mittlerweile nicht mehr wegzudenken. Häusliche Krankenpflege stieß schon in früheren Jahrhunderten schnell an ihre Grenzen. Die Pflege von Menschen ohne Familie oder von ernstlich Erkrankten mußte von darauf spezialisierten Institutionen übernommen werden. In Hall gab es bis zur Gründung der Diakonissenanstalt zwei

Hall wurde durch sein Salz bekannt. Auch im Diak-Solebad wird bis heute die Sole genutzt.

Schmuck in Uniform: Stadtbote Ernst Bohn in den 20er Jahren

Wer erinnert sich nicht an diese fahrbaren Untersätze der 60er Jahre? Links: Cheffahrer Johann Schneider, daneben Stadtbote Hans Schumm.

städtische Krankenhäuser. Das alte Spital war Anfang des 13. Jahrhunderts als bürgerliche Stiftung ins Leben gerufen worden. Bis 1856 wurden hier Kranke, Alte, Arme und Pilger versorgt. Seit 1850 bestand daneben das städtische Dienstbotenkrankenhaus. 1860 wurde es an das Armenhaus in der Heilbronner Straße angegliedert. Nach Einführung der gesetzlichen Krankenversicherung 1884 brauchte man im Bezirk des Oberamtes ein Krankenhaus. Auf Initiative von Oberamtmann Huzel trat das Oberamt Hall in Verhandlungen mit dem Gründungskomitee der Diakonissenanstalt. So konnten die Pläne von Pfarrer Hermann Faulhaber mit der Notwendigkeit zur Errichtung eines Bezirkskrankenhauses verknüpft werden.

Die Verhandlungen waren erfolgreich: Für die Versicherten der Bezirkskrankenkasse wurden 30 Betten im Diakonissenkrankenhaus reserviert. Das städtische Krankenhaus, das aus dem Dienstbotenkrankenhaus entstanden war, gab es zwar noch bis in die 1930er Jahre, für die Versorgung von Kranken war es aber nur noch von untergeordneter Bedeutung.

Bereits 1905 mußte man dort so gravierende Mängel feststellen, daß sich die Alternative zwischen Neubau oder Aufgabe stellte. Die Lage in dem Krankenhaus an der damaligen Heilbronner Straße 113 faßte ein Verantwortlicher der Ortskrankenkasse sarkastisch in den Worten zusammen: „Wer hier tot zu Boden sinkt, hat nicht weit ins Grab." Nachdem Neubauprojekte vom Gemeinderat verschoben worden waren, schloß die Ortskrankenkasse 1908 einen Vertrag mit dem Diak, der ihren Kranken, wie denen der Bezirkskrankenkasse, die Versorgung in der Diakonissenanstalt sicherte. So wurde das Diak zum Krankenhaus des Oberamts bzw. Kreises und der Stadt – eine Lösung mit Vorteilen für alle Beteiligten.

Das Diak sah sich nicht der Konkurrenz durch ein Kreiskrankenhaus oder eine städtische Klinik ausgesetzt: Kreis und Stadt sparten Kosten und sicherten ihren erkrankten Bewohnern eine Pflege mit hohem Standard, für den die „Haller

Oberbürgermeister Karl Friedrich Binder

Schwestern und Pfleger" bürgten und immer noch bürgen.

Die Diakonissenanstalt, die sich in der Nachkriegszeit zum Diakoniewerk weiterentwickelte, half auch beim Aufbau des Sonnenhofes (Einrichtung für geistig behinderte Kinder) personell und finanziell, bis die neue Gründung auf eigenen Füßen stehen konnte. Mein Dank gilt allen Mitarbeiterinnen und Mitarbeitern des Diakoniewerkes für ihren engagierten Einsatz, den sie mit großer Hingabe und Fürsorge leisten. Möge das Diakoniewerk Schwäbisch Hall e. V. seinen segensreichen Dienst fortsetzen können zum Wohle unserer Stadt und ihres Umlandes.

Karl Friedrich Binder, Oberbürgermeister der Stadt Schwäbisch Hall

Bis Ende 1992 gehörte das Heizkraftwerk zum Diak. Heute wird es von den Stadtwerken betrieben.

Am Diak kommt keiner vorbei

Eigentlich stoße ich täglich auf das Diak: bei Besuchen, bei Visitationen in Gemeinden, in Gesprächen. Kaum ein Mensch im Kirchenbezirk, der nicht schon im Diak lag. Kaum einer, der nicht schon Verwandte dort besucht hätte. Und sehr viele Menschen, die wir in Gemeindekreisen treffen, arbeiten im Diak als Schwestern und Pfleger, in der Verwaltung, als Techniker, als Ärzte, und andere. Schon von daher ist der Einfluß des Diaks auf das Hohenloher Land nicht zu unterschätzen. Dazu kommen die Krankenschwestern und Krankenpfleger der Diakoniestationen, die uns vom Evangelischen Diako-

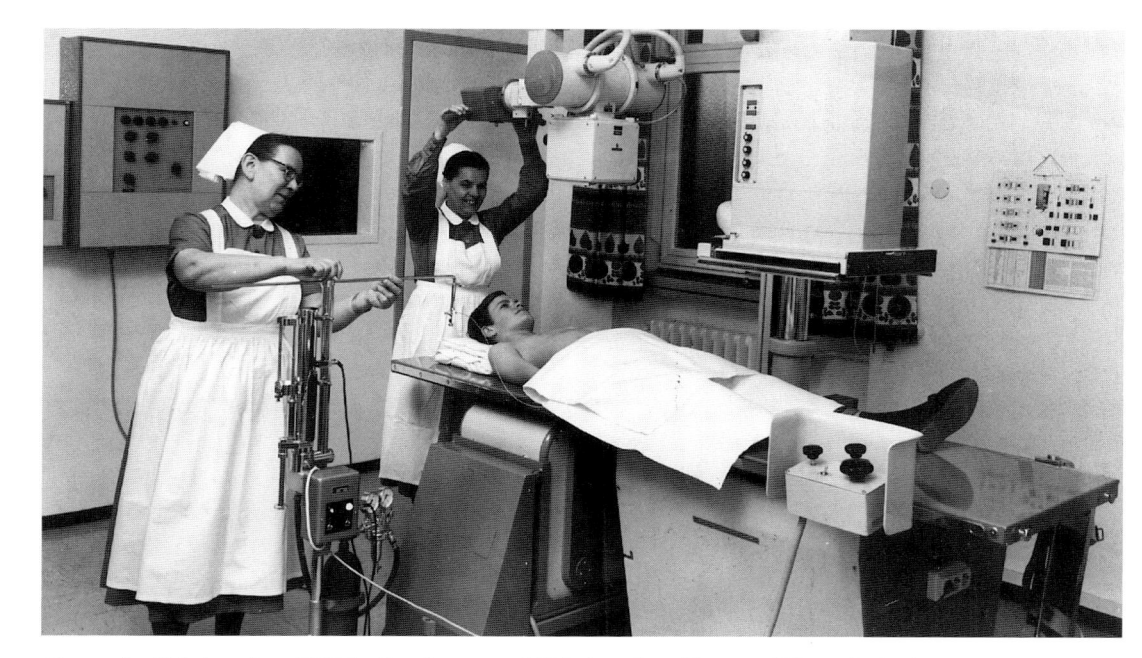

Damals: Diakonisse Hilde Burkart und Diakonisse Emma Ebert bei einer Gefäßspezialuntersuchung um 1970

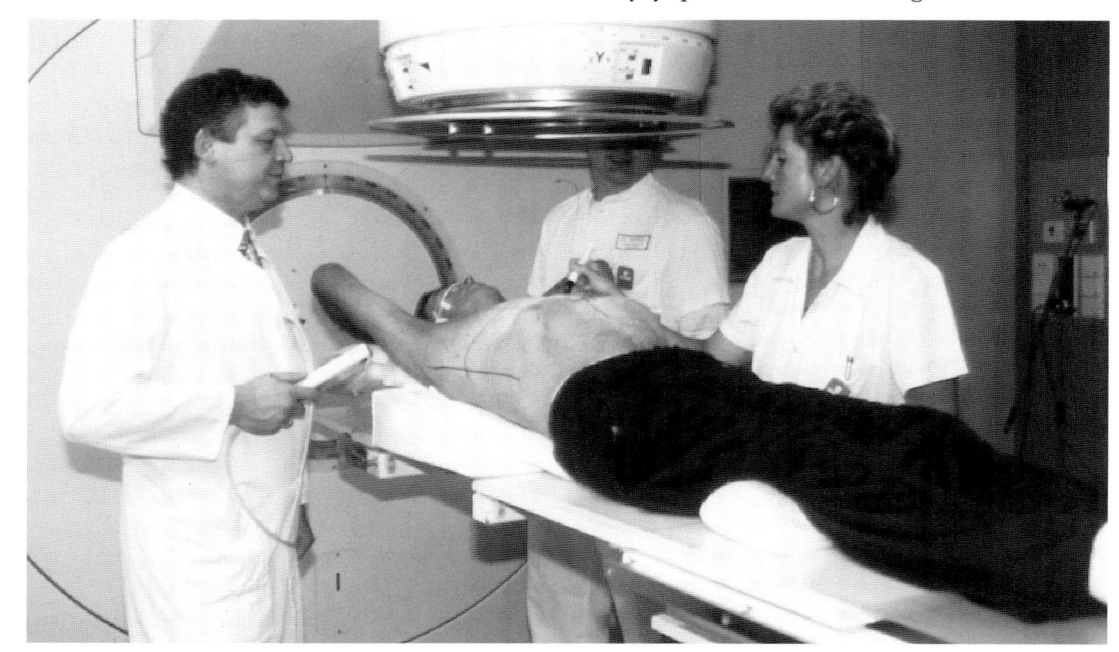

... und heute: Strahlentherapie mit Dr. Ulrich Kohler und Team

niewerk „gestellt" werden und die mit ihrem täglichen Dienst an den Hilfsbedürftigsten unserer Gemeinden zeigen, was es heißt, „des andern Last zu tragen". Nicht zu vergessen das Behindertenheim des Diaks, das Heim Schöneck, welches behinderten erwachsenen Söhnen und Töchtern von Eltern, die „nicht mehr können", eine Heimat gibt. Wir sind glücklich, daß diese Arbeit unter uns getan wird. Das wissen sehr viele Gemeindeglieder im Kirchenbezirk.

Kaum ein Fest ist so gut besucht wie das jährliche Sommerfest des Heimes Schöneck. Die Dankbarkeit und die Sympathie läßt Menschen von nah und fern kommen, um mit den Behinderten zusammen zu feiern. Und gerade heute, wo man zu fragen anfängt, ob für die behinderten

Menschen noch genug Geld da sei, wo andere angesichts fortschreitender Erfolge der Gentechnologie laut darüber nachdenken, ob es Behinderungen künftig noch geben dürfe und ob nicht eine körperliche Behinderung ein Unfall sei, der künftig auszuschließen sein werde, gerade heute trägt die Arbeit des Evangelischen Diakoniewerkes sehr viel dazu bei, daß behinderte Menschen als liebenswert erfahren werden, als Geschwister, die uns nicht schwächen, die vielmehr unser Zusammenleben reich machen.

Doch zurück zum Diakonie-Krankenhaus. Eine Frau, deren Mann nach einem plötzlichen Herzstillstand einige Tage im Diak im Koma lag, bis man schließlich den Kampf um sein Leben als aussichtslos aufgeben mußte, erzählte mir: In den unheimlich schweren Tagen hat man sich ihrer fürsorglich angenommen. Insbesondere ein Zivildienstleistender habe sich um sie gekümmert wie ein erfahrener Seelsorger. Ohne das wäre sie an der Last dieser Tage wohl verzweifelt. Ich habe es selbst erlebt, als meine Frau und ich mit unserer behinderten schwerkranken Tochter zwölf Wochen im 9. Stock des Diaks zugebracht haben. Besonders die jungen Schwestern waren wirkliche Schwestern, hilfreich und zupackend in aller Liebe. Hatte das geplagte Kind von seinem Vater einmal genug, so war eine dieser „Schwestern" da und hat bei uns nach dem Rechten gesehen. Ohne sie wäre unsere Tochter wohl nicht mehr hochgekommen. Freilich waren es auch die Ärztinnen und Ärzte, die nicht nur mit hoher Kunst die Krankheit bekämpften, sondern die auch mit Humor und Liebe das behinderte Kind als Persönlichkeit wahrnahmen. Von purer „Apparatemedizin" haben wir in diesem Sommer nichts erlebt, so dankbar wir für den Einsatz modernster Apparate waren und sind. Es war aber das Heilen ein durchaus personales Geschehen, in das auch wir als Eltern voll einbezogen wurden.

Freilich, dem Gebäude als solchem spürt man an sehr heißen oder an sehr windigen Tagen an, daß es sechzig Jahre alt ist. Wenn mehr Geld da wäre, könnte man vieles erneuern. Und einen Hubschrauberlandeplatz samt Parkhaus braucht das Diakonie-Krankenhaus auch. Zwar wird dauernd im Diak hier oder dort umgebaut und renoviert. Das muß sein. Aber entscheidend sind zur Heilung heute nicht moderne und perfekte Räume.

Entscheidend sind außer der ärztlichen Kunst, die im Diak wirklich zu finden ist, vor allem die Menschen, die mit Zuneigung und Mitgefühl, mit Tatkraft und Freude pflegen. Die Menschen sind der Schatz des Diaks. Angesichts der sympathischen und erfrischenden Schwestern und Pfleger, Ärzte und Ärztinnen, die wir im Diak treffen, zweifle ich nicht daran, daß es auch künftig so sein wird.

Dekan Paul Dieterich, Schwäbisch Hall

Bei der neuen Notaufnahme. In der Tür spiegelt sich die Plastik „Stillung des Sturmes"

Dekan Paul Dieterich

Ein Tageslauf im Diak

Wir wollen einmal demonstrieren,
wie viele Leut' sich engagieren
und wie gemeinsam wird vollbracht,
was einzelnen viel Mühe macht:

Anhand von einem Tageslauf
zeigen wir die Diak-Mannschaft auf.

Um drei schläft noch das ganze Haus,
nur einer muß schon sehr früh raus:
Auf seinen Wecker haut Herr Stoll,
weil er jetzt backen gehen soll.

Um sechs ertönt ein Morgengruß,
die Frühschicht an ihr Tagwerk muß.
Die Schwestern sind mit Schwung dabei,
samt Schüler Jochen, jetzt Kurs drei.

Der Kaffee schmeckt, die Brezel lacht,
das Frühstück ist schon bald gemacht.
Die Küche sorgt von früh bis spät
für Vollkost, Schonkost und Diät.

Das Handwerk, das hat hohen Rang,
auch hier im Diak tönt sein Klang:
Das hämmert, sägt, zischt und kracht,
wenn jeder seine Arbeit macht.

Die Hausmeister, schnell alarmiert,
wenn irgendwas nicht funktioniert,
die haben stets den Überblick,
im Reparieren viel Geschick.

Im Krankenhaus ist man bestrebt
zu sehen, wie's im Menschen lebt.
Labor und Röntgen helfen schnell
und noch so manche and're Stell.

Im Labor

„Die guten ins Töpfchen ..."

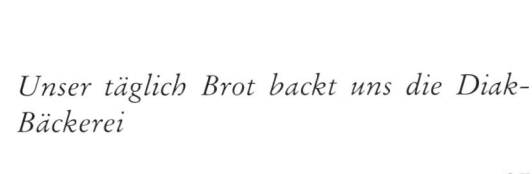

Unser täglich Brot backt uns die Diak-Bäckerei

Bei Halsweh, Brand und Ischias
hat uns're Apotheke was.
Wer Pillen dreht und Salben rührt,
hat zur Genesung mit geführt.

Kannst Du nicht ohne Krücken geh'n,
nicht ohne Stock und Hilfe steh'n,
dann mach' Gymnastik hier im Haus.
Auch Fango treibt die Schmerzen aus.

Behandlung kostet ganz schön viel,
und gut zu rechnen, ist das Ziel.
Per Formular geht's ganz genau;
die Rechnung schreibt die EDV.

Ganz wichtig ist hier Sauberkeit
und jeder mit ein wenig Zeit,
der sollte achten das Geschäft
all uns'rer vielen Reinigungskräft'.

Der Leiter der Apotheke Martin Scheerer zeigt Medikamente, die in der Krankenhaus-Apotheke hergestellt wurden

Horst Schöller in der Balneologischen Abteilung

Die Wäscheberge werden groß.
Wohin mit Laken, Hemd und Hos'?
Vier Tonnen täglich sind enorm!
Die Wäscherei ist gut in Form.

Ganz ohne Betten geht es nicht
besonders aus Patientensicht.
Geputzt, besprüht und frisch gemacht
wird es auf die Station gebracht.

Sirene, Tempo, Hilfe, schnell.
Das Martinshorn klingt schrill und hell.
Im Rettungsdienst tut Eile not,
sie ist das oberste Gebot.

Der Piepser tönt, der Zivi eilt,
beim Hol- und Bringedienst eingeteilt,
muß er so manche Gänge tun,
hat nicht viel Zeit, sich auszuruh'n.

Wäscheberge in der Wäscherei

Ob nun Chirurg, ob Internist,
das Ärzteteam ganz spitze ist.
Frau Nessler hört sehr viel Geschrei,
sie ist bei 'ner Geburt dabei.

Wenn unser Leib den Dienst versagt,
ist häufig auch das Herz verzagt.
Gespräch, Gebet und Gottes Wort
nimmt dann so manchen Kummer fort.

Die Damen von der ÖKH
sind immer für die Kranken da.
Sie gaben manche Hilfe schon.
Der Dank der Menschen ist ihr Lohn.

Der Kranken Umfeld drückt oft schwer,
hier hilft dann der Sozialdienst sehr.
Auch Psychologen wissen Rat,
wenn jemand große Nöte hat.

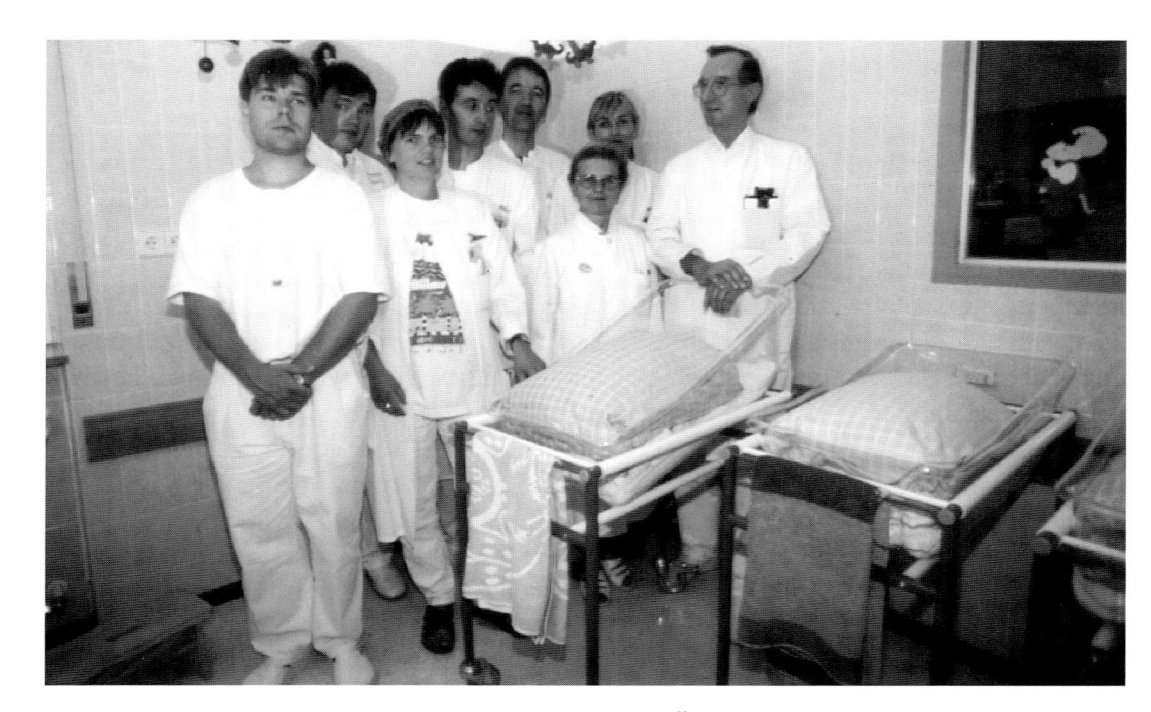

*Das Ärzteteam der Gynäkologisch-
Geburtshilflichen Abteilung mit
ihrem Chefarzt Dr. Richard Klink*

*Irmhild Oettinghaus im Sozialdienst als Beispiel für die vielfältigen Angebote
zur umfassenden Versorgung der Patienten*

Ein jeder kennt unseren Herrn Pfau,
denn er sagt Dir stets ganz genau,
wo Du dein Auto parken sollst,
wenn Du auf das Gelände rollst.

Die Leseratten, das ist klar,
versorgt Frau Körner wunderbar.
Der Bücherwagen kommt ans Bett:
Das finden die Patienten nett.

Der Abend kommt, der Tag verrinnt,
die Nachtschicht ihren Dienst beginnt.
Es gibt so manches noch zu tun,
bevor die Kranken endlich ruh'n.

Ein Mitarbeiter kommt zur Nacht,
der über jedes Haus hier wacht.
Zur Sorge gibt es keinen Grund,
und bald ist wieder Morgenstund'.

Die Haller Schwestern sind bekannt,
sie arbeiten im ganzen Land.
Nicht nur im Diak sind sie rege,
nein, auch in der Gemeindepflege.

So gibt's Kontakte hin und her,
diese Verbindung freut uns sehr.

Wilma Strudthoff, Barbara Fischer zum Jahresfest 1994

So waren die Schwestern unterwegs in vielen Landgemeinden

Rondo Veneziano bei der Krampfader-Operation

Im Februar 1995 unterzog ich mich im Diak einer Krampfader-Operation. Mir war etwas mulmig, als ich das Krankenhaus betrat. Nach der Anmeldung nahmen mich gleich eine Schwester und ein Arzt unter ihre Fittiche, was ich als sehr angenehm empfand. Dann ging alles seinen Gang: Blutabnahme, Röntgen, Einweisung ins Zimmer, ein Vier-Bett-Zimmer auf dem 6. Stock. Neugierige Blicke meiner Bettnachbarinnen empfingen mich. „Wie die Neue wohl ist?" Es war zwar noch kein frisches Bett und Nachttisch für mich da, aber schon eine „Grüne Dame" mit ihren fürsorglichen Fragen und Angeboten.

Nachdem das Bett gekommen war, wurde ich zum Arzt gebracht. Er stellte zufrieden fest: „Da ist ja alles vorhanden, was ein Krampfader-Bein zu bieten hat." Dann war auch schon der erste Tag vorüber.

Am nächsten Morgen ging alles schnell: Flügelhemd anziehen, Warten am Aufzug, in den OP-Trakt, durch die Schleuse. Ein freundlicher Pfleger bot mir an, ich könnte während der Operation Musik hören - von Pop bis Klassik. Ich wählte „Rondo Veneziano". Betäubt mit einer Rückenmarks-Narkose und einem Beruhigungsmittel, überstand ich die Operation musikhörend im Halbschlaf. Als ich danach ins Zimmer zurückgebracht wurde, waren meine Bettnachbarinnen erfreut. „Da ist sie ja wieder".

Wir lernten uns schnell näher kennen. Frau B. war zunächst etwas einsilbig und zurückhaltend, aber das änderte sich bald. Eine sehr liebe, gute Bekannte, Schwester Hilde aus dem Gottlob-Weißer-Haus, besuchte mich täglich und strahlte so viel Herzlichkeit und Anteilnahme aus, daß wir sie alle sehnsüchtig erwarteten.

Gleich zu Beginn brachte sie mir ein heiteres Buch mit. Beim Lesen mußte ich oft so lachen, daß die anderen mich baten, ihnen vorzulesen. So hielten wir richtige Vorlesestunden, die uns die Zeit vertrieben und uns viel Freude machten.

Bereits nach 24 Stunden durfte ich schon das Bett verlassen. Ich sollte viel gehen, was mir nicht leicht fiel mit einem „3-Binden-gewickelten" Bein. Meinen Mitpatientinnen kam das zugute, denn mittlerweile waren wir eine gute Zimmergemeinschaft geworden; ich half gerne den anderen beim Waschen, Gymnastik-Treiben, Rücken-Einreiben und Sonstigem. Nach einer Woche wurde ich geheilt entlassen.

Es ist erstaunlich, wie sich binnen einer Woche ein Krankenzimmer verändern kann. Patienten werden entlassen und freuen sich auf zu Hause, andere kommen mit Schmerzen und bangen Herzens. Aber man fühlt sich geborgen und gut versorgt in der christlichen Atmosphäre, die man im Diak erfährt.

Renate Ucik, im Diak als Patientin im Februar 1995

Das Diakonie-Krankenhaus heute

Der größte Arbeitsbereich des Diakoniewerkes ist bereits seit Jahrzehnten das Diakonie-Krankenhaus. Es ist ein Haus der Zentralversorgung mit 599 Betten in 18 Abteilungen. Als Akademisches Lehrkrankenhaus der Universität Heidelberg bietet es Praktikumsplätze für Studenten im Praktischen Jahr.
Jährlich werden etwa 18.000 Patienten im Diakonie-Krankenhaus behandelt. Die durchschnittliche Verweildauer beträgt

Der neue OP-Trakt (hier im Bau) wurde 1992 in Betrieb genommen

Volle Breitseite des Krankenhauses, kurz nach der Fertigstellung. Bei gutem Wetter halten sich die Patienten gerne auf den Terrassen auf.

Stationen des Krankenhaus-Baus:
Stahl und Beton – das Hochhaus wächst.
1930 konnte mit dem Bau des Kranken-
Hochhauses begonnen werden.
1938 wurde es bezogen.
Technische Probleme und Finanzierungs-
schwierigkeiten aufgrund der politischen
Situation verlängerten die Bauzeit.

Dampfbagger und Feldbahn – damals
unverzichtbar beim Bauaushub

*Bizarres Kunstwerk:
Feuertreppe am Badhaus*

*Bild oben links:
1975 wurde das alte Waldhaus abgerissen. Dort war die Infektionsabteilung untergebracht.
1978 fand die Einweihung des neuen Waldhauses statt.
Neben den Infektionsstationen befinden sich dort die Urologische Abteilung und die Augenabteilung.*

*Bild links:
Das Diakonie-Krankenhaus heute*

rund 10 Tage. Etwa 1150 Mitarbeiterinnen und Mitarbeiter sind hier tätig, davon 100 Personen im Ärztlichen Dienst, 510 im Pflegedienst, 160 im Medizinisch-technischen Dienst, 127 im Funktionsdienst, 115 im Wirtschafts- und Versorgungsdienst und 24 in der Krankenhausverwaltung.
Sie alle tragen zur Versorgung der Patienten in einem ganzheitlichen Sinne bei. Sei es direkt am Patientenbett, sei es „hinter den Kulissen", wo dafür gesorgt wird, daß der Betrieb im Krankenhaus funktioniert.
Die einzelnen Fachabteilungen bieten ein breites Spektrum für die Versorgung der Patienten. Hier eine alphabetische Aufzählung aller Abteilungen:
Anästhesie, die dem Operationsbereich zugeordnet ist, mit ihrem Chefarzt Dr. Gerhard Meisel.
Apotheke mit allem, was im Krankenhaus an Medikamenten benötigt wird, unter der Leitung von Martin Scheerer.
Chirurgie: Allgemein- und Gefäßchirurgie, wo zunehmend minimal invasive Eingriffe vorgenommen werden. Chefarzt ist Prof. Dr. Volker Lenner.
Unfall-, Hand-, plastische und Wiederherstellungschirurgie unter der Leitung von Prof. Dr. Hartmut Siebert.
Gynäkologie und Geburtshilfe mit Chefarzt Dr. Richard Klink. Genau 1194 Kinder erblickten 1994 im Diak das Licht der Welt.
Innere Abteilung, mit 148 Betten die größte Abteilung. Chefärzte sind Prof. Dr. Hannes Hinrich Heißmeyer und Prof. Dr. Gerhard Utz.
Kinderabteilung: sie besteht aus der

Dr. Thomas Pescheck, Leiter der Mund-, Kiefer- und Gesichtschirurgischen Abteilung

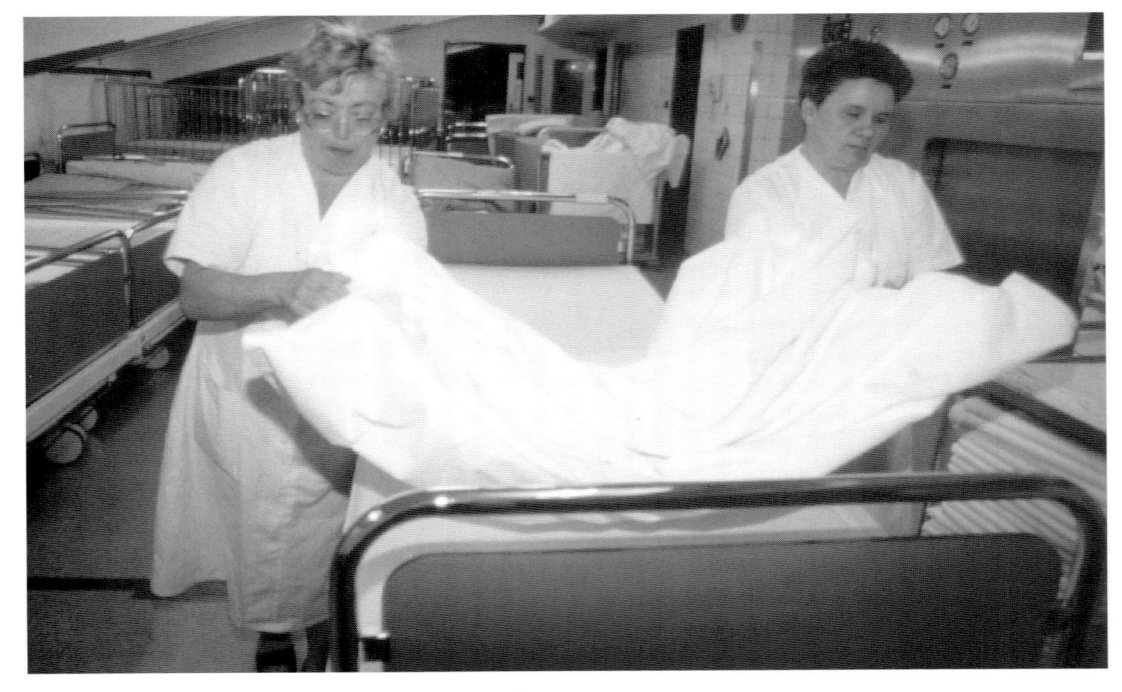

Eingespieltes Team in der Bettenzentrale

Das Controlling gehört zum modernen Krankenhaus-Management

Kernspintomographie als Beispiel modernster Medizintechnik, betrieben von Dr. Günter Kübler und Dr. Detlev Rehnitz

Chirurgisch-Inneren Kinderabteilung mit Frühgeborenen- und Säuglingsstation, Intensiv- und Infektionsstation. Die Leitung haben Prof. Dr. Hartmut Geiger und Dr. Karl Fahr. Die Neuropädiatrie im Johanniterhaus stellt eine extra Abteilung dar, Chefarzt ist Dr. Klaus-Peter Goldacker.

Laboratoriums- und Transfusionsmedizin werden geleitet von Prof. Dr. Hans-Peter Geisen. Er ist zugleich der Ärztliche Direktor des Diakonie-Krankenhauses.

Neurologie – hier werden Störungen des Nervensystems behandelt. Chefarzt ist Privat-Dozent Dr. Jürgen Meyer-Wahl.

Die Nuklearmedizin untersucht und behandelt Patienten mit Hilfe radioaktiver Substanzen. Dr. Hansjörg Schneider ist der Chefarzt.

Röntgen und Strahlentherapie mit einem breiten Spektrum an Möglichkeiten zur Diagnose und Therapie unter Chefarzt Dr. Detlev Rehnitz.

Die Urologie befindet sich im Waldhaus und wird von Dr. Albrecht Schmidt geleitet.

Neben den Hauptabteilungen bestehen folgende Belegabteilungen:
Augenheilkunde mit Dr. Rainer Ksinsik und Dr. Roman Nowak,
Hals-Nasen-Ohren-Abteilung mit Dr. Dr. Carl-Wilhelm Menke und Dr. Roberto Mulach,
Kernspintomographie mit Dr. Detlev Rehnitz und Dr. Günter Kübler,
Mund-, Kiefer- und Gesichtschirurgie mit Dr. Thomas Pescheck,
Neurochirurgie mit Dr. Michael Dette und Dr. Thomas Hopf.

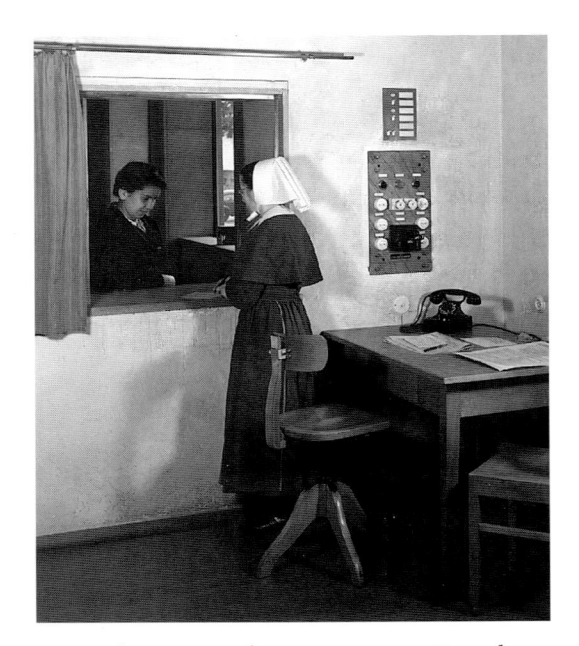

Das gesellschaftliche Umfeld prägt die Arbeit eines jeden Krankenhauses, vor allem die immer höhere Lebenserwartung und der rasche medizinische Fortschritt. Wir bemühen uns mit Erfolg, dem Rechnung zu tragen. Um zwei Beispiele zu nennen: Erstens wurde bei uns ein geriatrischer Schwerpunkt speziell für Patienten mit altersspezifischen Krankheiten eingerichtet. Zweitens besitzt das Diak seit 1993 einen Kernspintomographen, ein hochdifferenziertes und schonendes Diagnosegerät.

Die bauliche Situation im Diak stellt uns immer wieder vor Probleme. Es liegt ein umfassendes Sanierungskonzept vor, der „Master-Plan". Dieser wird Schritt für Schritt verwirklicht, soweit es die finanziellen Möglichkeiten zulassen.

Der Neubau des Operationstraktes mit Intensiveinheiten und Zentralsterilisation und die neue Notaufnahme mit Ambulanz waren wichtige Meilensteine der letzten Jahre. Auch die Pforte und der Eingangsbereich wurden neu gestaltet.

Künftige Herausforderungen sind die Realisierung eines Hubschrauberlandeplatzes, kombiniert mit einem Parkhaus. Der Bedarf ist jedem, der das Diak kennt, unmittelbar einsichtig. Im Krankenhaus selbst sind immer wieder Stationen zu renovieren, um den Patienten den Aufenthalt angenehmer zu machen. Auch die Ver- und Entsorgung sowie die Großküche sind noch nicht optimal gestaltet.

Die wirtschaftliche Seite spielt im Krankenhaus-Management eine zentrale Rolle. Aufgrund des Gesundheitsstrukturgesetzes befindet sich die Krankenhausfinanzierung wieder einmal im Umbruch. Die Bürokratie nimmt erneut zu, um der Forderung nach detaillierter Leistungserfassung gerecht zu werden. Die ökonomischen Zwänge sind oft erdrückend. Trotzdem werden wir uns auch künftig bemühen, das diakonische Profil unseres Hauses zu wahren.

Diethelm Ricken, Verwaltungsdirektor des Krankenhauses,
Barbara Fischer, Öffentlichkeitsreferentin, beide im Diakoniewerk seit 1992

Damals ... Die Pforte im neuen Krankenhaus 1938

... und heute: Die Pforte als Einsatzzentrale mit Computer-Technik

Ausstellungseröffnung in der Cafeteria. Von links: Michael Zeuner, Pfarrer Manfred Jehle

Pflege im Diakonie-Krankenhaus

Pflege ist eine Kunst – Nächstenliebe und der Wille zum Helfen sind ihre Motivation.

Pflege setzt eine qualifizierte Ausbildung sowie die permanente Fortbildung voraus. Erst sie befähigen uns, diese Kunst professionell, eigenständig und kreativ auszuüben.

Pflege begreift den Menschen als Einheit von Körper, Geist und Seele.

Pflege als Teil des gesamten Gesundheitswesens ist nur interdisziplinär zu sehen, da bei vielen Problemen nur das Zusammenwirken aller echte Hilfe bringen kann.

Im Gipsraum der Chirurgischen Ambulanz ▷

Ludwig Hofacker begleitet eine Patientin bei der Entlassung

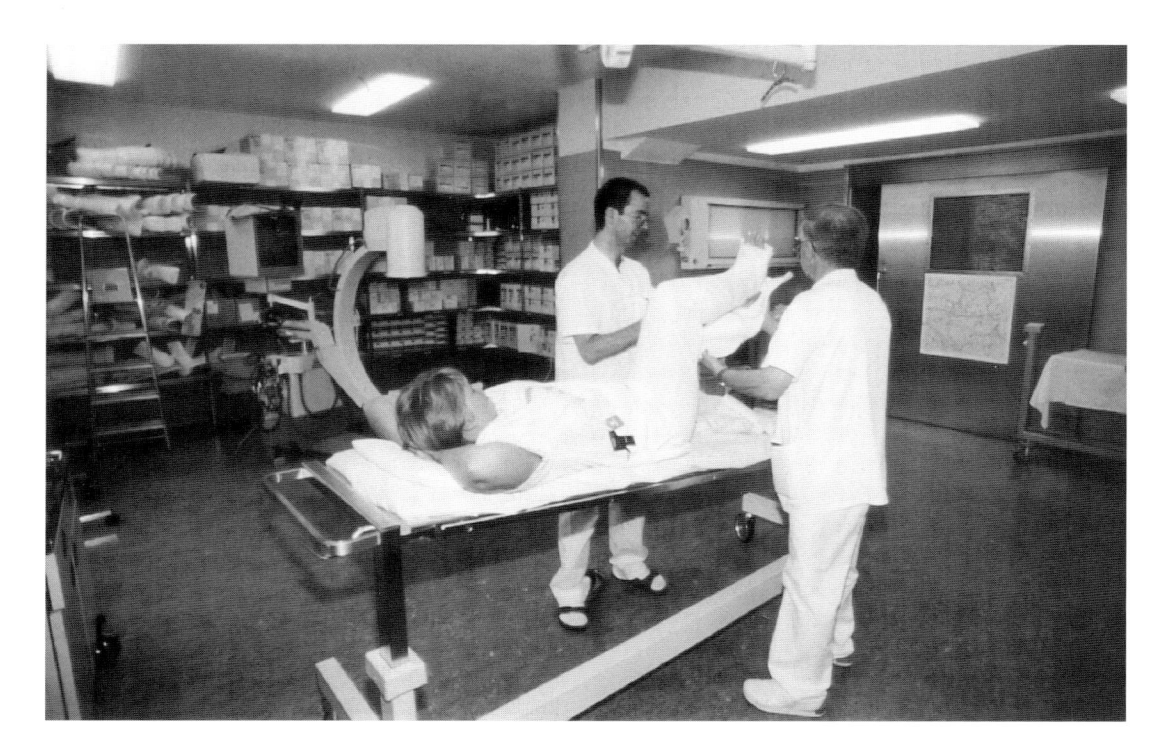

Sie sind die größte Berufsgruppe im Diakoniewerk, die Krankenschwestern und Krankenpfleger. Allein im Krankenhaus arbeiten insgesamt rund 700 Schwestern und Pfleger, viele davon in Teilzeit. Auf 31 Allgemeinstationen und drei Intensivstationen sind sie für die Patienten da, und zwar rund um die Uhr in drei Schichten. Oft haben sie ihre Ausbildung in Krankenpflege oder Kinderkrankenpflege bereits hier gemacht.

Zur Krankenpflege gehören ganz unterschiedliche Tätigkeiten: Einmal die „Allgemeine Pflege", die den Patienten mit all seinen Grundbedürfnissen wie Körperpflege, Schlaf, Nahrungsaufnahme sowie Gestaltung des Umfeldes erfaßt. Darüber hinaus gibt es den Bereich der „Speziellen Pflege". Dieser beinhaltet Tätigkeiten wie z. B. Vitalzeichenkontrolle und begleitendes Beobachten des Patienten, Leistungen im Zusammenhang mit Eingriffen, Arzneimittelgabe, Wundbehandlung und Verbandswechsel, Vor- und Nachbereitung des Patienten in Zusammenhang mit diagnostischen und therapeutischen Maßnahmen und vieles mehr. All dies geschieht anhand von Pflegeplänen und wird entsprechend dokumentiert.

Weitere Schwestern und Pfleger sind in Funktionsdiensten tätig, die zum großen Teil nicht an eine bestimmte Abteilung gebunden sind. Dazu gehören z. B. die Operationssäle, die Ambulanzen und weitere diagnostische Einheiten. Hier arbeiten sie verantwortlich bei Operationen, Untersuchungen und therapeutischen Maßnahmen mit.

Der kleine Tiger sorgt dafür, daß Kinder bei der Augenuntersuchung stillhalten

Auch der geriatrische Schwerpunkt, die onkologische Tagesklinik und die Stomatherapie im Diak stellen besondere Anforderungen an den Pflegedienst.

Das Berufsbild in der Krankenpflege ist vielfälltig und das Diakonie-Krankenhaus als Haus der Zentralversorgung bietet eine Palette von speziellen Arbeitsfeldern.

Um die gute Qualität der Pflege auch in Zukunft zu sichern, haben wir im Diak neben der hochqualifizierten Ausbildung ein umfangreiches Fortbildungsprogramm mit breitem Themenspektrum. Darüber hinaus besteht die Möglichkeit im Diak, eine zweijährige Weiterbildung im Operationsdienst sowie in Anästhesie- und Intensivmedizin zu absolvieren.

Eine gezielte praktische Unterweisung und Anleitung wird von speziell geschulten Mitarbeiterinnen und Mitarbeitern durchgeführt.

Wichtig ist uns in der Pflege der ganze Mensch. Der Patient ist kein „Fall", sondern ein Mensch in einer ganz besonderen Situation. Pflege hat auch immer einen Beziehungsaspekt. 18.000 Patienten werden jedes Jahr im Diak behandelt. Jeder davon ist eine Persönlichkeit mit einer speziellen (Kranken)-Geschichte.

Bei allen – sicherlich berechtigten – wirtschaftlichen Vorgaben ist es unser Ziel, die uns anvertrauten Patienten gut, umfassend und den Erfordernissen entsprechend zu betreuen.

Rolf Hitzler, Pflegedirektor,
im Diakoniewerk seit 1986

Neurochirurgie - ein Beispiel für modernste Medizin

Im immer gleichen Rhythmus piepst der Apparat, der die Pulsfrequenz der Patientin automatisch mißt. Das akustische Signal zeigt, daß bei der Operation am offenen Gehirn alles nach Plan verläuft. Dr. Michael Dette und Dr. Thomas Hopf, die Neurochirurgen im Diakonie-Krankenhaus, arbeiten konzentriert. Jeder Handgriff sitzt. Ab und zu fordern sie leise ein neues Instrument an, das ihnen die zwei Assistenten am Instrumententisch im blau gekachelten Operationsraum reichen. Fast drei Stunden schon dauert die Hirnoperation.

Die Diagnose „Hirntumor" ist für die

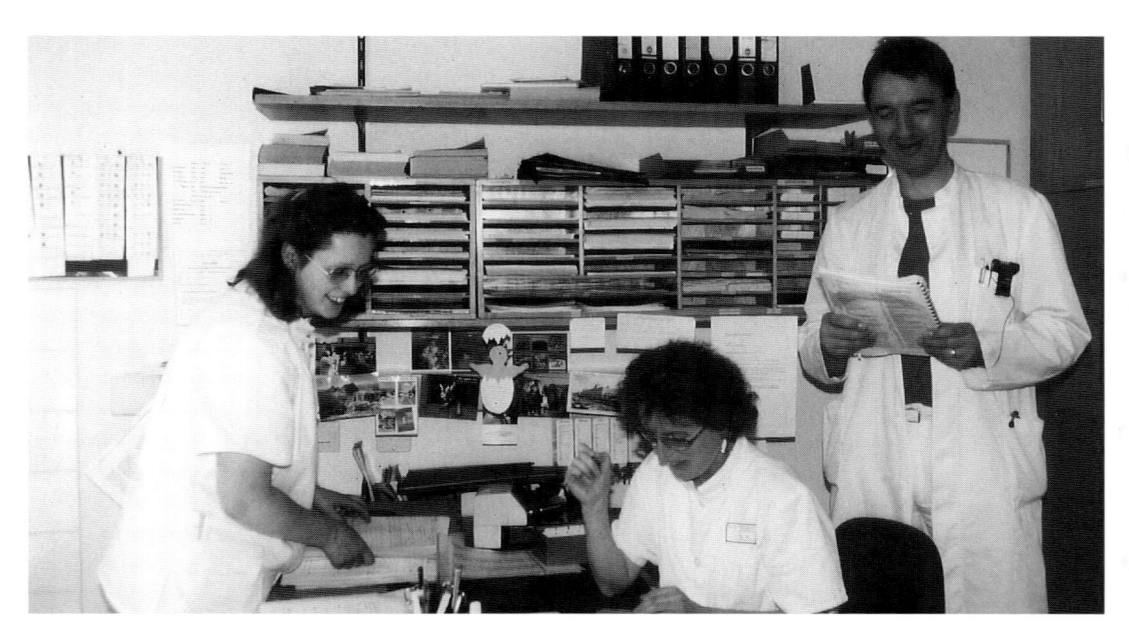

Stationsleiterin Inge Joos mit einer Kollegin und Oberarzt Thomas Tischler im Dienstzimmer der Entbindungsstation

Patienten ein schwerer Schlag. In vielen Fällen haben die Erkrankten schon einen langen Leidensweg hinter sich.

„Es beginnt häufig mit Kopfschmerzen und kann bis zu Lähmungserscheinungen einzelner Körperpartien führen. Wenn die Diagnose Tumor noch nicht feststeht, werden die Schmerzen zuerst konservativ, das heißt mit Medikamenten behandelt. Tritt keine Besserung ein, werden weitere Untersuchungen angestellt", so die Neurochirurgen. Mittels der Computertomographie und der Kernspintomographie sei man heute in der Lage, mit ziemlicher Genauigkeit vorauszusagen, ob ein Tumor gutartig oder bösartig sei. „Gutmütig" ist eine Geschwulst, wenn sie keine Tochtergeschwülste bildet, vom umgebenden Gewebe gut abgrenzbar ist und nur langsam wächst.

Eine wichtige Aufgabe im Vorfeld der Operation ist es, die Patienten genau darüber aufzuklären, wie der Eingriff vorgenommen wird und mit welchen Risiken er behaftet ist. Vor 20 Jahren etwa war eine Hirnoperation noch ungleich gefährlicher als heute. In dem Maße, wie Weiterentwicklungen bei den technischen Hilfsmitteln und bei den medizinischen Geräten erfolgten, milderte sich auch das Risiko für die Patienten.

So gehört heute das Operationsmikroskop zu den Geräten, die aus der Neurochirurgie nicht mehr wegzudenken sind. Das Operationsmikroskop im Diak gibt es übrigens seit August 1994, es wurde mit finanzieller Unterstützung des Krebsvereins angeschafft.

Dr. Michael Dette und sein Kollege Dr.

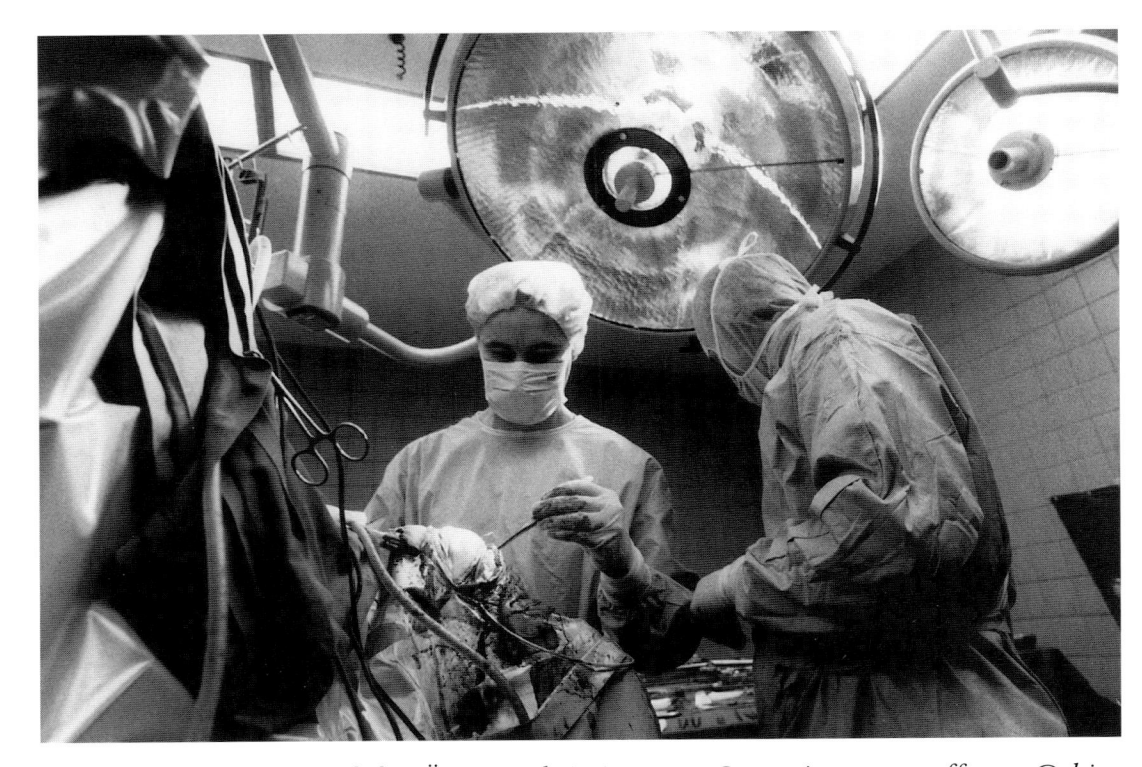

Drei Stunden Dauerstreß für Ärzte und Assistenten: Operationen am offenen Gehirn gehören heute zwar schon fast zur Routine, dennoch herrscht höchste Konzentration. Denn ein Fehlgriff kann für Patienten gravierende Auswirkungen haben. Die Operationslampen sorgen dafür, daß das Operationsfeld gut ausgeleuchtet wird.

Thomas Hopf sagen von sich selber, daß sie einander mittlerweile blind verstehen, „wir harmonieren wie ein gutes Ehepaar". Das rühre auch davon her, daß sie beide eine ähnliche „chirurgische Schule" besucht hätten und die gleichen Ansichten vertreten würden, was das operative Vorgehen und die Notwendigkeit einer Operation beträfe. Doch die gleiche Universität haben sie nie besucht.

Voll verlassen können sich die Neurochirurgen auf das Operationsteam. Ein Narkosearzt und dessen Assistent, ein Instrumentierender (bei einigen Operationen sind zwei Instrumentierende dabei), ein Springer, der beispielsweise weitere Instrumente holen muß, wenn es zu Komplikationen kommt, und die beiden Operateure arbeiten Hand in Hand. Während des Eingriffs fällt kein lautes Wort, gesprochen wird fast nur im Flüsterton. Jeder weiß, was er machen muß, und daß seine Präzision bei der Arbeit über das Wohl und Wehe des Patienten mitentscheidet.

Wichtig ist, daß ein Tumor rechtzeitig

erkannt wird. Dann sind die Heilungschancen am größten. Es gibt Fälle, in denen die Krankheit bei einem Patienten schon so weit fortgeschritten ist, daß auch ein operativer Eingriff das Leben nicht mehr retten kann.

Zurück in den Operationssaal: Bei der Patientin sind alle Vorbereitungen abgeschlossen. Die Haare an der Stelle, wo der Schnitt in den Kopf vorgenommen wird, sind – aus Gründen der Sterilität und Hygiene – abrasiert. Der Narkosearzt hat die Patientin in einen tiefen Schlaf versetzt und überwacht alle Körperfunktionen auf Monitoren und Diagrammen. Über den Körper der Frau hat der Arzt eine Heizdecke gelegt, damit die Körpertemperatur nicht absinkt.

Die Chirurgen, die sich von den anderen Ärzten und Helfern durch die blauen Kittel unterscheiden (die anderen sind ganz in grün gekleidet), haben die Kopfhaut mit einem 25 Zentimeter langen Schnitt aufgetrennt und die Haut bis zu den Augen heruntergeklappt. Denn der Tumor sitzt etwas oberhalb der Nasenwurzel vier Zentimeter tief zwischen den Hirnhälften. Mit einem Bohrer wird ein Loch in den Schädel gebohrt und ein etwa drei mal vier Zentimeter großes Knochenstück aus dem Vorderstirnknochen mit einer elektrischen Stichsäge herausgesägt. Anschließend wird die harte Hirnhaut geöffnet. Die Operateure gehen an der Mittellinie des Gehirns entlang in die Tiefe und finden den Tumor. Die Mikroinstrumente kommen zum Einsatz.

Bei diesem Teil der Operation spielt das Operationsmikroskop eine wichtige Rol-

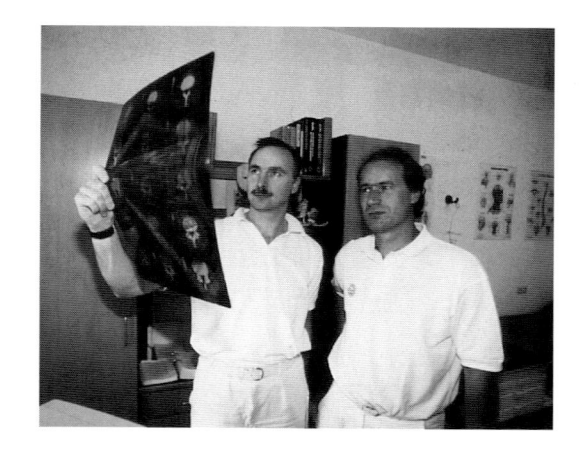

Dr. Michael Dette (links) und Dr. Thomas Hopf studieren die Computertomographie, auf der der Hirntumor deutlich zu erkennen ist. Sie legen fest, wie die Geschwulst am besten herausoperiert werden kann.

le. Dr. Dette und Dr. Hopf sehen direkt in das Mikroskop, das die Stelle, an der der Tumor sitzt, ausleuchtet. Das Mikroskop vergrößert die Strukturen und macht die Gefäße leichter erkennbar. Der etwa walnußgroße Tumor wird an seinem Fuß vom Hirn abgetrennt und entfernt. Danach wird die Hirnhaut verschlossen und das herausgesägte Knochenstück wieder in die Stirnpartie eingesetzt. Das Knochenmehl, das beim Bohren und Sägen anfiel, wird in die Ritzen und Löcher gestopft, damit später keine kosmetischen Folgen der Operation mehr erkennbar sind.

Es folgt der letzte Akt, das Nähen und Klammern des langen Schnittes. „Das Öffnen des Schädels ist eine handwerkliche Sache, die durchaus mit einer Laubsägearbeit verglichen werden kann", sagen Dr. Dette und Dr. Hopf. Eines dürfen die beiden jedenfalls nie haben: zittrige Hände, denn das könnte bedeuten, daß Hirngewebe verletzt wird und körperliche Ausfallerscheinungen verursacht. Die Patientin kommt für zwölf Stunden auf die Intensivstation, danach auf eine normale Krankenstation.

Während dieser Zeit sehen die Operateure immer wieder nach der Patientin und verfolgen genau ihren Zustand. Erst wenn alles zu ihrer Zufriedenheit ist, sind sie beruhigt. „Es gibt schwierige Operationen, da schwitzt man von der ersten bis zur letzten Minute. Das war diesmal aber nicht der Fall. Es lief alles genauso ab, wie wir uns das vorgestellt hatten. Es war eine Operation wie aus einem Lehrbuch", blickten die Neurochirurgen einen Tag später auf den Eingriff zurück.

Operationen am Kopf machen bei den Neurochirurgen nur ein Drittel der Arbeit aus. Häufiger sind operative Eingriffe an der Wirbelsäule.

Jochen Korte, Redakteur
aus einem Bericht des Haller Tagblatts vom 4. 2. 1995

„Akuter Notfall" – wie er in Labor und Blutbank erlebt wird

An einem Morgen im Frühjahr 1995: Die morgendlichen Blutabnahmen auf den Stationen werden ins Labor gebracht. An der Probenannahme herrscht reges Treiben. Um ca. 9.30 Uhr kommt ein Mitarbeiter der Chirurgischen Notaufnahme und bringt die Blutabnahme eines Notfall-Patienten, schwerstverletzt, Personalien unbekannt. Die Anforderung: ein kleines Blutbild, dessen Ergebnis er sofort benötigt und das er nach ca. 2 Minuten mitnehmen kann; Gerinnung, Elektrolyte und Substrate sind schnellstens zu bestimmen. Weiter sind die Blutgruppen zu bestimmen und Kreuzproben für acht Erythrozytenkonzentrate sofort durchzuführen. Die Notfallanalysen unterbrechen die Routinetätigkeiten von zunächst vier Mitarbeitern: Ein Mitarbeiter setzt umgehend die Blutgruppe an, ein weiterer schnappt sich die Proben für die Gerinnung, ein anderer kümmert sich um die Bestimmung von Elektrolyten und Substraten. Der Mitarbeiter, der zwischenzeitlich das kleine Blutbild schon erstellt hat, erfaßt die Patientendaten. Gerinnung,

Das Diak-Labor bis in die 60er Jahre mit Schwester Doris Liebendörfer, rechts am Bildrand Schwester Ella Grau

Elektrolyte und Substrate sind nach etwa 10 Minuten fertig. Zwischenzeitlich, um 9.35 Uhr, kommt ein weiterer Mitarbeiter aus der Chirurgischen Notaufnahme und will zwei Erythrozytenkonzentrate der Blutgruppe O Rh negativ, ungekreuzt. Die Blutgruppenbestimmung des Patienten ist jedoch schon angesetzt. Der diensthabende Arzt liest sofort ab, und es können zwei, zwar ungekreuzte, aber der Blutgruppe des Patienten entsprechende Konserven ausgegeben werden. Kaum ist der Mitarbeiter der Notaufnahme mit den Konserven fort, kommt die telefonische Anfrage, wo das Blut bleibt; gleichzeitig werden Frischplasmen angefordert, die sofort aufgetaut werden müssen; die schriftliche Anforderung wird nachgereicht.

9.45 Uhr – Die nächste Blutbildkontrolle und Proben für die Blutgasanalytik des Patienten werden gebracht, die Ergebnisse sofort erstellt und dem Boten mitgegeben. Die Blutbildwerte haben sich weiter verschlechtert. Der Patient ist inzwischen im Operationssaal.

10.00 Uhr – Die Kreuzproben der ersten acht Erythrozytenkonzentrate sind fertig. Vier weitere Erythrozytenkonzentrate und die Frischplasmen werden abgeholt. Nach Rücksprache ordnet der Laborarzt an, nochmals acht Erythrozytenkonzentrate für die Kreuzprobe vorzubereiten. Zum Glück gehört die Blutgruppe des Patienten zu den häufiger vorkommenden, ca. 40 Konserven sind vorrätig. Unablässig werden weitere Konserven benötigt und Kontrollen der Blutgase, der Elektrolyte und des Blutbildes durchgeführt.

11.00 Uhr – Das Ende des Blutbedarfs ist noch nicht abzusehen, die zunächst verfügbaren 40 Konserven neigen sich dem Ende zu. Die Oberärztin klärt, inwieweit Konserven der gleichen Blutgruppe, die zwar für andere Patienten bereitgestellt, aber möglicherweise heute nicht mehr gebraucht werden, verfügbar sind. Zwischendurch immer wieder neue telefonische Anfragen aus dem OP nach Analysenergebnissen, Frischplasmen, Erythrozytenkonzentraten usw. Bis mittags sind alle zur Verfügung stehenden Konserven für den Patienten bereitgestellt, die Operation dauert bis in den Nachmittag. Halbstündlich werden die Blutwerte kontrolliert. Laufend werden Blutkonserven und Frischplasmen geholt. Eine Mitarbeiterin ist ausschließlich damit beschäftigt, die Daten sämtlicher ausgegebener Präparate zu protokollieren. Die Oberärztin ist mit der Beschaffung von Blut aus dem eigenen Spendebetrieb, aber auch aus den benachbarten Spendezentralen des DRKs und der Krankenhäuser beschäftigt. Der Erfolg ist allerdings mager, da weder bei den großen Krankenhäusern in Heilbronn und Stuttgart mit eigenen Blutspendezentralen, noch bei den DRK-Blutspendezentralen Blut zu bekommen ist. Zwischenzeitlich sind fast alle bereitgestellten Konserven transfundiert. Der Chirurg konnte die Blutungsquelle letztendlich glücklicherweise doch stillen. Die an diesem Notfall beteiligten Mitarbeiter des Labors mußten heute ihre Tagesroutine „nebenher" bewältigen. Vieles ist liegen-

Professor Dr. Hans Peter Geisen in der Mikrobiologie des Zentrallabors

geblieben und muß nachgeholt werden. Dennoch: Dieser Notfall kam zu einer Zeit, in der das Labor gut besetzt war. Aber auch am Wochenende, wenn weniger Medizinisch-technische Assistenten (MTAs) Dienst tun oder in der Nacht, wenn nur eine MTA Bereitschaftsdienst hat, müssen solche Fälle mit Hilfe des rufbereiten Dienstarztes bewältigt werden. Glücklicherweise sind solche Notfälle nicht alltäglich. Ein- bis zweimal pro Woche über das Jahr gesehen treten diese

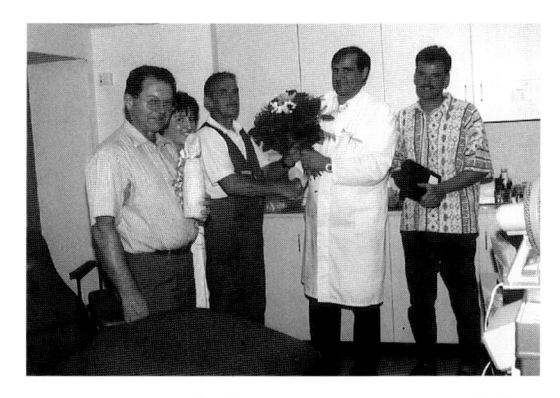

Die 20.000. Blutkonserve im Zentrallabor wird im Sommer 1995 gespendet. Prof. Dr. Geisen bedankt sich.

Situationen schon ein; wir sind dann froh über das Verständnis der Mitarbeiter anderer Abteilungen und Stationen, wenn wir ihre Anforderung zugunsten eines solchen Notfalles zurückstellen müssen.

Professor Dr. Hans Peter Geisen, im Diakoniewerk seit 1984, Chefarzt der Abteilung für Laboratoriumsmedizin und Transfusionsmedizin und Ärztlicher Direktor

Hebammen im Diak

„Hebammen sind ein ganz besonderes Völkchen" sagte die Oberin der Frauenklinik in Tübingen, als wir Anfang der sechziger Jahre unsere Hebammenausbildung dort begannen. Als im Jahr 1918 die ersten Diakonissen von der Anstaltsleitung zur Hebammenausbildung nach Tübingen geschickt wurden, war das Neuland für sie und das Diak. Schwester Anna Schaile war die erste Hebamme, die im alten Krankenhaus eine Wochenstation aufbaute, wo am 13. 7. 1919 das erste Kind geboren wurde. Bis zum 25jährigen Bestehen 1944 wurden ca. 5000 Kinder geboren. Die Wochenstation zog im Jahr 1937 als eine der ersten Abteilungen in das neue Kranken-Hochhaus um. Die Geburtenzahl nahm stetig zu, bis zu 1302 Geburten im Jahr 1993. Mit der Geburtenzahl wuchs auch der Bedarf an Hebammen, und es wurden immer wieder Schwestern nach Tübingen zur Ausbildung geschickt. Es ging sicher jede mit gemischten Gefühlen dorthin. Alle hatten ja eine Krankenpflegeausbildung, aber wie wird man eine gute Hebamme? Wir lernten neue Verantwortung zu übernehmen und waren erstaunt, wie schnell wir eine Beziehung zu den Gebärenden aufbauen konnten. Es besteht schon eine besondere Beziehung zwischen einer Gebärenden und „ihrer Hebamme". Als wir nach dem Hebammen-Examen im Diak anfingen, hatte sich sehr viel seit den ersten Anfängen hier im alten Krankenhaus verändert. Wir hatten stets einen rufbereiten Arzt im

Im November erblickte das 1000. Diak-Baby des Jahres 1994 das Licht der Welt. Verwaltungsdirektor Diethelm Ricken gratuliert.

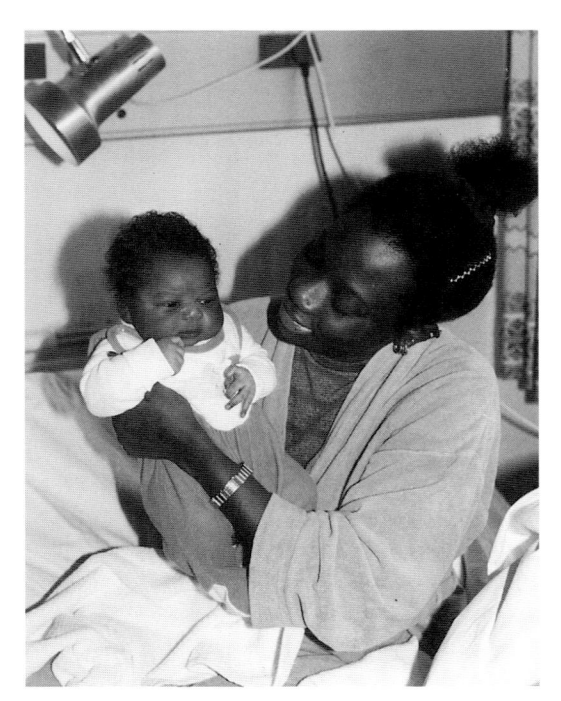

Wir freuen uns über das Leben

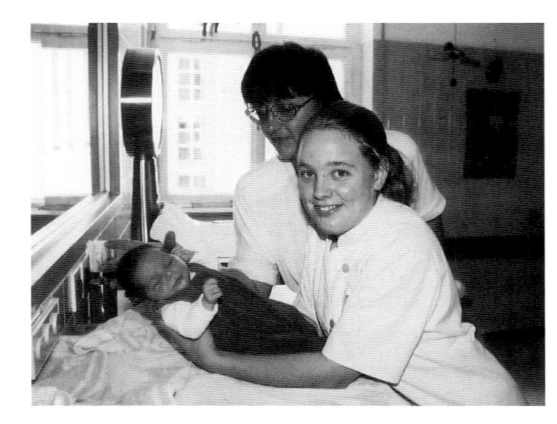

So klein und schon ein Fotostar: Auf der Entbindungsstation

Hintergrund und mit Dr. Teichmann einen sehr versierten Chefarzt. Im Jahr 1969 kam Prof. Dr. Blobel als neuer Chefarzt, und wir stellten um. Wir praktizierten „Tübinger Schule", das hieß unter anderem, das Neugeborene wurde nicht mehr gebadet. Heute ist das erste Bad wieder sehr wichtig, und die Väter dürfen ihre Kinder selbst baden.

Medizinisch und apparativ hat sich viel geändert. Auch wenn Ultraschallgerät, Herztöne- und Wehenüberwachung der Frau das Gefühl geben, daß sie und das Kind optimal überwacht sind, ist die Zuwendung der Hebamme wichtig für ein gutes Geburtserlebnis.

Inzwischen sind wir eine multikulturelle Gesellschaft geworden, das spiegelt sich auch bei der Zusammensetzung unserer Frauen wider. Trotz Sprache und kultureller Schwierigkeiten kann eine Hebamme zu diesen Frauen gute Kontakte aufbauen. Aus den Anfängen im alten Krankenhaus wurde eine geburtshilfliche Schwerpunktabteilung mit Risikogeburten, etwa Frühgeburten und Mehrlingsgeburten; einmal hatten wir sogar Fünflinge. Da war was los im Kreißsaal – Hebammen, Geburtshelfer, Kinderärzte und Kinderkrankenschwestern hatten alle Hände voll zu tun. Frauen, die Hebammen sind, werden durch ihre Berufserfahrungen stark geprägt, so daß man sagen kann: „Hebammen sind ein ganz besonderes Völkchen".

Diakonische Schwester Maria Brazel, im Diakoniewerk seit 1955 und Diakonisse Johanna Binder, im Diakoniewerk seit 1953, beide heute im Ruhestand

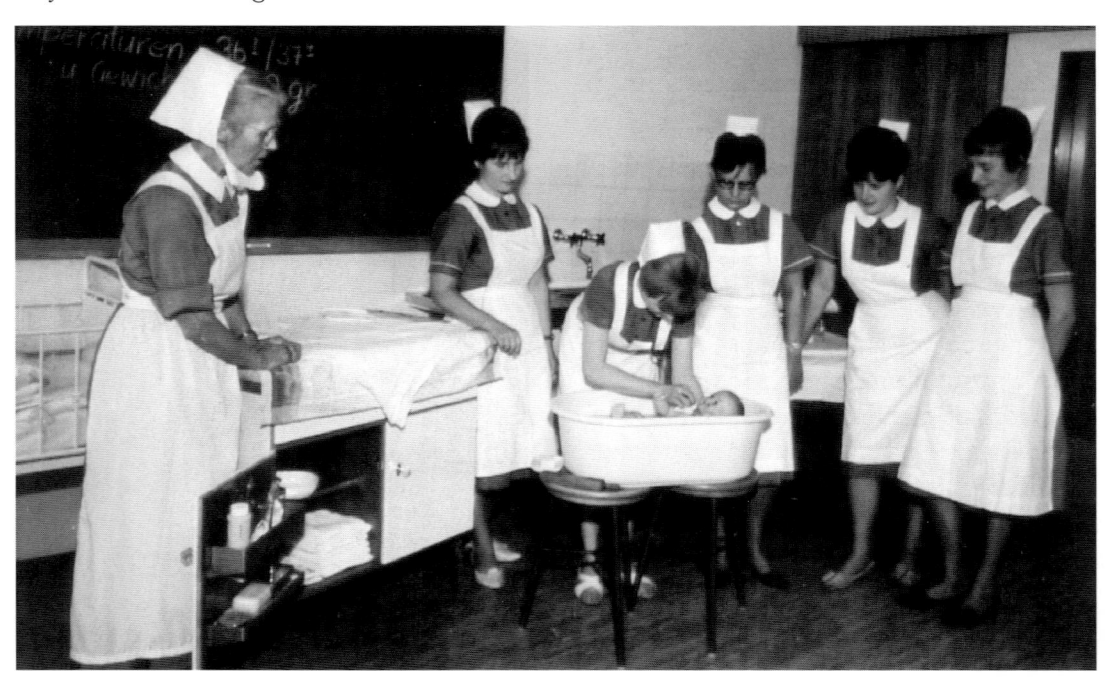

Die erste Leiterin der Kinderkrankenpflegeschule, Diakonisse Käthe Schmid, beim praktischen Unterricht.

Die Kinderabteilung im Wandel der Zeit

Bis 1947 wurden kranke Kinder im Diak von einer Assistenzärztin der Inneren Abteilung betreut. In diesem Jahr beschloß die Diakleitung, eine selbständige Abteilung unter der Leitung eines Kinderarztes zu errichten und berief Dr. Fritz Hopfengärtner, der schon viele Jahre als Assistenz- und Oberarzt der Tübinger Kinderklinik mit unseren dort eingesetzten Schwestern bestens zusammengearbeitet, sich inzwischen jedoch in Ebingen in eigener Praxis niedergelassen hatte. Der Wechsel von der Französischen in die Amerikanische Zone gestaltete sich sehr kompliziert. Der Geburtstag der Kinderabteilung im Diak war der 27. Oktober 1947. Die kranken Kinder wurden vorwiegend im Johanniterhaus untergebracht. Freilich war so kurz nach dem Krieg alles sehr primitiv, wenn auch gemütlich.

Das Labor wurde jahrelang von einer Laborantin betreut, und der Pflegesatz betrug damals 6,40 DM. Das Johanniterhaus war bald überfüllt; selbst im Dachgeschoß wurden – ohne fließendes Wasser – Säuglinge untergebracht. Aber es war umso gemütlicher, und die Obrigkeit ließ sich nur selten blicken, weil sie dauernd mit Wünschen überschüttet wurde. Ein heiteres und tragisches Kapitel waren die Kinder von Polnischen Juden, die damals im Ziegeleiweg untergebracht waren. Für die stillfreudigen Mütter wurden sogar extra Stillboxen in die Enge des Ganges eingezwängt, und Schwester Else Wohlfarth, die damals schon dabei war, weiß noch viele Erlebnisse. Zur Kinderabteilung gehörte die Tuberkulosestation mit ca. 30 Kinderbetten im Gottlob-Weißer-Haus, berühmt durch die schönen Weihnachtsfeiern, und die Infektionsabteilung im alten Waldhaus. Diese war immer voll belegt mit schwersten Scharlach- und Diphtheriekranken, oft mit Luftröhrenschnitt.

Besonders schlimm waren die Poliomyelitisepidemien. In einem Sommer zählte man über 100 Fälle, teilweise mit tödlichem Ausgang, trotz „Eisernen Lungen". Die Lähmungen waren viel schwerer als bei der Polio-Epidemie unter Dr. Kibler ein Menschenalter vorher, mit der Hall damals „berühmt" wurde. Bei der Dauer der Nachbehandlung wurde im Erdgeschoß des Badhauses eine extra Abteilung errichtet. Auch alle anderen Infektionskrankheiten verliefen damals viel schwerer, z. B. Keuchhusten bei Säuglingen, sowie epidemische Hirnhautentzündungen.

Besonders trostlos waren die damals unheilbaren tuberkulösen und eitrigen Hirnhautentzündungen. Antibiotika waren ja erst im Kommen. Das alles hat sich sehr geändert, und ein Assistent hatte später beim Abgang geklagt: „Jetzt habe ich alles gesehen, bloß keine Diphtherie und Polio." Die Abteilung wuchs immer mehr, wir waren ja die einzige Kinderklinik in ganz Nord/Ost-Württemberg, hatten also ein riesiges Einzugsgebiet und bis zu 130 Betten (ohne Solbadkinder). Aus dieser Enge befreite uns der Neubau in den beiden oberen Stockwerken des Badhauses 1960, wo sich dann Tagräume und Spielzimmer mit Kindergärtnerin ermöglichen ließen und vor allem eine vorschriftsmäßig isolierte Frühgeborenenabteilung. Dadurch wurde das Johanniterhaus frei für Solbadkuren mit jeweils 30 bis 50 Kindern, was ja alte Haller Tradition war. Eine kleine Dependance im 1. Stock des Hochhauses, besonders für Frühgeborene und Pylorusstenosen, ge-

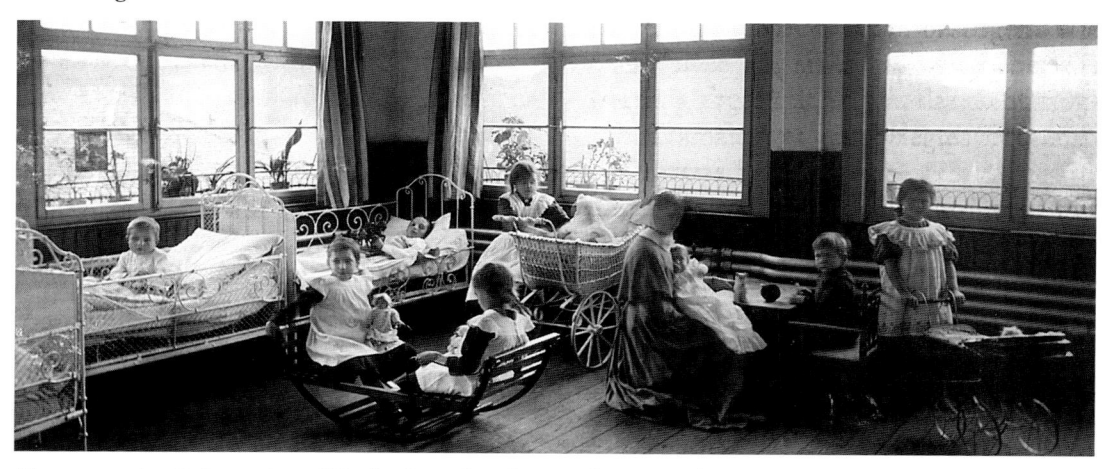

Tagraum im Johanniter-Kinderkrankenhaus, das im Jahr 1890 eingerichtet wurde

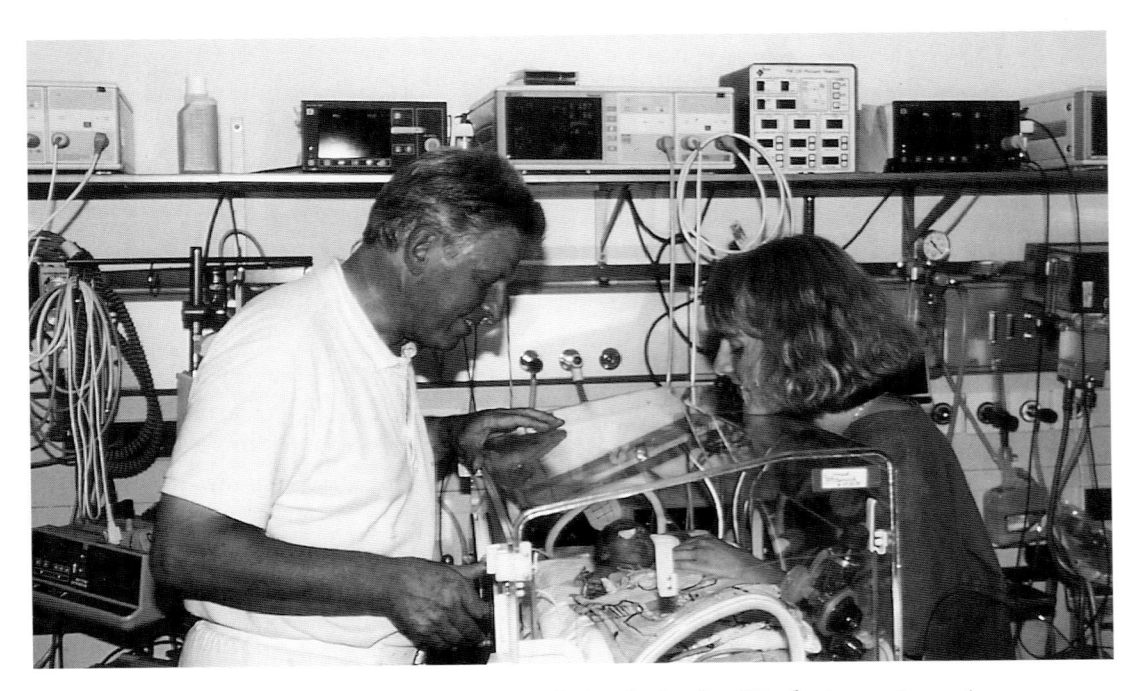

Prof. Dr. Hartmut Geiger mit einer Mitarbeiterin in der Kinderintensivstation

hörte uns schon früher. Der Neubau brachte große Fortschritte in der medizinischen Qualität und Ausdehnung. (Es konnten auch 10 medizinische Veröffentlichungen gemacht werden. Bei den Praktikern sehr beliebt waren ebenso die von uns herausgegebenen „Haller ärztlichen Mitteilungen"). Es wuchs auch die Ärztezahl, und wir belegten die Facharztpraxen in der weiteren Umgebung. Bereits am 1. 4. 1948 wurde die Säuglings- und Kinderpflegeschule gegründet. Inzwischen haben sie unzählige Schwestern durchwandert, auch die Diakonissen der Abteilung. Die Stationsschwestern waren ja durchweg Diakonissen, die auf den Abteilungen wohnten und also 24 Stunden im Dienst waren. Die Schule ist an Ausdehnung und Wissen genauso explodiert wie die ganze Medizin und erhielt auch ein eigenes Schulhaus. Was sich hier an Unterbringung und Bezahlung geändert hat, sei nur am Rande erwähnt. Es soll nicht verschwiegen werden, wie sich aus jungen Menschen, die als „unbeschriebene Blätter" zu uns kamen, reife Persönlichkeiten entwickelten. Genauso explodierte leider der Papierkrieg, den aber unsere unermüdliche Sekretärin Elisabeth Hertlein gewonnen hat. Überflüssig, zu erwähnen, daß die Zusammenarbeit mit den anderen Abteilungen stets reibungslos war. Das betraf besonders die Neugeborenenabteilung, wo wir auch die BCG-Impfung vornahmen.

Dr. Fritz Hopfengärtner,
Leiter der Kinderabteilung 1947–1977

Professor Dr. Hartmut Geiger berichtet weiter:

Ende 1977 trat Dr. Fritz Hopfengärtner nach 30 Jahren Dienst altershalber in den Ruhestand. Mit dem bundesweiten Wandel der Kinderabteilungen hat sich auch die Situation im Diak geändert. Seit 1978 existiert eine Neuropädiatrische Abteilung mit derzeit 11 Betten unter der Leitung von Dr. Klaus-Peter Goldacker, in der neurologisch und psychisch kranke Kinder behandelt werden. Sie ist seit 1981 im renovierten Johanniter-Kinderhaus untergebracht.

Ebenfalls 1981 stieß Dr. Karl Fahr zu dem Ärzteteam der Inneren Kinderabteilung als zweiter Chefarzt. Die Innere Kinderabteilung erhielt eine Intensivüberwachungseinheit, in der hauptsächlich Frühgeborene und kranke Neugeborene nach den modernsten Gesichtspunkten beatmet und betreut werden. Damit wird dem enormen Fortschritt in der Neugeborenenmedizin Rechnung getragen.

Wer hätte vor 20–30 Jahren gedacht, daß Kinder, die 15 Wochen zu früh, mit Geburtsgewichten von 700 g zur Welt kommen, ohne wesentliche Schäden, allerdings mit enormem personellem und technischem Aufwand, überleben können?

Trotz der ständigen Erweiterung der diagnostischen und therapeutischen Möglichkeiten auf dem Gebiet der Kinderheilkunde, sind die Kinder heutzutage nur kurz im Krankenhaus. So hat sich die Verweildauer in der Kinderabteilung im Diak bei steigender Patientenzahl (derzeit werden jährlich etwa 2500 Kinder sta-

In die Schule geh ich gern ... Schule im Krankenhaus – mal was anderes

tionär aufgenommen) von durchschnittlich 21 Tagen auf 6–7 Tage verkürzt.
Um die Krankenhausängste bei den Kindern abzubauen, um psychischen Hospitalismus zu vermeiden, wurden ganztägige Besuchszeiten eingerichtet und die Mitaufnahme von Eltern ermöglicht. Dieses Angebot wird von etwa der Hälfte unserer Eltern genutzt. Damit Schulkinder, die länger im Krankenhaus bleiben müssen, keine Nachteile davontragen, wurde 1980 eine Klinikschule eingerichtet.
Es gäbe noch viel zu erzählen aus der Kinderabteilung, z. B. über die Haller Fünflinge, die 1982 mit Geburtsgewichten von 720 g bis 1740 g im Diak zur Welt kamen und nach liebevoller Pflege in der Kinderabteilung alle gesund nach Hause entlassen werden konnten ... oder über die Gruppe von Franzosenkindern, die 1981 alle auf einmal aus der Jugendherberge mit schweren Lebensmittelvergiftungen zur Aufnahme kam und die Infektionsstation im Waldhaus in einen Hauptverbandsplatz verwandelte ... Aber das sind andere Geschichten.

Professor Dr. Hartmut Geiger,
Chefarzt der Pädiatrischen Abteilung,
im Diakoniewerk seit 1978

Der Medizinisch-Ethische Gesprächskreis

Dienstag abend, Feierabend. Der Medizinisch-Ethische Gesprächskreis hat für heute zu einem Abend über „Gentechnologie" eingeladen. Etwa 30 Personen, Mitarbeiter aus allen Bereichen des Diakoniewerkes, vor allem aber aus dem Diakonie-Krankenhaus, kommen zu der Veranstaltung. Mit Professor Dr. Dr. Baitsch und Frau Dr. Sponholz, Humangenetiker an der Universität Ulm, konnten zwei sachkundige und engagierte Referenten gewonnen werden. Kein Vortrag über ein Spezialthema in medizinischem Fachlatein erwartet die Zuhörer, sondern die Referenten verstehen es, die medizinischen Zusammenhänge einleuchtend darzustellen.
Die Referenten erklären, daß die Medizin durch diese Verfahren der gentechnologischen Diagnose einen qualitativen Sprung gemacht hat. Man kann heute bei sehr vielen Krankheiten feststellen, ob eine Person eine Veranlagung dazu hat. Ethische Fragen folgen auf dem Fuß. Kann ein Mensch die Diagnose verkraften? Soll man alles wissen, was man wissen kann? Und welche Konsequenzen ergeben sich für die Lebensplanung der Person? Kann sie – darf sie Kinder haben? Dazu kommt die gesellschaftliche Dimension: Darf eine betroffene Person die Diagnose verweigern? Ist es verantwortlich, die Erkenntnisse unter Verschluß zu halten? Hat das soziale Umfeld nicht ein Recht darauf, die Diagnose zu kennen? Für Versicherungen oder Arbeitgeber etwa wäre die Diagnose

Zur Vorbereitungsgruppe gehören Personen unterschiedlicher Berufsgruppen

Seelsorge im Krankenhaus

„Jetzt habt ihr mich in der Hand", so sagte ein junger Patient, als er sich in sein Krankenhausbett legte. „Eingeliefert – ausgeliefert", so meinte ein anderer. Ohnmacht, Hilflosigkeit und Angst kommen in solchen Sätzen zum Ausdruck. In kurzer Zeit kommen ja auch so viele Menschen ans Bett, die fast alle etwas am Kranken machen wollen, wozu dieser dann sofort ohne Angst und ohne Murren bereit sein soll. Wir alle im Krankenhaus bemühen uns, das Gefühl des Ausgeliefertseins beim Patienten erst gar nicht eine wichtige Information. Den Zuhörern wird schnell bewußt, daß es sich nicht um einen akademischen Diskurs um der Wissenschaft willen handelt, sondern daß dieses Thema sehr konkret mit unserer Wirklichkeit zu tun hat. Jeder, jede kann betroffen sein. „Konkret mit unserer Wirklichkeit" – das ist der Anknüpfungspunkt des Medizinisch-Ethischen Gesprächskreises. Es ist sein Ziel, Menschen, die im Alltag mit kranken und hilfsbedürftigen Menschen zu tun haben, zu sensibilisieren für Fragen nach den Werten, die das Handeln prägen. Alle zwei Monate lädt der Gesprächskreis zu einem thematischen Abend ein, bei dem „heiße Eisen" intensiv besprochen werden. Einige Themenbeispiele der letzten Veranstaltungen mögen dies verdeutlichen: das Spannungsfeld Schweigepflicht – Informationspflicht; Euthanasie oder Hilfe beim Sterben; Umgang mit Aids-Patienten.

Der Medizinisch-Ethische Gesprächskreis möchte sich nicht nur an eine Berufsgruppe wenden, sondern an alle Interessierten. Dies zeigt bereits die Zusammensetzung der Vorbereitungsgruppe, zu der Krankenhausseelsorger, Arzt, Krankenschwester und Psychologin gehören. Der Gesprächskreis ist das Forum, wo sich Mitarbeiterinnen und Mitarbeiter aus allen Bereichen zum thematischen Austausch begegnen. Die Beschäftigung mit Fragen, auf die es keine schnelle Antwort gibt, ist wichtig, um im Tagesgeschäft nicht den Blick zu verlieren für die ethischen Grundwerte, die hinter unserem Tun stehen.

Barbara Fischer, Öffentlichkeitsreferentin, seit 1992 im Diakoniewerk

Das Kreuz auf dem Turm der Auferstehungskirche

aufkommen zu lassen und die Angst zu mildern – was leider nicht immer gleich gut gelingt. Manchmal dauert es trotzdem eine gewisse Zeit, bis jemand seine neue Umgebung akzeptiert und zu den Menschen Vertrauen faßt, die sich jetzt in verschiedenster Weise um ihn bemühen. Daß unter diesen Umständen (die ja sein müssen!) nicht jeder Mensch der Seelsorgerin, dem Seelsorger auch seine Seele öffnet, ist nicht verwunderlich. Hier muß oft sehr behutsam ein Vertrauensverhältnis aufgebaut werden, ehe die Türe nach innen aufgeht und tiefergehende Gespräche stattfinden können. In der Krankenhausseelsorge begegnen uns vorwiegend Menschen, die sich in einer besonders schwierigen Phase ihres Lebens befinden. Ihnen „wankt der Boden unter den Füßen", sie „gehen durchs dunkle

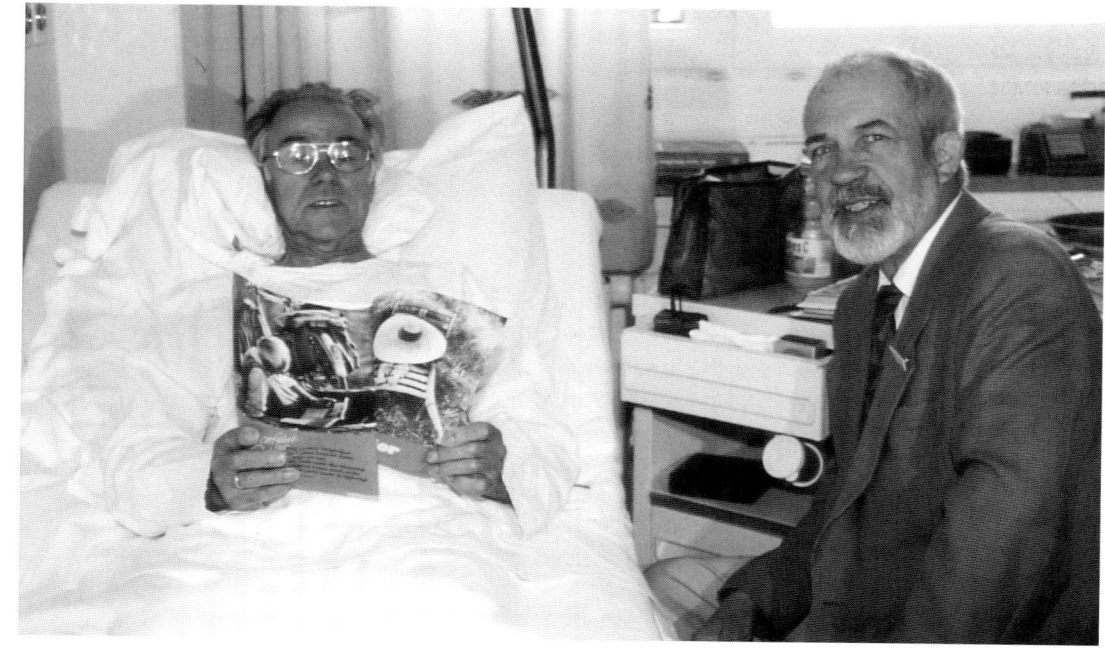

Täglich finden in der Auferstehungskirche Andachten und Gottesdienste statt, die in die verschiedenen Häuser übertragen werden

Pfarrer Kurt Württemberger beim Patientenbesuch

Tal", ihre „Seele weint", und manchmal haben sie das Gefühl „das Wasser steht mir bis zum Hals". Solche Redewendungen – Worte aus den Psalmen der Bibel! – drücken die innere Verfassung eines Kranken aus. Oft kommen quälende Fragen auf und belasten die Seele. Die Kriegserlebnisse, Irrwege in jungen Jahren, Auseinandersetzungen in Ehe und Familie, zerbrochene Beziehungen im Freundeskreis, Einsamkeit im Alter, krankheitsbedingte berufliche Probleme, Fragen des Glaubens und der persönlichen Gottesbeziehung, die Zuversicht und Anfechtung (warum widerfährt mir das?) mit einschließen, bewegen viele Kranke in ihrem körperlich geschwächten Zustand besonders stark. Nicht immer haben wir die hilfreichen Worte und Antworten. Oft bleibt nur, daß wir Seelsorgerinnen und Seelsorger eine schwere Situation mit den Kranken gemeinsam auszuhalten versuchen und damit vor Gott kommen im gesprochenen oder stillen Gebet. Aber immer wieder erfahren wir zusammen, wie Gott Kraft schenkt, wie er tröstet, aufrichtet und neuen Lebensmut gibt. Freilich ist unser Diakonie-Krankenhaus mit seinem großen technischen Apparat und der Heerschar von Mitarbeiterinnen und Mitarbeitern kein „Hôtel de Dieu", keine Gottesherberge, wie man die ersten Krankenhäuser nannte. Doch wir versuchen, unseren Teil dazu beizutragen, daß unsere Patientinnen und Patienten im Diak sich in Gottes Hand geborgen wissen und die Erfahrung des Beters machen können: „Von allen Seiten umgibst du mich und hältst deine Hand über mir" (Psalm 139,5).

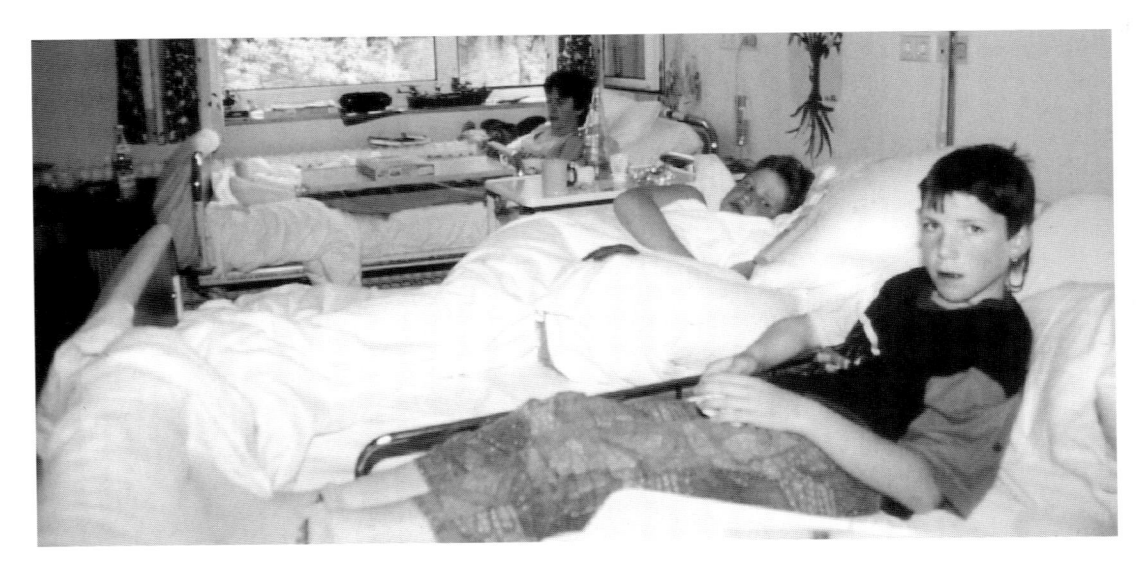

Auch für Kinder gibt es Angebote der Seelsorge

Schwestern nehmen das Freibad kurz vor der Fertigstellung 1964 in Augenschein

Kurt Württemberger, Krankenhausseelsorger, seit 1990 im Diakoniewerk, Karlheinz Rapp, Krankenhausseelsorger, seit 1993 im Diakoniewerk

Wertvolle Beziehungen

Die „Grünen Damen" der Ökumenischen Krankenhaushilfe sind aus unserem Krankenhaus und den Wohn- und Pflegestiften nicht mehr wegzudenken. Die Leiterin, Frau Renate Flaxa, schildert die Arbeit der ÖKH:

Mit rund 25 Helferinnen haben wir 1984 angefangen, heute sind es 37 Frauen und 2 Männer – es dürften gerne noch mehr sein. Welche Aufgaben und Dienste umfaßt die Arbeit? Die Laienhelfer, die an die Schweigepflicht gebunden sind, verstehen sich in erster Linie als Ansprechpartner für die Kranken oder die Heimbewohner.

Im Krankenhaus besuchen wir die Kranken auf den uns zugeteilten Stationen, begleiten sie zu Untersuchungen und warten mit ihnen, bis sie an der Reihe sind. So können bereits Ängste abgebaut werden. An bestimmten Tagen begleiten wir Patienten zum Gottesdienst oder erledigen Besorgungen für sie.

Die Wünsche der Patienten sind vielfältig, z. B. ist ein Scherkopf für einen Rasierer oder ein Schlafanzug zu kaufen, Geld zu besorgen oder ein Telefonat zu führen. – Dinge, die oft außerhalb des Krankenhauses zu erledigen sind und die das Pflegepersonal aus Zeitmangel nicht tun kann.

Den Patienten beim Essen und Trinken zu helfen, erfordert oft Zeit und Geduld. Mir ist besonders klar geworden, daß es den Patienten viel bedeutet, wenn man sich zu ihnen ans Krankenbett setzt, sich Zeit für sie nimmt, mit ihnen spricht, mit ihnen spazierengeht, ihnen etwas vorliest oder einfach nur zuhört. Ich glaube und bin fest

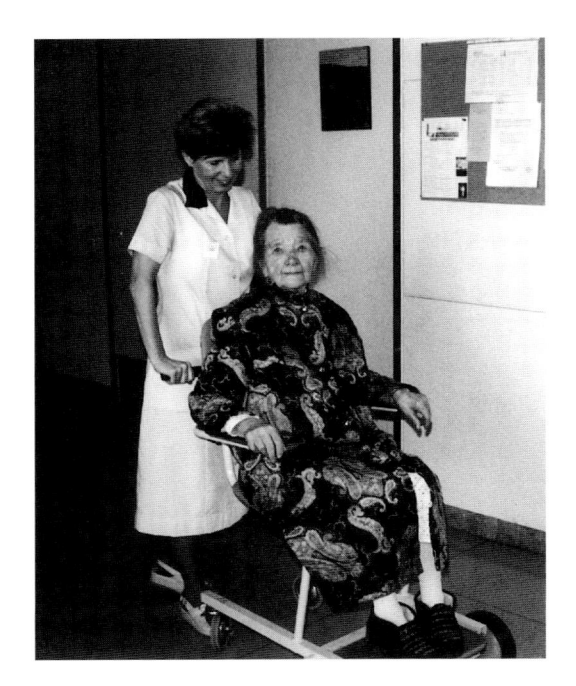

Frau Renate Flaxa bringt eine Patientin zur Untersuchung

überzeugt, daß Zuhören und Da-Sein ganz wichtig ist.

Manchmal dauert es eine Weile, bis man Zugang zu einem Menschen findet, aber wenn das Vertrauen geweckt ist, dann ist es wunderbar zu sehen, wie ein Gespräch doch auch heilsam sein kann. Plötzlich wird aus der Vergangenheit erzählt, man spricht nicht über die Krankheit, sondern über Dinge, die ablenken, aufheitern, oder die in Gesprächen verarbeitet werden.

Als gesunder Mensch am Bett eines Schwerkranken zu sitzen, ihm die Hand zu halten, den dankbaren Händedruck zu spüren, nur bei ihm zu sein – das sind Augenblicke, die so wertvoll sind, daß man sie nicht in Worte fassen kann. Zeit haben, zuhören können sind Dinge, die in unserer Zeit selten geworden sind.

Neben der medizinischen Therapie spielt die rein zwischenmenschliche Betreuung im Gespräch oder im Zuhören eine wichtige Rolle für die Genesung. Ebenso die Sprache der Gesten, ein Streichen über die Stirn können zur Gesundung des Patienten beitragen.

Im Altenheim geht es darum, sich Zeit zu nehmen für die Heimbewohner und eine Beziehung zu einem alten Menschen aufzubauen, die dauerhaft und bereichernd für beide sein kann. Dies besonders, wenn die Angehörigen selten kommen oder gar keine da sind. Es ist ein Dienst im stillen, und die Dankbarkeit, die wir von den Patienten, den Heimbewohnern, den Ärzten und Pflegenden erhalten, macht uns die Arbeit so wertvoll – und uns an Erfahrungen reicher.

Renate Flaxa,
ehrenamtlich tätig seit 1984
in der Ökumenischen Krankenhaushilfe

Geriatrischer Schwerpunkt am Diakonie-Krankenhaus

Die Lebenserwartung hat sich in den letzten 100 Jahren verdoppelt infolge von sozialen, ökonomischen und medizinischen Fortschritten. Heute sind rund 20% der Bevölkerung über 59 Jahre alt. In 35 Jahren wird etwa jeder dritte Deutsche 60 Jahre und älter sein.

Mit dem Zuwachs an Lebenszeit in den letzten Jahrzehnten stellt sich die Frage nach der Qualität der gewonnenen Jahre. Als griffiges Schlagwort wird oft gesagt: Das Ziel ist, nicht dem Leben mehr Jahre hinzuzufügen, sondern den Jahren mehr Leben zu geben.

Nach dem Konzept der Landesregierung Baden-Württemberg wurde am Diakonie-Krankenhaus Schwäbisch Hall ein Geriatrischer Schwerpunkt eingerichtet. Das Ziel ist es, älteren Menschen besser zu helfen, als es bisher möglich war. Konkret kann ihnen möglichst lange die Selbständigkeit ihres Lebens erhalten werden, am besten zuhause. Es sollte vermieden werden, daß die Erkankung eine bleibende Einschränkung der Selbständigkeit nach sich zieht.

Welche Patienten werden vom Geriatrischen Schwerpunkt betreut? Es sind Patienten in höherem Alter. Wesentlich ist dabei zum einen, daß es sich um verschiedene parallel verlaufende Erkrankungen handelt (Multimorbidität). Zum anderen soll eine weitgehende Wiederherstellung der für das alltägliche Leben erforderlichen körperlichen und geistigen Funktionen möglich sein (Rehabilitations-Potential).

Ein wichtiges Instrument der geriatrischen Tätigkeit ist das Geriatrische Assessment, zu Deutsch etwa „Einschätzung". Durch Fragen und Untersuchungen wird die körperliche und geistige Leistungsfähigkeit des älteren Menschen ermittelt, um abzuschätzen, was der Patient/die Patientin kann, wo Rehabilitation sinnvoll anzusetzen ist und wo beispielsweise häusliche Hilfen wirkungsvoll sein können. Dabei ist es oft wenig bedeutsam, weshalb ein Patient Bewegungseinschränkungen hat, etwa infolge eines Schlaganfalles oder durch Verbrauchserscheinungen an den Gelenken. Die Frage steht im Vordergrund, wie geholfen werden kann, beispielsweise durch eine Prothese, mit mechanischen Hilfen im Haushalt, oder auch mit Hilfsangeboten durch ambulante Hilfen der Gemeindekrankenpflege oder Essen auf Rädern. Hier ergeben sich neue Möglichkeiten auch im Rahmen des Pflegegesetzes.

Ein Beispiel für einen geriatrischen Patienten mag dies verdeutlichen: Eine Frau mit mehreren Erkrankungen wie Hochdruck, Zuckerkrankheit und Herzmuskelschwäche kommt wegen eines neu aufgetretenen Schlaganfalles ins Krankenhaus. Bei dieser Patientin besteht gute

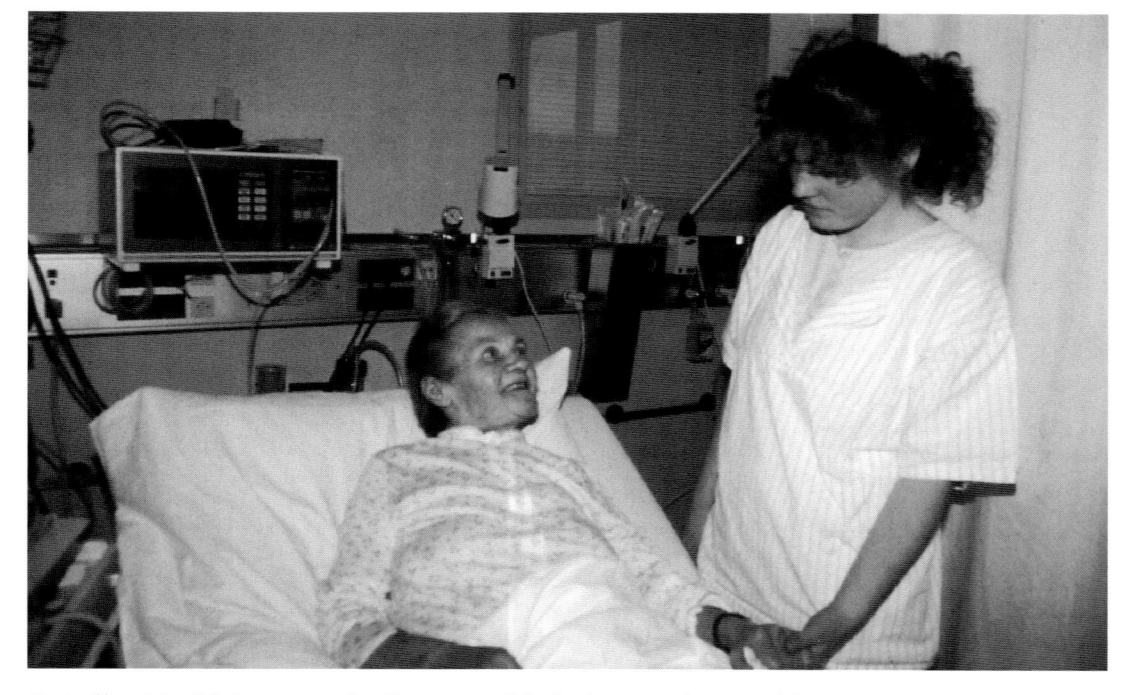

Bei aller Hochleistungstechnik - menschliche Zuwendung zählt

Aussicht, daß mit etwas intensiverem Aufwand an Zeit und an Übungsbehandlungen, sowie bei Zusammenfassung der Fachkenntnisse aus verschiedenen Gebieten der Medizin wieder ein selbständiges Wohnen und Leben möglich sein könnte. Unterschiedliche Fachkräfte im Krankenhaus bilden das Geriatrische Team:
Krankengymnast,
Beschäftigungstherapeut,
Sprachtherapeut,
besonders intensive Zuwendung von seiten der Pflegenden, der Ärzte und auch der Sozialbetreuer. Die Teilnehmer des Teams treffen sich einmal in der Woche, um für jeden einzelnen Patienten die Probleme, die Fortschritte, die rehabilitativen Möglichkeiten und erforderlichen Maßnahmen zu besprechen. Dabei ist eindrucksvoll, daß auch bei älteren Menschen oft noch eine ganz erfreuliche Verbesserung der selbständigen Lebensfähigkeit zu erreichen ist, wenn ein etwas höherer Zeitaufwand möglich ist.
Genau dies ist das Hauptziel des Geriatrischen Schwerpunktes. Daß dies den Wünschen der Patienten entgegenkommt und eventuell auch hilft, Kosten einzusparen, wiederholte Krankenhausaufenthalte bzw. Heimeinweisungen überflüssig zu machen oder hinauszuschieben, ist ebenfalls ein erfreulicher Effekt.

Prof. Dr. Gerhard Utz, Chefarzt der Inneren Abteilung und Leiter des Geriatrischen Schwerpunktes, im Diakoniewerk seit 1976

Die Krankenpflegeschule

Für Sabine war klar: Sie wollte einen Beruf, in dem sie Menschen helfen kann. Da sie gerne mit anderen zusammenarbeitet, entschied sie sich für eine Ausbildung zur Krankenschwester. Schon während der Schulzeit konnte sie ein Schnupperpraktikum im Diak machen. Sie sah: Manches im Krankenhaus-Alltag war anders, als sie gedacht hatte. Die Arbeit des Pflegepersonals ist vielseitig und anspruchsvoll, manchmal auch stressig. Die Aufgaben von Krankenschwestern und Krankenpflegern sind so vielfältig wie die Bedürfnisse der Patienten. Herz, Kopf und Hand sind gefragt. Inzwischen ist Sabine im dritten Ausbildungsjahr an der Krankenpflegeschule des Diaks. Im Herbst wird sie das staatliche Examen ablegen mit einer schriftlichen, praktischen und mündlichen Prüfung. Momentan ist sie im sogenannten Schulblock, das heißt sie hat mehrere Wochen Unterricht. Der Fächerkanon reicht von Krankenpflege über Biologie und Anatomie bis hin zu Psychologie und Pädagogik. Die Schüler werden schwerpunktmäßig von Lehrerinnen und Lehrern für Pflegeberufe unterrichtet, darüber hinaus von einer Vielzahl von Fachdozenten, überwiegend Ärzte und Mitarbeiter aus dem Haus. Sabine genießt es, mit ihrem Kurs zusammenzusein. Während der Praxiseinsätze auf den Stationen arbeiten die Schüler oft allein oder zu zweit innerhalb des Pflegeteams. Die Schüler durchlaufen die Fachabteilungen des Diakonie-Krankenhau-

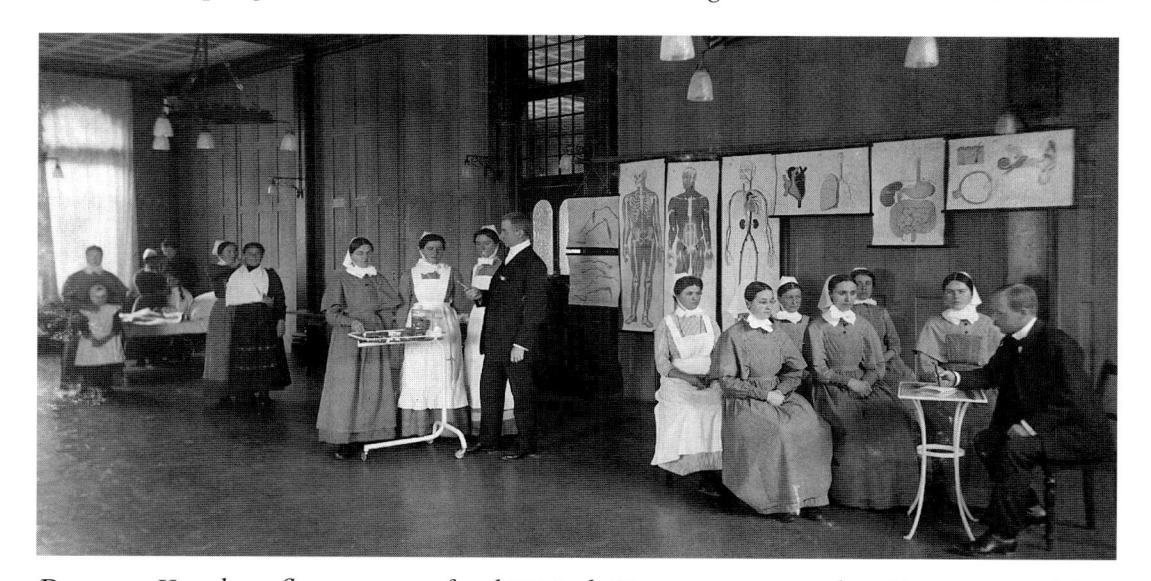

*Das erste Krankenpflegeexamen fand 1901 als Hausexamen vor dem Hausarzt und dem Verwaltungsrat statt. Dies war auch noch 1911 – unser Bild – der Fall.
Bis dahin (1900–1911) hatten bereits 102 junge Frauen gemeinsam mit den Diakonissen gelernt. 1924 wurde das erste staatliche Krankenpflegeexamen abgenommen.*

ses, und sie haben Einsätze außerhalb in der Gemeindekrankenpflege und in der Psychiatrie. Speziell ausgebildete Praxisanleiter sind für die Schüler auf den Stationen da. Ein Einsatz dauert jeweils einige Wochen. Dann ist wieder ein Schulblock dran. Einige Schüler sind dabei, die ihre praktische Ausbildung in den Krankenhäusern von Künzelsau und Öhringen durchlaufen. Sabine beschreibt die Ausbildung als intensiv. In den Schulphasen muß viel Unterrichtsstoff verarbeitet werden. In den Einsätzen auf Station sind die Schüler in die Arbeitsabläufe eingespannt. Aber – es macht Spaß. Die Gemeinschaft im Kurs, der Kontakt zum Schulteam und zu den Kolleginnen und Kollegen auf Station sind ihr wichtig. Auch die Angebote, die im Diakoniewerk gemacht werden, findet sie gut. Kürzlich

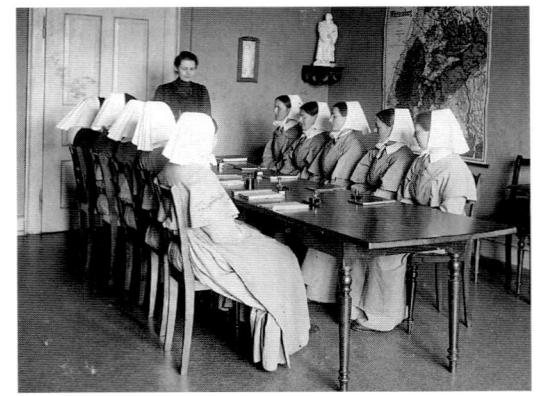

Schwester Elisabeth Barthelmeß unterrichtete Krankenpflegeschülerinnen im 1965 neu erbauten Schulhaus

Oben: Biblisch-Diakonischer Unterricht seit 1909 (enthält auch allgemeine Fächer)

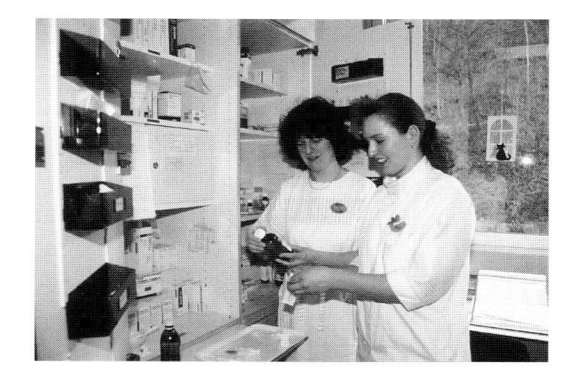

Praxisanleitung auf Station

Die Kinderkrankenpflegeschule

Die Kinderkrankenpflegeschule bildet junge Erwachsene, vorwiegend Frauen, in einer dreijährigen Ausbildung zur Kinderkrankenschwester bzw. zum Kinderkrankenpfleger aus. Der erste Kontakt beginnt schon lange vor der Ausbildung, wenn die angehenden Schülerinnen oder Schüler ihre Bewerbung an uns richten. Daran schließt sich ein Briefwechsel an, häufig mit der Einladung zur persönlichen Vorstellung. Bei dieser Begegnung entwickeln sich oft interessante Gespräche, wenn die Bewerberinnen und Bewerber sich über Motivation und Zielvorstellung zum Beruf äußern, zur theoretischen und praktischen Ausbildung, Zugehörigkeit zur Gemeinschaft der Haller Schwestern und Pfleger, Möglichkeiten der Beschäftigung zwischen Schulabschluß und Ausbildungsbeginn. Nach einem Gespräch wird entschieden, ob die Aufnahme der Bewerberin und des Bewerbers befürwortet werden kann.

Wir vier Lehrerinnen für Pflegeberufe treffen uns wöchentlich im Team, um die Belange unseres Alltags zu erörtern, wie Unterrichtsplanung, Stundenplan, Termine, Schülerproblematiken, Fragen aus den einzelnen Zuständigkeitsbereichen jeder Lehrerin, Bücheranschaffungen. Etwa alle zwei Monate ist in diese Besprechung der ärztliche Leiter unserer Schule miteinbezogen.

Da ein Teil des Unterrichts von Dozenten gehalten wird, ist der Kontakt zu ihnen war sie mit ihrem Kurs über ein Wochenende im Rose-Schmiech-Haus in Waldenburg, unserem Erholungsheim. Nach der Ausbildung möchte sie gerne im Diak weiterarbeiten. Für die Zukunft gibt es mehrere Möglichkeiten. Weiterqualifizierung auf einem Fachgebiet, Einsatz in der Gemeindekrankenpflege, andere Arbeitsgebiete kennenlernen. Pflegeberufe sind Berufe mit Zukunft.

Diakonische Schwester Hanni Krüger, Schulleiterin, im Diakoniewerk seit 1972

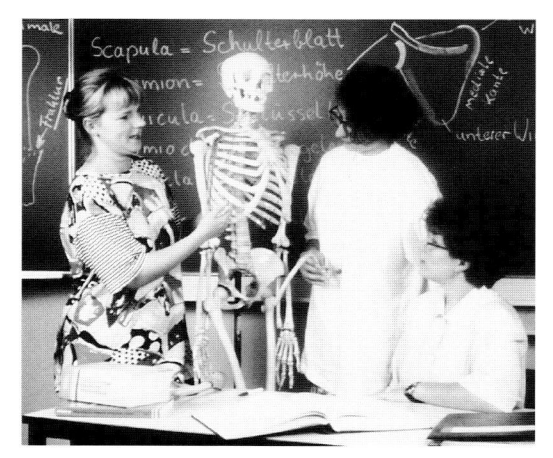

Unterricht mit visuellen Mitteln

In der Kinderkrankenpflegeschule

erforderlich, damit deren Unterricht mit abschließender Leistungskontrolle reibungslos ablaufen kann. Über unser Team hinaus laufen die Fäden zur Pflegedienstleitung.

Viele Anknüpfungspunkte gibt es zur Krankenpflegeschule, um die gemeinsame Strategie in Schulfragen durchzuziehen. Auch das Gesamtwerk ist in unserem Blickfeld, wenn einmal im Monat die Referatsleitungen sich mit dem Vorstand treffen, um sich gegenseitig über aktuelle Dinge zu informieren und über offene Fragen und anstehende Entscheidungen zu diskutieren. Vieles gibt es mit der hauswirtschaftlichen Leitung des Wohnheimes zu besprechen, wie Zimmerbelegung oder Absprachen für das reibungslose Zusammenleben im Wohnheim. Der Kontakt zu den Kinderstationen ist unserem Team sehr wichtig.

Nach dem Einsatzplan, den die Schulleitung erstellt, kommen die Schüler im Laufe ihrer Ausbildung auf alle Stationen. Zum Abschluß eines Einsatzes erfolgt immer ein Gespräch zwischen Schülerin oder Schüler, anleitender Kinderkrankenschwester und zuständiger Lehrerin. Auch mit den Stationsleitungen ist immer wieder ein Austausch nötig. Der schönste Teil unserer Tätigkeiten ist der Umgang mit unseren Schülerinnen und Schülern, sei es in Gesprächen, bei den täglichen Morgenandachten oder vor allem im Unterricht. Abwechslungsweise befindet sich einer unserer drei Kurse im Unterrichtsblock. Oft ist es fast erschreckend, mit wieviel neuem Stoff wir in vier Wochen unsere Schülerinnen und Schüler „vollstopfen" müssen.

Neben dem ersten Unterrichtsblock im April ist ein weiterer Schwerpunkt die Examenszeit in den Monaten Januar bis März. Die schriftlichen Examensarbeiten werden geschrieben, die einen hohen Zeitaufwand für die anschließende Korrektur erfordern. Die praktischen Abschlußprüfungen am Krankenbett erstrecken sich über Tage. Der Höhepunkt ist dann der Prüfungstag mit dem mündlichen Examen, das in Anwesenheit des Prüfungsvorsitzenden vom Regierungspräsidium abgenommen wird. Die Frischexaminierten zu beglückwünschen, die voller Freude Last und Ängste von sich abfallen lassen, und zugleich zu sehen, wie sich die jungen Menschen in ihrer Ausbildungszeit entfalten konnten, ist die Krönung unserer Arbeit. Das Examen wird daher am Abend auch tüchtig gefeiert, und eine mehrtägige Studienfahrt schließt die Ausbildung ab.

Diakonisse Gertrud Fischer,
Schulleiterin, im Diakoniewerk seit 1952

Das Team der Kinderkrankenpflegeschule bei einer Besprechung – v. l. Renate Schäfer, Gertrud Fischer, Christa Breitschwerdt, Helga Butschek

Die Regiebetriebe

„Er hat über 30 Jahre in der Öko gearbeitet", so oder ähnlich ist oft zu hören bei Ruheständler-Verabschiedungen.
Viele langjährige treue Mitarbeiter sind in den Regiebetrieben tätig. Was hat es damit auf sich?
Die Absicht der Gründer und Verantwortlichen war es, in der Versorgung möglichst unabhängig zu sein, was die Dinge des täglichen Lebens anbelangt. Lebensmittel, Energie, handwerklicher und technischer Bereich – hierfür wurden „Ökonomie und Regiebetriebe" eingerichtet.
Lange Zeit gehörten zur Diakonissenanstalt zwei Bauernhöfe, eine Geflügelfarm, ein Milchbauernhof und zahlreiche Hand-

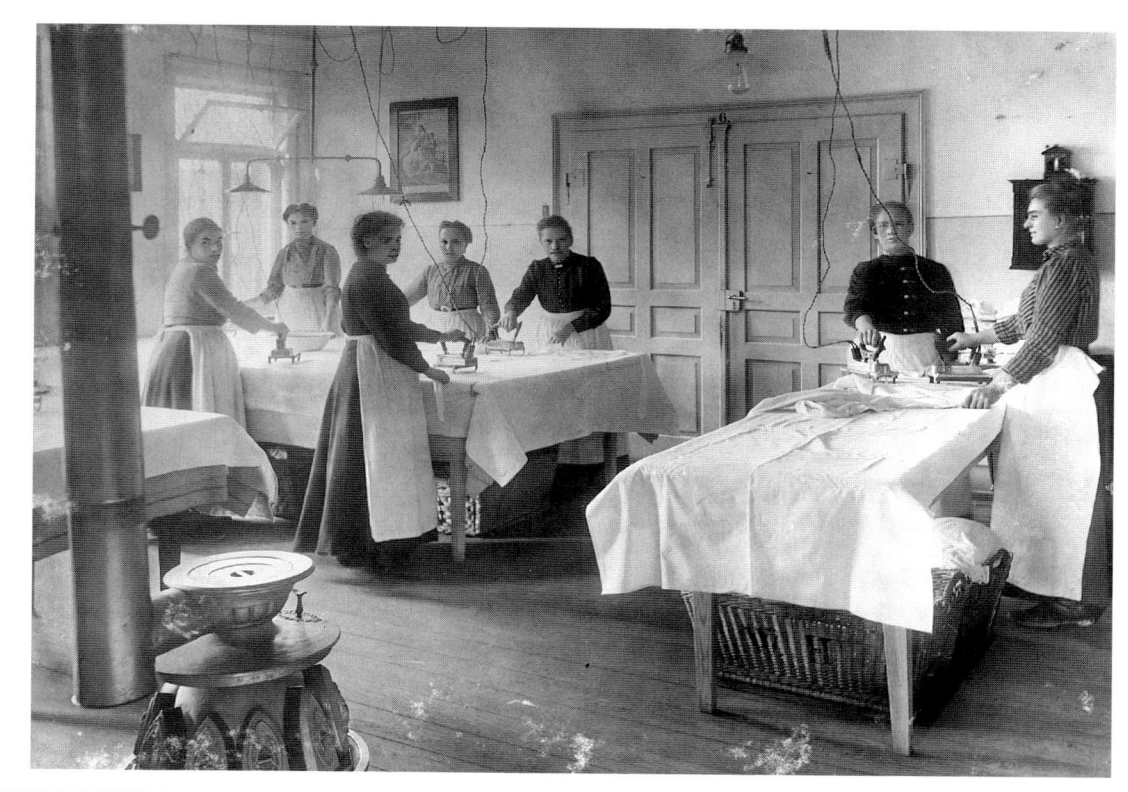

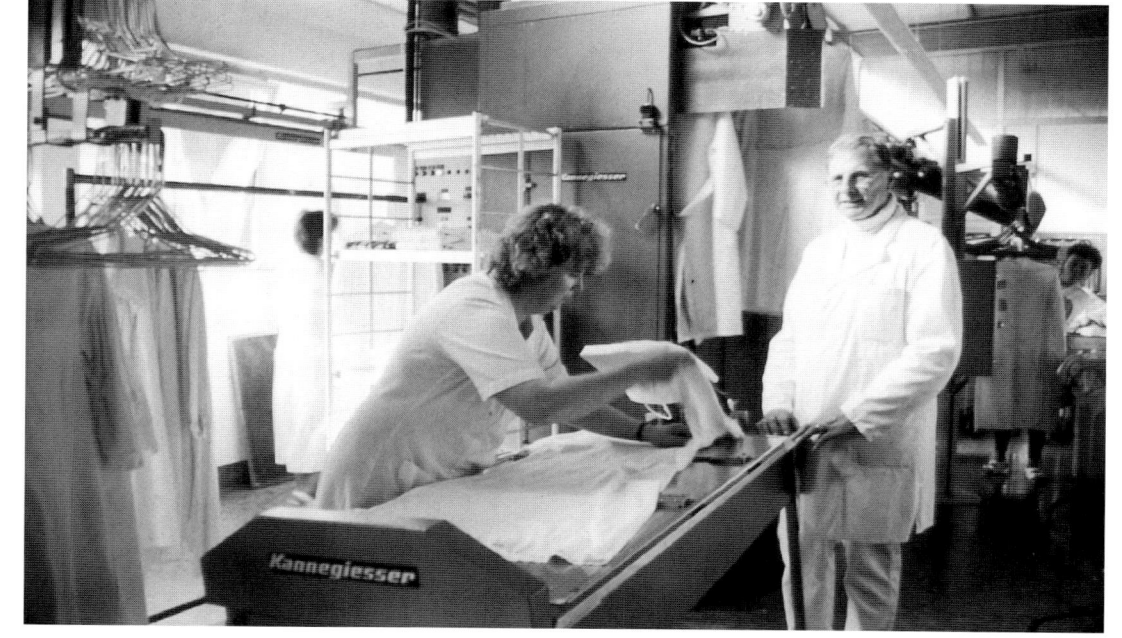

Damals:

Die Bügelstube im 1904 erbauten Waschhaus

... und heute:

Wäscherei-Leiter Rolf Jabulowski und eine Mitarbeiterin am Bügelautomaten in der Diak-Wäscherei in der Talaue

werker bis hin zu einem eigenen Heizkraftwerk zur Produktion von Wärme und Strom.

Verantwortungsvolles Wirtschaften ist ein wichtiger Grundsatz im Diakoniewerk. Manche Bereiche mußten aufgegeben werden, weil sich die Preisverhältnisse im Laufe der Jahre verschoben haben, oder weil hohe Investitionen nötig geworden wären. Gesellschaftliche Rahmenbedingungen verändern sich, das Rad der Zeit läßt sich nicht zurückdrehen.

So haben wir das Heizkraftwerk an die Stadtwerke verkauft, die Bauernhöfe verpachtet und einige Handwerkerstellen abgebaut.

Nach wie vor gehört zum Diak jedoch die Bauabteilung mit Architekten, Schrei-

Unsere Landschaftsgärtner pflegen den Schwesternfriedhof –
wer dort vorbeikommt, freut sich über die vielen schönen Blumen

Die Wäscherei im 1904 erbauten Waschhaus, der Riemenantrieb erfolgte über Transmission

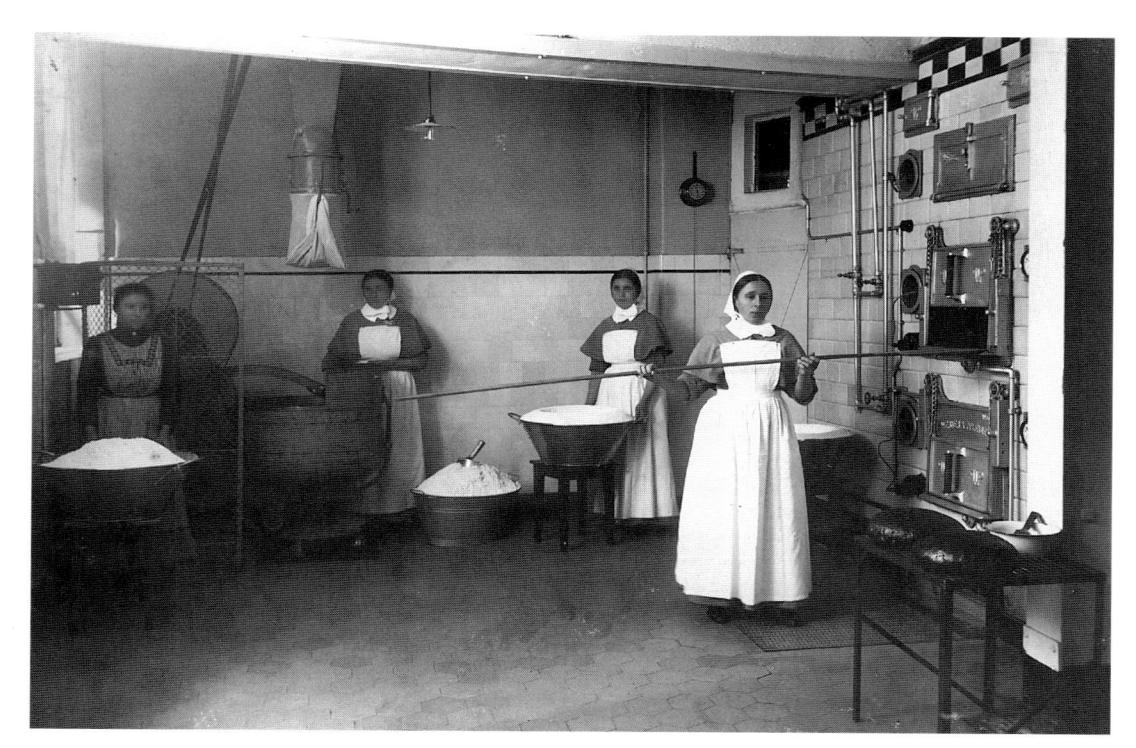

Oben links:
Aus der Gründerzeit – die Bäckerei, mit der Hauptküche 1903 erbaut. Vor der Zeit der Spezialisten wurde beinahe alle Arbeit von Schwestern bewältigt. Entsprechend der Notwendigkeit wechselten sie die Arbeitsplätze.

Oben rechts:
Damals wie heute – wir im Diak backen unser Brot selbst

Das müssen schon Frühaufsteher sein – die Mitarbeiterinnen und Mitarbeiter in der Bäckerei. Ein Bild aus früheren Tagen

Fleisch und Wurst aus der eigenen Metzgerei, Richard Götz in Aktion

Wer will fleißige Handwerker sehen, der muß in die Werkstätten gehn. Zur Bau- und Technikabteilung gehören auch die Maler und Schreiner. Sie kennen im Diak jeden Winkel. Da es stets etwas umzubauen und zu renovieren gibt, geht ihnen die Arbeit nie aus. Diese Bilder stammen aus den 70er Jahren – heute sind in den Werkstätten weniger Mitarbeiter beschäftigt, die moderne Technik hat Einzug gehalten. Viele Arbeiten werden heute an Fremdfirmen vergeben.

... der Maler streicht die Wände fein. Herbert Huber und Manfred Messerschmid haben alle Hände voll zu tun.

qualifiziert. Den größten Leistungsanteil nimmt mit rund 70% das Diakonie-Krankenhaus in Anspruch. Die Leistungen werden meist auf der Basis marktüblicher Preise den Nutzern in Rechnung gestellt. Damit sind die einzelnen Gewerke dem Markt unterworfen und haben kostendeckend zu arbeiten.

Einige Zahlenbeispiele mögen verdeutlichen, in welchem Umfang die Regiebetriebe tätig sind:

Täglich werden in der Diak-Wäscherei rund 4 Tonnen Wäsche gewaschen, gebügelt und stationsgerecht sortiert.

Die Bäckerei stellt jede Woche
  950 kg Brot,
7000 Brötchen,
3000 Brezeln,
  200 kg Hefezöpfe und ca.
  100 Kuchen her.

Handwerk hat goldenen Boden, auch im Diak.

Heinz Nägele, Verwaltungsdirektor, im Diakoniewerk seit 1983

Daß die Polsterung stimmt, Böden verlegt werden etc., dafür sorgten die Raumausstatter (früher Sattlerei). Heute ist hier noch ein Mitarbeiter tätig.

nern, Malern, Maurern und Raumausstattern. In der Technischen Abteilung sind Ingenieure, Techniker und Handwerker tätig, und zwar in den Gewerken Heizung, Lüftung, Sanitär, Schlosserei, Elektroinstallation und Steuerungstechnik. Zur Versorgungsabteilung gehören Bäckerei, Metzgerei, Küche, Wäscherei, Gärtnerei und ein Fahrdienst zur Ver- und Entsorgung.

Insgesamt arbeiten in diesen Bereichen heute 120 Mitarbeiter. Es ist gut, diese Fachleute vor Ort zu haben. Sie kennen im Diak jeden Winkel und erbringen ihre Leistungen pünktlich, preisgünstig und

Alois Windisch überprüft die hochmoderne Klimaanlage des OP-Trakts

Den Blumenbedarf im Diak deckt die Gärtnerei mit Gärtnermeister Lothar Abendschein

71

Hausdruckerei – damals und heute

Noch Mitte der 60er Jahre wurde mit einem sogenannten Schablonendrucker mit Handbetrieb gedruckt. Man mußte sehr darauf achten, daß die mit Schreibmaschine geschriebene „Matrize" genau und faltenfrei auf den Druckzylinder aufgespannt wurde. Das Auf- und Abspannen der „Matrize" war oft eine schwierige und „schwarze" Angelegenheit. Bei der Farbzufuhr durfte nicht zuviel und nicht zuwenig Farbe gegeben werden. Auch das Schreiben der „Matrize" war eine besondere Sache. Bei Buchstaben wie M und W mußte kräftig angeschlagen, bei anderen wie O oder Striche durfte nur leicht angeschlagen werden.

Der Arbeitsplatz befand sich damals im Archiv zwischen viel Papier und Akten. Danach, Ende der 60er Jahre, wurde ein Büro-Offsetdrucker angeschafft. Auch dieses Druckverfahren war noch mit erheblichen Schwierigkeiten verbunden. Man kam mit der Farbe direkt in Berührung, ein Papierstau konnte böse Folgen haben, und die Reinigungsarbeit war enorm.

Die Farbzufuhr mußte hier noch manuell geregelt werden. Allerdings konnten die Druckfolien mit einem Normalpapier-Kopiergerät, sofern vorhanden, erstellt werden. Damit war manche Schreibarbeit hinfällig. In jüngerer Zeit kam dann die digitale Drucktechnik zum Einsatz. Die Druckvorlage wird automatisch gelesen, erstellt und auf die Bildtrommel aufgespannt. Der Druckvorgang läuft vollautomatisch ab, die Farbzufuhr wird elektronisch gesteuert. Kurz gesagt, diese Drucktechnik ist so einfach geworden, daß man fast nebenher Zeitung lesen könnte; leider wird nichts daraus, weil heute viel größere Mengen gedruckt werden als damals.

Rolf Friedrich, Drucker,
im Diakoniewerk seit 1965

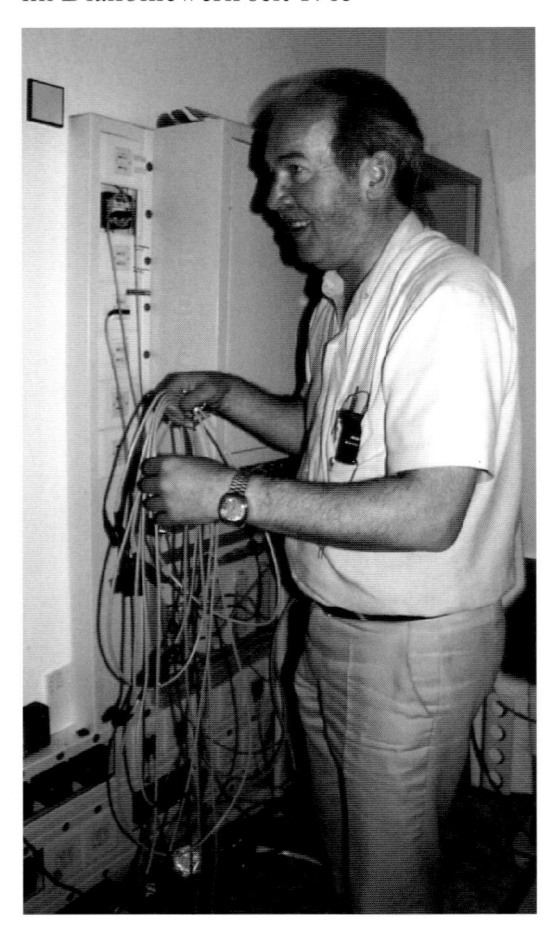

Auch im Diak ist alles vernetzt und verkabelt. Der Leiter der Technischen Abteilung Walter Lindenmaier bei der Montage

Haller Schwestern und Pfleger in der Gemeindekrankenpflege

Das Evangelische Diakoniewerk Schwäbisch Hall e.V. nahm die Not der Gemeinden im Hohenloher Land vor 110 Jahren auf. Kranke sollten eine fachgerechte Pflege erhalten. Diakonissen wurden als Krankenschwestern ausgebildet und in die Gemeinden entsandt.

Heute ist die Zahl der Diakonissen klein geworden, die Diakonischen Schwestern und Brüder haben die Aufgaben übernommen. Alle gehören zur Gemeinschaft der Haller Schwestern und Pfleger. Sie begleiten und pflegen kranke Kinder und Erwachsene, alte und behinderte Menschen zu Hause in ihrer gewohnten Umgebung.

Jeder kranke und zu pflegende Mensch ist ein Geschöpf Gottes mit uneingeschränktem Recht auf Leben und Zuwendung. Diese Haltung macht das Profil der Diakonie-Sozialstationen in evangelisch-kirchlicher Trägerschaft mit aus.

Mit der Haller Schwester, dem Haller Pfleger kommt die Kirche ins Haus. Kranke, Angehörige, Schwestern und Pfleger arbeiten zusammen. Gemeinsam wird um Lösungen gerungen, die dazu verhelfen, die gegebene Situation zu verbessern oder sich in ihr einzurichten. Bei diesem Miteinander wird das gegenseitige Helfen sichtbar und spürbar. Das tut den Schwestern und Pflegern ebenso gut wie den Kranken mit ihren Angehörigen.

Blick über das Johanniterhaus und den Kapellensaal

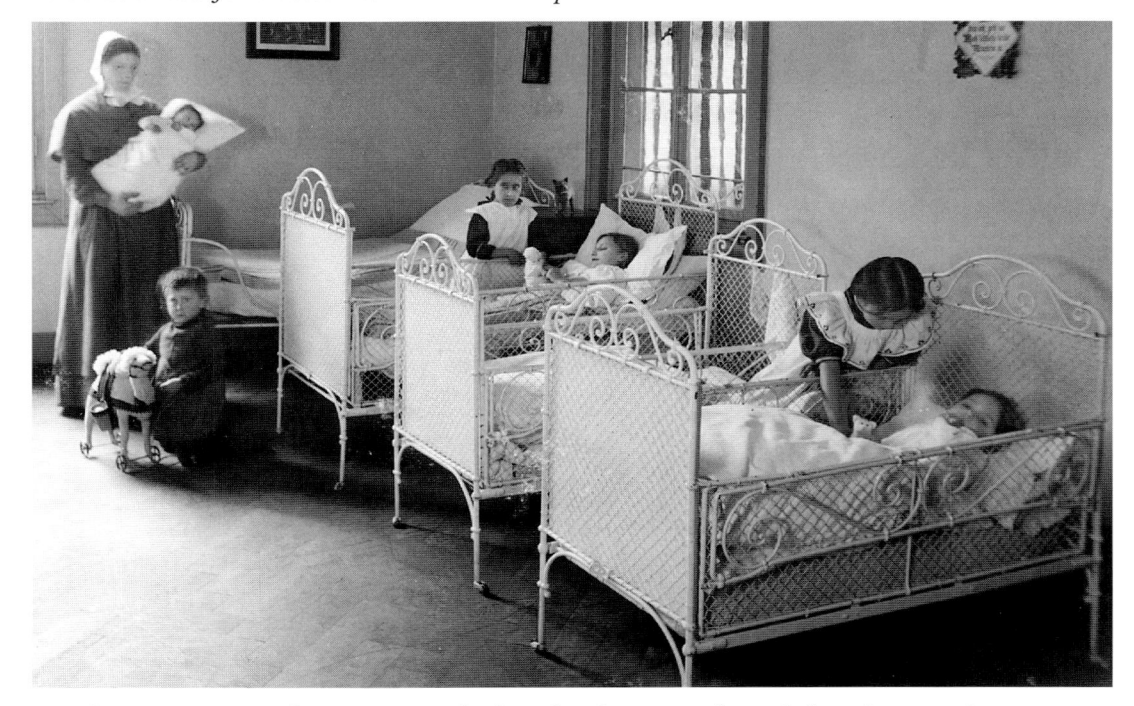

Kinderzimmer im Johanniter-Kinderkrankenhaus um die Jahrhundertwende

Im Referat Gemeindekrankenpflege laufen alle Fäden der Diakonie-Sozialstationen und Krankenpflegestationen der 132 Gemeinden, mit denen das Evangelische Diakoniewerk vertragliche Beziehungen unterhält, zusammen. Diese Fäden sind nicht nur quer durch das Hohenloher Land gespannt, sondern ziehen sich über Württemberg von Bad Mergentheim im Norden bis hin nach Baiersbronn im Schwarzwald und Ulm als südliche Eckpunkte.

Über 300 Haller Schwestern und Pfleger arbeiten in den Gemeinden. Die Diakonie-Sozialstationen haben sich zu Unternehmen mittlerer Größe entwickelt. So gehört eine umfassende Unternehmensberatung zu den Aufgaben des Referats Gemeindekrankenpflege, als da sind unter anderem Struktur-, Organisations- und Konfliktberatung sowie die Beratung in pflegerischen Fachfragen, bis hin zum Wissenserhalt und Erweiterung in Fort- und Weiterbildung der Pflegekräfte; ebenso Innovation und Zukunftsplanung, ausgehend von Veränderungen im Umfeld und Gesellschaft sowie die Anstellung der Haller Schwestern und Pfleger.

Den Wunsch nach persönlicher Begleitung greift die Gemeinschaft der Haller Schwestern und Pfleger gerne auf. Sie fördert den partnerschaftlichen, sich gegenseitig wertschätzenden Umgang im Team. Die Erfahrung, ins Team zu gehören, von anderen angenommen zu sein, hilft dazu, Belastungen im Berufsalltag zu besprechen und gemeinsam zu tragen.

In der Erfüllung der vielfältigen Erwartungen ist und bleibt das Evangelische

Die Fortbildung für Pflegekräfte im Kapellensaal zum Thema „Einreibung" fand großen Anklang.
Regelmäßig erhalten Haller Schwestern und Pfleger aus den Gemeinden im Diak Fortbildungen.

Referentin für Gemeindekrankenpflege und stellvertretende Oberin Margarete Mühlbauer an ihrem Arbeitsplatz im Mutterhaus.
Häufig ist sie unterwegs in den Diakonie-Sozialstationen vor Ort.

Team einer Diakoniestation (1990)

Diakoniewerk für die Gemeinden ein wichtiger und geschätzter Partner. So nimmt das Diak mit seiner Gemeinschaft der Haller Schwestern und Pfleger den Auftrag in und aus den Gemeinden mit den Gemeinden zusammen wahr und bleibt damit auch in diesem Arbeitsbereich seinem Auftrag von Jesus treu: Kranke besuchen. Dies alles und noch mehr ist in dem Servicepaket des Evangelischen Diakoniewerks für die Gemeinden enthalten.

Diakonisse Margarete Mühlbauer,
Referentin für Gemeindekrankenpflege
seit 1974 im Diakoniewerk

Heim Schöneck

Leben im Heim Schöneck: Das Heim Schöneck, eine Einrichtung für Erwachsene mit geistiger und mehrfacher Behinderung, bietet mit seinen verschiedenen Wohnbereichen derzeit 161 Plätze an. Die Bewohner sind in Gruppen bis zu zwölf Personen untergebracht. Sie wohnen dort alters- und geschlechtsgemischt. Auch von den Behinderungsarten und der Schwere der Behinderung her gesehen sind die Gruppen gemischt belegt. Etwa ein Drittel der Bewohnerinnen und Bewohner sind älter als 60 Jahre.

Die Zahl der Schwer- und Mehrfachbehinderten hat deutlich zugenommen. So sind wir z. B. in der Arbeitstherapie, wo es um Angebote zur Unterstützung im täglichen Leben geht, kaum mehr in der Lage, die vielen Johannisbeeren auf unserem Gelände zu ernten, das Heu für die Tiere „von Hand zu machen" und die Tierpflege mit Bewohnern zusammen durchzuführen.

Rund 35 Personen besuchen die Werkstatt für Behinderte außer Hause, die anderen werden in unserem Tagesförderbereich stundenweise betreut. Wir wollen den Alltag bunt und abwechslungsreich gestalten: in den Wohngruppen, im vielfältigen Angebot unseres Bereiches „Be-

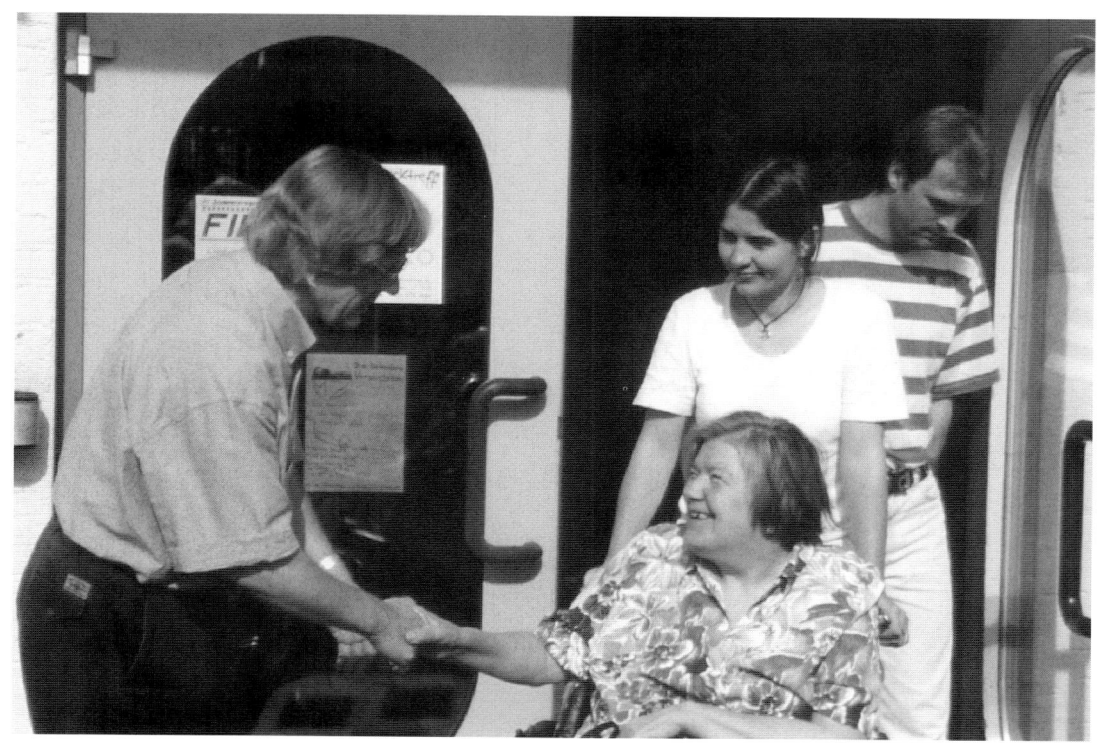

Nach dem Gottesdienst: „Schön war's, Herr Pfarrer Jacobsen!"

wegung, Beschäftigung und Förderung", durch das Teilhaben am Leben der Kirchengemeinde und Öffentlichkeit und vor allem auch durch die Pflege der Kontakte mit Angehörigen. Heim Schöneck möchte ein Ort zum Leben sein, Heimat bieten für Menschen, die nicht in der Lage sind, ihr Leben selbständig zu gestalten. Heim Schöneck möchte Hilfe sein den oft alten Eltern, die die Sorge um ihre behinderten Söhne und Töchter nicht ruhig sterben läßt, solange sie nicht sicher wissen, wo diese einmal werden leben können. Viele haben uns schon gesagt, wie sehr es sie entlastet, und tun dies laufend, wenn sie erleben, daß sich ihre Lieben bei uns zuhause fühlen.

Das Gustav-Werner-Haus in Wilhelmsglück gehört zum Heim Schöneck

Lassen auch Sie sich am Schöneck-Brunnen erfrischen!

Geschichte und Entstehung vom Heim Schöneck

Die Zahl 40 kommt in der Bibel häufig vor; nur zwei Beispiele: 40 Jahre dauerte die Wüstenwanderung des Volkes Israel, 40 Tage war Mose auf dem Berg Sinai.
Auch in der Entwicklung der Behindertenarbeit im Diak markiert die Zahl 40 wichtige Stationen:

- 1900 Beginn der Arbeit
- 1940 tiefgreifender, grausamer Einschnitt durch das Euthanasieprogramm des Dritten Reiches
- 1980 Einweihung vom Heim Schöneck

Im folgenden soll kurz über die letzte Phase berichtet werden. Unter dem unauslöschlichen Eindruck der Vorgänge von 1940 litten Leitung und Schwesternschaft unter Ohnmacht, Trauer und Schuld, weil sie den Tod von vielen Schwachen nicht hatten verhindern können. Sie spürten aber auch Dank, daß etwa die Hälfte der Betreuten vor dem schrecklichen Schicksal bewahrt werden konnte. Heraus aus dem Willen, eine Art „Wiedergutmachung" an „Nachgeborenen" zu versuchen, wurde in den 60er Jahren der Bau des Sonnenhofes, einer Einrichtung für behinderte Kinder und Jugendliche, beschlossen, geplant und vollzogen.
Der Sonnenhof wurde vom Diak ideell und finanziell mitbegründet. 1972 entschieden unsere Gremien, auch im eigenen Werk die Arbeit auf dem Sektor Behindertenhilfe neu zu beleben, nun aber ausschließlich für volljährige Frauen und

Männer. Voraussetzung war zuerst die innere Bereitschaft der Verantwortlichen, in Zeiten personeller Engpässe diesen Weg gehen zu wollen. Ausschlaggebend waren die Voten von Schwestern, die auch noch Jahrzehnte nach den Ereignissen von 1940 unter einer ganz persönlichen Betroffenheit standen. Nachdem aber die Entscheidung gefallen war, wurde mutig und zielstrebig geplant.

Das Ergebnis ist das Heim Schöneck und das Gustav-Werner-Haus in Wilhelmsglück; letzteres ist allerdings nicht rollstuhlgeeignet. In den Jahren nach 1980 sind dazugekommen unsere Außenwohngruppe „Vogelsang" und der neue Wohnbereich „Stauferstraße" im Wohngebiet Teurershof. Schon zu Beginn der Planungen nach 1972 war ersichtlich, daß sich in

Ingrid Kettner,
Referatsleiterin seit 1994,
begrüßt die Gäste beim Sommerfest

„Keiner lebt für sich allein" –
Begegnung beim Sommerfest 1995

Geist und Seele stärken
in den gemeinsamen Andachten
und Gottesdiensten im Heimzentrum –
damals wie heute

Zwei Heimbewohner, die bei der Ausstellung „Kunst kennt keine Behinderung" mitwirkten. Die Bilder, gestaltet von Bewohnern und Mitarbeitern aus dem Heim Schöneck, wurden 1994 im Diakonie-Krankenhaus ausgestellt und fanden großen Anklang.

Die Wohn- und Pflegestifte

Frau S. sitzt draußen vor dem Haus – der erste warme Tag in diesem Frühjahr, Tulpen blühen, Stiefmütterchen blinzeln mit ihren offenen Gesichtern nach der Sonne. Im alten Friedhof sind die Rasenstücke übersät mit Winterlingen und Schneeglöckchen. „Schauen Sie doch nur, Schwester Mechthild, alles blüht schon wieder, und in der Sonne ist es schon so warm, es ist wieder Frühling geworden!" Frau N., eine andere Heimbewohnerin, kommt dazu. „Jetzt kann ich wieder in die Stadt gehen, die Wege sind wieder frei, und ich kann meine Tochter besuchen!" Wir sind im Nikolaihaus – einem der beiden Wohn- und Pflegestifte des Diaks. Es liegt stadtnah, direkt an der Heilbronner Straße und doch geschützt und im Grünen durch den schönen alten Nikolaifriedhof. Seit dem umfassenden Umbau 1990 leben hier

Zukunft die Arbeit in den Heimen verändern würde. Die Zahl der schwerbehinderten Menschen würde zunehmen. Die Mitarbeiter mußten darauf vorbereitet werden.

Seit 1980 ist das Evangelische Diakoniewerk Mitgesellschafter der Evangelischen Fachschule für Heilerziehungspflege Schwäbisch Hall. Heilerziehungspflegerinnen und Heilerziehungspfleger stellen die zahlenmäßig größte Gruppe der Fachkräfte dar. Sie arbeiten zusammen mit anderen Fachkräften, um die Bewohnerinnen und Bewohner gut und fachgerecht zu betreuen. Wie in der nunmehr 95jährigen Geschichte der Behindertenhilfe im Evangelischen Diakoniewerk, möchte der Bereich auch in Zukunft lebendig und flexibel auf die jeweiligen Herausforderungen der Gegenwart reagieren, geleitet von der Bitte um die richtige Wegweisung durch Gott.

Diakonische Schwester Maria Zimmermann, im Diakoniewerk seit 1954, Leiterin des Heimes Schöneck bis 1994, heute im Ruhestand

Gymnastik im Nikolaihaus: macht Spaß und hält beweglich

56 alte Menschen, zum großen Teil schwerstpflegebedürftig. Es ist ein Haus mit Geschichte, denn die erste Grundsteinlegung war schon 1496 – damals als „Siechenhaus" vor den Toren der alten Salzsiederstadt Schwäbisch Hall gelegen. Heute ist es ein helles, freundliches Haus, wo fachlich qualifizierte Mitarbeiterinnen und Mitarbeiter nach modernsten Erkenntnissen gute Pflegearbeit leisten. Es gibt 36 Einzelzimmer und 10 Zweibettzimmer, alle Zimmer mit eigener Dusche und WC ausgestattet. Verschiedene Angebote, wie z. B. Gedächtnistraining, Spiele, Gymnastik, jahreszeitliche Feste und Feiern sowie religiöse und kulturelle Angebote strukturieren den Alltag und bieten die Möglichkeit eines aktiven und individuellen Lebensabends. Das zweite

Ein Gläschen zu Ehren des 104jährigen Geburtstagskindes Emma Weller im Gottlob-Weißer-Haus

Beim nachmittäglichen Kaffeekränzchen in einer Wohndiele

Wohn- und Pflegestift im Evangelischen Diakoniewerk ist das Gottlob-Weißer-Haus, kurz GWH genannt. Dort gibt es ein vielfältiges Wohnangebot von kleineren und größeren Appartements mit Küche und Bad sowie Zweibettzimmer und Einzelzimmer, mit oder ohne Naßzelle.

Das GWH wurde 1981 vollständig saniert und umgibt seine Heimbewohner mit der Großzügigkeit seiner Räumlichkeiten und gleichzeitiger Wohnlichkeit mit einer sehr angenehmen, warmen und heimeligen Atmosphäre. Auch unsere altgewordenen Diakonissen finden hier Heimat in ihrem Ruhestand und wenn sie pflegebedürftig werden. Das Angebot wurde erweitert durch die Eröffnung einer Tagesbetreuungsgruppe, die sich zum Ziel gesetzt hat, die Selbständigkeit der Bewohnerinnen und Bewohner zu fördern, Gemeinschaft aktiv zu erleben und Abwechslung vom Alltag zu schaffen. Sie soll auch externen Gästen die Möglichkeit geben, unser Haus und die Angebote kennenzulernen und für pflegende Angehörige Entlastung anbieten.

Zu diesem Bereich gehört auch das Angebot von Betreuung in der Nacht sowie in beiden Wohn- und Pflegestiften Kurzzeitpflegeplätze.

Diese letzten drei Bereiche können durch die Pflegeversicherung teilfinanziert werden. Ein vierter Bereich ist das „Betreute Wohnen" in der Wohnanlage „Ilgenwiesen" der Stadt Schwäbisch Hall, geführt durch das Diakoniewerk. Hier finden ältere Bürgerinnen und Bürger die Möglichkeit, ihren Lebensabend selbstbestimmt zu gestalten und den Alltag leichter zu erleben, indem sie Leistungsangebote in Anspruch nehmen.

Schwester Mechthild Mohr,
Leiterin des Referats Altenhilfe,
seit 1987 im Diakoniewerk

Haller Schwestern im Kinderzentrum Maulbronn

20. Mai 1979. In der bekannten Klosterstadt Maulbronn wird das Kinderzentrum Maulbronn e. V., Klinik für Kinderneurologie und Sozialpädiatrie, eingeweiht. Auch viele Gäste aus dem Diak Schwäbisch Hall folgen der Einladung, denn es arbeiten bereits 12 Haller Kinderkrankenschwestern im Gestellungsvertrag in Maulbronn. Diese wurden schon in der Planungsphase vom Gründer und Vorsitzenden des Trägervereins Kinderzentrum, Herrn Dr. Spieth, in Hall „bestellt".

Aus dem anfänglichen Pionierarbeitsplatz ist unter der Leitung des Chefarztes Prof. Dr. Karch eine weit über Baden-Württemberg hinaus bekannte Klinik für Kinderneurologie und Sozialpädiatrie geworden. Das Mitarbeiterteam besteht aus Kinderärzten, Kinderkrankenschwestern, Psychologen, Krankengymnasten, Beschäftigungstherapeuten, Logopäden. Dazu gehört auch ein Sonderschulkindergarten und eine Sonderschule mit Erzieherinnen und Sonderschullehrern. Das Team wird ergänzt durch einen Theologen.

Ins Kinderzentrum kommen Säuglinge, Kinder und Jugendliche mit kinderneurologischen Erkrankungen, Entwicklungsstörungen, Lernstörungen, psychosoma-

Blick auf Maulbronn, im Hintergrund das Kinderzentrum

tischen Erkrankungen und zur Rehabilitation nach schweren Unfällen mit Gehirnschädigungen. Die besondere Sorge gilt Kindern mit komplizierten Erkrankungen und mehrfachen Behinderungen. Die Untersuchungen und Behandlungen erfolgen in der sozialpädiatrischen Ambulanz; wenn eine stationäre Aufnahme erforderlich ist, auf der Kinderstation mit 24 Betten oder auf der Mutter-Kind-Station mit 12 Betten. Auf dieser Station können Mutter oder Vater mit aufgenommen werden, um die Therapie unter fachkundiger Anleitung zu erlernen.
Für die Diagnostik und Therapie steht eine moderne technische Ausstattung zur Verfügung. Kostenträger sind die Sozialversicherungsträger, Sozialämter und die Landeswohlfahrtsverbände.
Seit 1986 ist das Kinderzentrum eine gemeinnützige GmbH. Das Diakoniewerk Schwäbisch Hall ist einer der fünf Gesellschafter. So wurde die anfängliche Verbindung Maulbronn – Schwäbisch Hall mit den Schwestern im Gestellungsvertrag durch diesen Rechtsvorgang gefestigt. Darüber hinaus wird zum Ausdruck gebracht, daß sowohl in Schwäbisch Hall als auch in Maulbronn durch den Dienst in der Diakonie den kranken und behinderten Menschen geholfen wird.

Diakonische Schwester Margret Preiß,
derzeit in Maulbronn,
im Diakoniewerk seit 1968

30 Jahre in der Chirurgischen Abteilung

Als Dr. Wolfgang Kolb, Oberarzt in der Unfallchirurgischen Abteilung, das Diak-Schiff mit dem Eintritt in den Ruhestand im Januar 1995 verließ, war er der dienstälteste Diak-Arzt. Er erinnert sich noch an seinen ersten Tag in Schwäbisch Hall im Sommer 1964. Die junge Familie Kolb sah, von Gelbingen kommend, das große Haus am Berg und fragte sich, was dort wohl sei. Sie konnten noch nicht ahnen, daß Dr. Kolb hier 30 Jahre in der Chirurgischen Abteilung wirken würde. Unzähligen Patienten hat er geholfen. Nachdem der junge Arzt die Abteilung besichtigt hatte,

Oberarzt Dr. Wolfgang Kolb

In den Anfängen wurden alle Patienten durch den Haupteingang eingeliefert

kam er zum Gespräch zum Anstaltsleiter, Herrn Pfarrer Betsch. Ein Händedruck, und Dr. Kolb war eingestellt. Einen „Arbeitsvertrag" hat er nie erhalten, der „Händedruck" galt bis zu seinem Ruhestand. Ab 1966 wurde er Oberarzt für die Chirurgische Abteilung, später schwerpunktmäßig für die Unfallchirurgie. Er berichtet selbst:
1964 war das Diak noch ein richtiger Familienbetrieb. Die Stationen waren noch nicht geteilt und standen unter der Leitung von Diakonissen, deren Erfahrungsschatz für die jungen Kollegen eine wahre Goldgrube darstellte. Zudem schlief die jeweilige Stationsschwester auf ihrer Station, war also Tag und Nacht verfügbar. Bei nächtlichen Zwischenfällen war die Nachtwache angewiesen, erst die Stationsschwester zu benachrichtigen, die nach Beurteilung der Sachlage selbsttätig handelte oder den diensthabenden Arzt verständigte. Wer weiß noch, daß das Diak 1964 eine eigene Hautabteilung unter

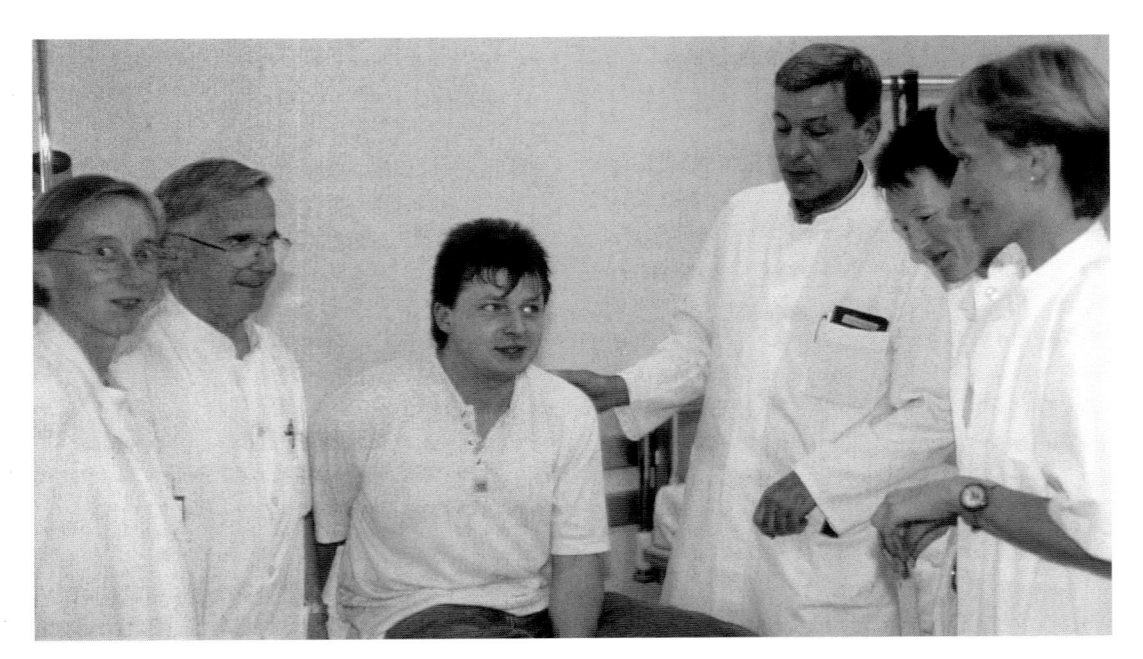

Prof. Dr. Hartmut Siebert und Team mit einem Patienten in der Unfallchirurgie 1995

Dr. Wollnitza hatte, daß Dr. von Arnim Leiter der Lungen- und Tuberkulose-Abteilung im GWH war? Daß sich die Chirurgische Ambulanz einschließlich des Warteraumes damals im 4. Stock befand und lediglich aus einem größeren Raum und noch einem winzigen Rektoskopie-Zimmer bestand? Das Treppenhaus hatte noch keine Personenaufzüge und wirkte wegen fehlender Doppeltüren in der Eingangshalle wie ein riesiger Kamin. Im 5. Stock befand sich das Ärzte-Casino, von Frieda liebevoll betreut. Die streng hierarchische Sitzordnung nach Dienstalter am Diak darf nicht über die Vorteile hinwegtäuschen, die dieser Ort der täglichen Begegnung mit sich brachte: Es kannte nicht nur jeder Kollege jeden, auch der anderen Abteilungen, sondern es bestand auch laufend die Möglichkeit, in Kürze Probleme mit Patienten untereinander auszutauschen und Therapiemöglichkeiten in Ruhe zu besprechen. Unser rühriger Chefarzt Dr. Jäger – wohl einer der letzten Allround-Chirurgen – war und blieb immer auf der Höhe der medizinischen Entwicklung. So brachte er nicht nur die Osteosynthese mit, sondern führte die Kinder- und Säuglings-Chirurgie sowie die große Bauch-Chirurgie ein. Es folgten die Gefäß-Chirurgie und die orthopädischen Ersatz-Operationen mit Hüft- und Knieprothesen. Die geplante Wirbelsäulen-Chirurgie schaffte er leider nicht mehr. Die zwangsläufige Folge dieser Entwicklung war einmal eine völlige Arbeitsüberlastung für uns, die durch laufende Unterbesetzung der Assistentenstellen verschärft wurde. Der Tiefpunkt war erreicht, als wir mit einem Chefarzt, zwei Oberärzten und noch einem Assistenzarzt (dem späteren Oberarzt Dr. Ellinger) dastanden. Fast 6 Wochen haben wir unter diesen widrigen Umständen den ganzen Chirurgischen Betrieb einschließlich Papierkrieg aufrecht erhalten, ohne eine Abteilung zu schließen. Danach ging es langsam wieder aufwärts. Als der Orthopädische Belegarzt Dr. Bruns auf einem Kongreß in Davos einen Herzinfarkt erlitt, wurde ich von Dr. Jäger telefonisch angewiesen, nach den stationären Patienten des erkrankten Kollegen zu sehen. Vertretung käme am Montag. Als ich dem Chefarzt am Montag über die Orthopädischen Patienten berichtete und nach dem Eintreffen des Vertreters fragte, erhielt ich die lakonische Antwort: „Wieso Vertreter? Vertreter sind Sie!" Daraufhin habe ich fünf Monate nicht nur die Orthopädischen Patienten, sondern auch die Orthopädische Praxis – damals im Erdgeschoß des Diaks – betreut.

Die räumliche Situation im operativ-technischen Bereich wurde immer begrenzter. Auf dem Patientensektor waren die Zimmer renoviert und alle mit den

Sanitäter, früher in dunkler Dienstkleidung, ab den 70er Jahren in Weiß

notwendigen Absaug- und Gasleitungen versorgt worden. Die erste wesentliche Entlastung brachte der Umbau der alten Schlosserei im nördlichen Erdgeschoß zur neuen Ambulanz. Wie glücklich und stolz waren wir damals, als uns jetzt außer einem großen Ambulanzraum auch ein kleiner steriler Operationsraum und drei Sprechzimmer zur Verfügung standen! Aber nach wenigen Jahren wurde wieder alles zu eng. Mit dem Bau des neuen Waldhauses konnten dann auch die Chirurgischen Schreibzimmer aus dem 4. Stock in diesen Bereich verlegt werden. Damit wurde Platz geschafft. Es ergaben sich zwei zusätzliche OP-Säle, so daß wir jetzt über fünf verfügten. Außerdem konnte die zunächst kleine Chirurgische Wachstation zur Intensiv-Station erweitert werden. Wir hatten ja Ende der 60er Jahre eine eigene Anästhesie-Abteilung bekommen, nachdem zuvor nur ein einziger Anästhesist, Herr Dr. Hepting, alle operativ tätigen Abteilungen versorgt hatte. (Zuvor verabreichten Schwestern Äther-Tropf-Narkosen, und die Chirurgischen Assistenzärzte führten Intubations-Narkosen aus.) Als unerwünschte Nebenwirkung ergab sich „die Chirurgie der langen Wege", die im Extremfall darin gipfelte, daß der oder die Chefärzte der Chirurgischen Abteilung(en) im Badhaus saßen und die Chirurgischen Schreibzimmer sich im Waldhaus befanden. Damit sind wir aber schon in der Neuzeit. Nachdem Dr. Jäger 1985 in den Ruhestand trat, traf mich die nicht sehr angenehme Aufgabe, die notwendige Trennung in eine Abteilung für Allgemein- und eine für Unfallchirurgie mit zu vollziehen. Prof. Dr. Lenner und Prof. Dr. Siebert übernahmen die jeweiligen neuen Abteilungen. Ich selbst blieb bei der Unfallchirurgie. Nach Überwinden der unabdingbaren Anfangsschwierigkeiten stehen beide Abteilungen heute gut da: neue Operationsräume, eine neue, großzügige Ambulanz im Zwischengeschoß und eine modernisierte Unfallchirurgische Abteilung im 4. Stock. Dazu die technischen Möglichkeiten der Computer- und Kernspintomographie. Die Wirbelsäulen-Chirurgie ist eingeführt. Nicht zuletzt ist die Neurochirurgische Abteilung eine wertvolle Ergänzung, wodurch ein Faktor unserer bisherigen Tätigkeit durch Fachleute übernommen wurde. Eine Neurologische und Strahlen-Abteilung ergänzen das Angebot für die Patienten. 30 Jahre Diak: Welch eine Entwicklung in diesen Jahren! Wieviel Freud und auch Leid habe ich erfahren. Und als ich beim Abschiedsgespräch bei Herrn Pfarrer Jehle im Vorzimmer wartete, bedankte sich eine Dame bei mir noch vielmals für die Operation, die ich vor vielen Jahren an ihrer Tochter durchgeführt hatte. Da wußte ich, es war alles richtig gewesen.

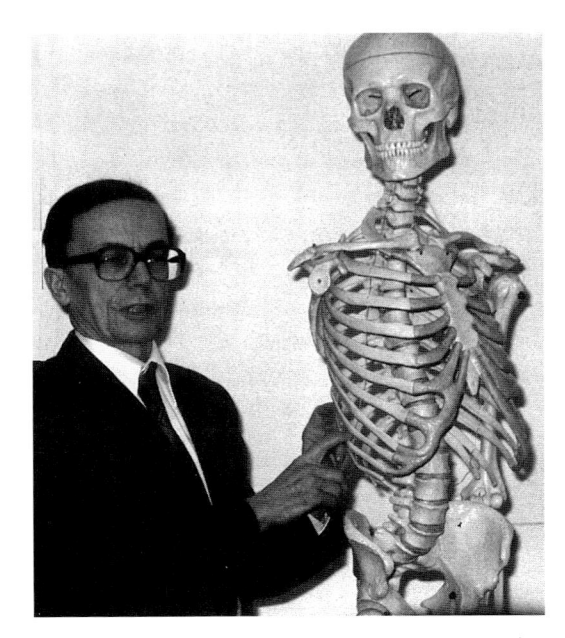

Chefarzt Dr. Jäger beim Unterricht an der Krankenpflegeschule

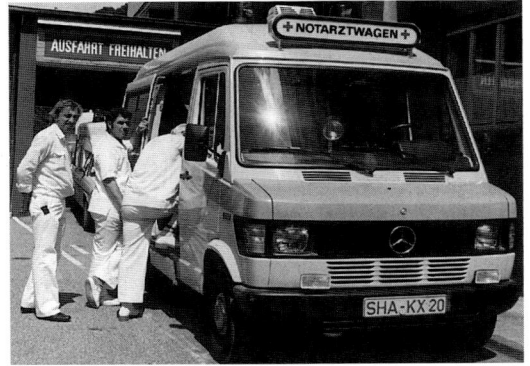

Allzeit bereit für den nächsten Einsatz

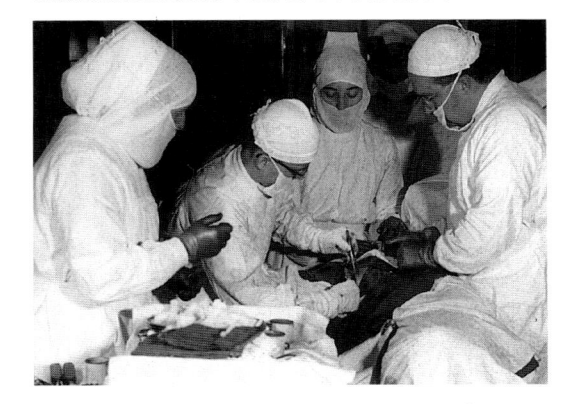

Dr. Wolfgang Kolb, Oberarzt in der Chirurgischen Abteilung des Diakonie-Krankenhauses von 1964 bis 1994

Chefarzt Dr. Jäger, so stand er Tag für Tag mit seinem Team am OP-Tisch

Die Eiserne Lunge

Anfang der fünfziger Jahre – es gab noch keinen Impfstoff gegen Kinderlähmung – trat diese Virusinfektion im Hohenloher Land sehr häufig auf. In einem benachbarten Landkreis war es in einem Ort besonders schlimm, die Erkrankung hatte sich epidemieartig ausgebreitet. Da das Diak weit und breit über die einzige Infektionsabteilung verfügte, nämlich das alte Waldhaus, kamen alle Erkrankten zu uns. Zeitweise hatten wir damals bis zu 30 Patienten mit Kinderlähmung, Kinder und Erwachsene. Es war ein echter Notstand. Aus Bettenmangel mußten wir einige Patienten mit entsprechender Polsterung in die Badewanne legen. Eine ursächliche Therapie gab es nicht, die Behandlung bestand in physikalischen Methoden wie heiße und kalte Rollen, flüchtiges Abwaschen mit Eiswasser, gute Lagerung, daneben stützende Medikamente für den Kreislauf und natürlich viel, viel Zuwendung. Dramatisch wurde es für die Patienten, die wegen Lähmungen im Bereich der Atemmuskeln zu ersticken drohten. Die modernen Anästhesiemethoden mit Beatmungsgeräten gab es noch längst nicht, aber ein neu entwickeltes Gerät, nämlich die „Eiserne Lunge", für viele Patienten lebensrettend. Dieses Gerät war so groß wie ein Bett: ein fahrbares Untergestell wie ein modernes Intensivbett, darauf die Matratze, darüber eine Haube aus Plexiglas. Der Kopf des Patienten wurde ausserhalb der Haube mit einer Gummimanschette abgedichtet. Der Körper befand sich vollständig in der luftdicht abgeschlossenen Kapsel, in die Luft abwechselnd hineingepumpt und wieder abgesaugt wurde, so daß ein Vakuum entstand. An den angebrachten Armaturen konnte man einstellen, wie oft sich dadurch der Brustkorb heben und senken sollte und die Lunge des Patienten so ein- und ausatmen konnte. Wenn alles gut abgedichtet war, funktionierte das einwandfrei. Leider gab es damals keine Monitorüberwachung der Herzfunktion des Patienten. Der „Monitor" war damals der Pflegende, der mit großem Sachverstand alles prüfen mußte. Bei besonders schwer Erkrankten war hierfür eine Pflegeperson rund um die Uhr für einen Patienten erforderlich. Für die nötigen Verrichtungen wie Waschen, Spritzen, Entfernen von Stuhl und Urin, Dekubitusprophylaxe, Betten usw. gab es an den Längsseiten der Plexiglashaube jeweils eine mit einem aufblasbaren Gummiring abgedichtete Öffnung von ca. 20 cm Durchmesser. Einmal gab es einen besonders tragischen Fall: Eine junge Frau, hochschwanger, wurde auch vom Schicksal des Polio-Virus getroffen. Wochenlang befand sie sich in der „Lunge", mit deren Hilfe sie gut atmen konnte. Es kam der Tag der Entbindung, die Patientin mußte in den Kreißsaal gebracht werden, wo entsprechend den damaligen Möglichkeiten alles gut vorbereitet war, in Zusammenarbeit mit Internisten und Gynäkologen. Anästhesisten gab es ja damals nicht. Zur Geburt mußte die Haube der „Eisernen Lunge" abgenommen werden. Es ging zunächst alles gut, es kam ein gesundes Kind auf die Welt, die Mutter wurde notversorgt, alle Helfer begannen aufzuatmen, da hörte man einen Aufschrei der Mutter – und sie war tot. Kann es jemand ermessen, wie tief erschüttert wir alle waren? Das Kind lebte und gedieh unter guter Betreuung.

Oberpfleger Alfred Bohn,
im Diakoniewerk von 1947–1982

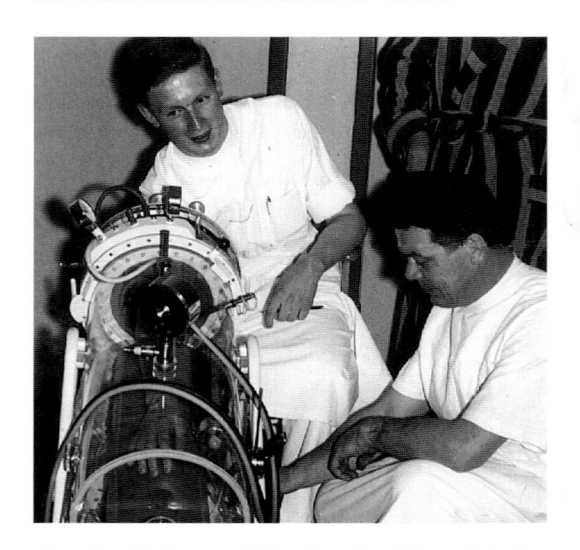

Bruder Bohn und Bruder Burkhardt beim Ausprobieren eines Unterdruckgerätes

Gedanken über die Entwicklungen im Krankenhaus

1959 – Ich hatte Glück. Das jahrelang geltende Niederlassungsverbot für Ärzte war aufgehoben, und ein gewaltiger Schwall von jungen und durch ihre Kriegsteilnahme zum Teil nicht mehr so jungen Ärzte wanderte in kurzer Zeit von den Krankenhäusern in die eigene Praxis. Die Folge war extremer Ärztemangel überall in den Krankenhäusern, auch in der Diakonissenanstalt. Denn so hieß unser Diak damals noch, mit gutem Recht! Ich bekam also leicht meine Pflichtassistentenstelle in der Chirurgie, und weil es mir hier gefiel, wurde aus den 4 Monaten Pflichtzeit fast 1 Jahr chirurgischer Tätigkeit unter meinen damaligen Chefs Dr. Dürr und Dr. Michaelis. Als „Mangelware Arzt" wurde ich auch noch ordentlich bezahlt, obwohl das Sparen auch damals schon gute Tradition im Diak hatte. „Hierarchie" kann man übersetzen „Heilige Ordnung". In der Diakonissenanstalt und dem Krankenhaus der Diakonissen gab es nach meinem Eindruck eine solche Ordnung. Ein Mann, der Anstaltsleiter, an der Spitze. Im Krankenhaus waren die Herren Chefärzte die Repräsentanten der Herrschaft. Die „Herren Ärzte" hatten einen gewissen Sonderstatus, z. B. ein Ärztecasino, wo es ein köstliches Frühstück mit Produkten aus den diak-eigenen Regiebetrieben gab. Die Diakonissenanstalt hatte ihr eigenes Gepräge. Und wer spätestens unterhalb der Repräsentationsebene die Zügel in der Hand hatte - das waren die in ihrem jeweiligen Bereich sicher hervorragenden Diakonissen. Beispielhaft dafür meine erste Stationsschwester auf der Chirurgischen Männerstation im 7. Stock. Heilige Ordnung: Sie und nur sie lebte und wohnte auf der Station. Es gab keinen 3-Schichten-Dienst, keine Pflegedienstleitung. Sie hatte ungeteilte Verantwortung für ihre Patienten. Dem Repräsentanten war sie zuverlässige Beraterin: „Herr Chefarzt, meinen Sie nicht, daß …". Der junge Assistent fühlte sich ihrer tatsächlichen Überlegenheit hilflos ausgeliefert: „Das wird bei uns halt so gemacht, Herr Doktor". Und dieses „Herr Doktor" rückte alles zurecht: Was ist ein Titel, was ein Examensschein!? Eine „Schein"-Ordnung habe ich damals nicht erlebt. Stationsschwester? Kein besonderes Examen – keine Spezialausbildung, aber besondere Bewährung als Voraussetzung für Vertrauen. Die Patina eines goldenen Zeitalters? Ich weiß, so geht es heute nicht mehr. Aber ist der einzig richtige Weg zur Qualifikation die Erfüllung eines Ausbildungskataloges zum Erwerb eines „Scheins"? Mit Bert Brecht zusammengefaßt: Der „Schein" ist der wichtigste Teil des Menschen …

Den Schwaben schreibt man bekanntlich Sparsamkeit als besondere Tugend zu; ich weiß nicht, ob dies stimmt. Ohne Sparsamkeit hätte ein solches Werk, wie es sich heute zeigt, nie entstehen können. Gespart wurde immer; woran und wie, war sicher auch durch die jeweiligen Zeitumstände bedingt. Unsere Zeit, die man auch die „Plastik-, Wegwerf- und Einweggesellschaft" nennt, entdeckt das Recycling wenigstens zur Kunststoffgewinnung. Es werden Einmalgeschirr, Einmalspritzen, Einwegflaschen usw. gesammelt. Bitte –

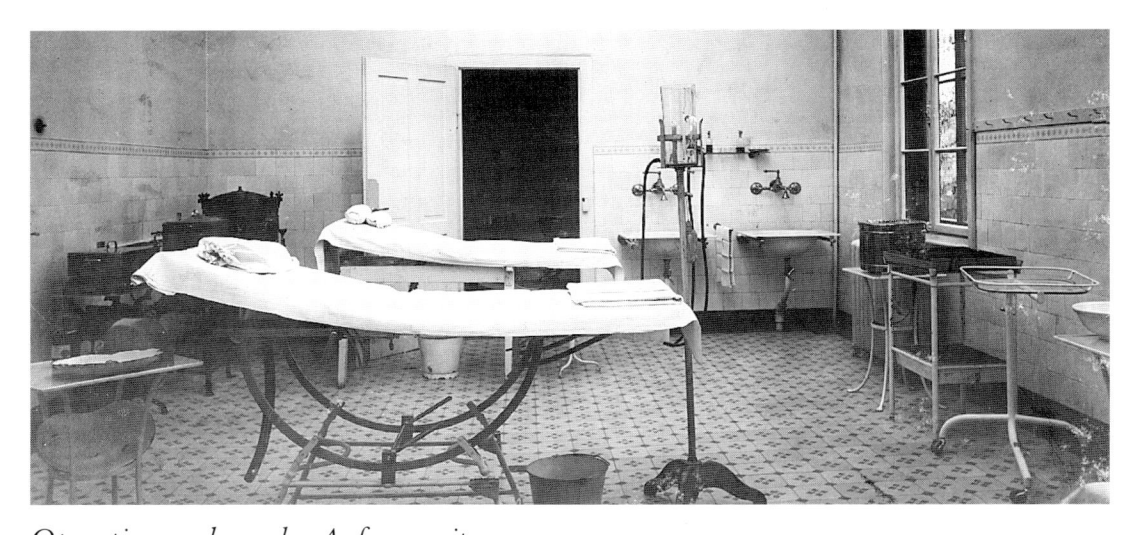

Operationssaal aus der Anfangszeit.
Drei Arztgenerationen Dr. Dürr prägten in 75 Jahren (1886–1961) die Chirurgische Abteilung: Dr. Robert Dürr, Sanitätsrat Dr. Richard Dürr und Dr. Wilhelm Dürr

damals wurde fast alles wiederverwendet. Ich sehe sie noch an der Pforte sitzen, die im Dienst altgewordenen Diakonissen, aus einem Körble gewaschene Mulltupfer falten, und Binden wickeln zur Wiederverwendung. Das Wort „Einmalartikel" war noch nicht erfunden. Gummihandschuhe wurden verwendet, bis sie zerrissen waren. Der Glaszylinder der stabilen Rekordspritzen zerbrach schon einmal. Selbstverständlich wurden dann Metallklonus, Stempel- und Schraubverschluß in einen neuen Zylinder eingepaßt. Und Kanülen? Mit dem Fingernagel und einem Fädchen wurde die Schärfe geprüft, stumpfe und verbogene Kanülen, unscharfe Scheren wurden zum „Spritzen- und Scherenschleifer" gegeben. Und alles wurde mit dem „Kocher" auf der Station sterilisiert. Durchstechflaschen für Medikamente gab es auch schon. Es war auch durchaus üblich, Ampullen mit Hansaplast zuzukleben, für morgen ... Nicht alles war gut und vertretbar: Ich habe, wie viele Kollegen und Schwestern meiner Generation, eine B-Hepatitis eingefangen. Hygienevorschriften haben ihren Sinn; umsonst sind Sicherheit und Fortschritt nicht zu haben.

Es gab damals noch keine Anästhesieabteilung – als jüngster Assistent hatte ich zusammen mit der „Narkoseschwester" dafür zu sorgen, daß die Patienten tief genug, aber nicht zu tief, schliefen. Komplikationen? Beim Einleiten der Äthernarkose war großes Geschrei bei den Kindern. Da konnte es schon passieren, daß ich hörte: „Kommen Sie schnell, Herr Doktor, mein Kind schnauft nicht mehr".

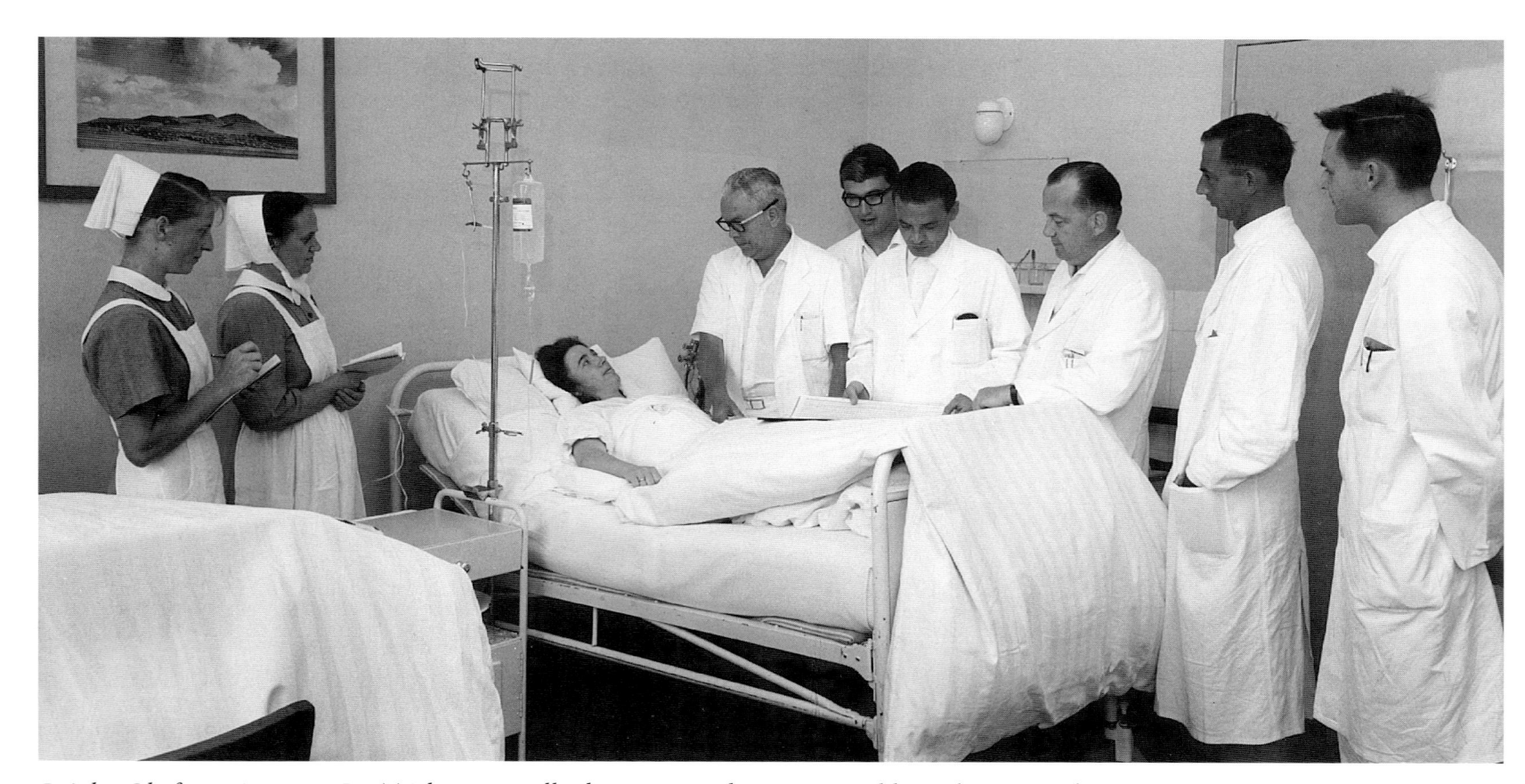

Bei der Chefarztvisite von Dr. Teichmann – alles hat seine Ordnung! Ein Bild aus den 60er Jahren

Es hat bald wieder geschnauft. Ich habe, um die Unschärfe der Erinnerung etwas zu konturieren, Krankenblätter aus der damaligen Zeit angesehen. Routinelaboruntersuchungen gab es nicht – wir hatten ja noch kein Zentrallabor! Jede Laboruntersuchung mußte begründet werden. Unnötiges wurde getadelt. Die Überfunktion der Schilddrüse war eine reine Vermutungsdiagnose. Vom Grundumsatz abgesehen, gab es noch keine beweisenden Laborparameter. Die Diagnose hieß dann „Struma mit vegetativer Dystonie". Mit Fingerspitzengefühl und „Intuition", einer wesentlichen ärztlichen Gabe, geschah das einzig Richtige. Röntgenaufnahmen der Lungen- und Luftröhre haben wir häufiger gemacht – ein EKG seltener. Und Frau Professor Schmidtmann, unsere damalige Pathologische Ratgeberin, hat wohl die meisten Kröpfe, aber selten Blinddarm oder Gallenblase zu Gewebsuntersuchungen bekommen – wozu auch? Denn um Gotteslohn hat sie uns die Histologie nicht geliefert; was unnötig ist, wird auch nicht gemacht! Ich habe das selbst noch erlebt. Und trotzdem bin ich fast ins Staunen und Wundern gekommen, wie mit geringem technischem und medikamentösem Aufwand die Patienten wenigstens bei den üblichen Erkrankungen so erfolgreich wie heute behandelt und geheilt wurden.

Ebenso staunenswert ist, was in diesen 35 Jahren, dank moderner Technik und Pharmaforschung, an segensreicher Entwicklung in der Medizin geschehen ist. Das gilt natürlich auch für unser Diak! Meine Erinnerung wird durchs Blättern in

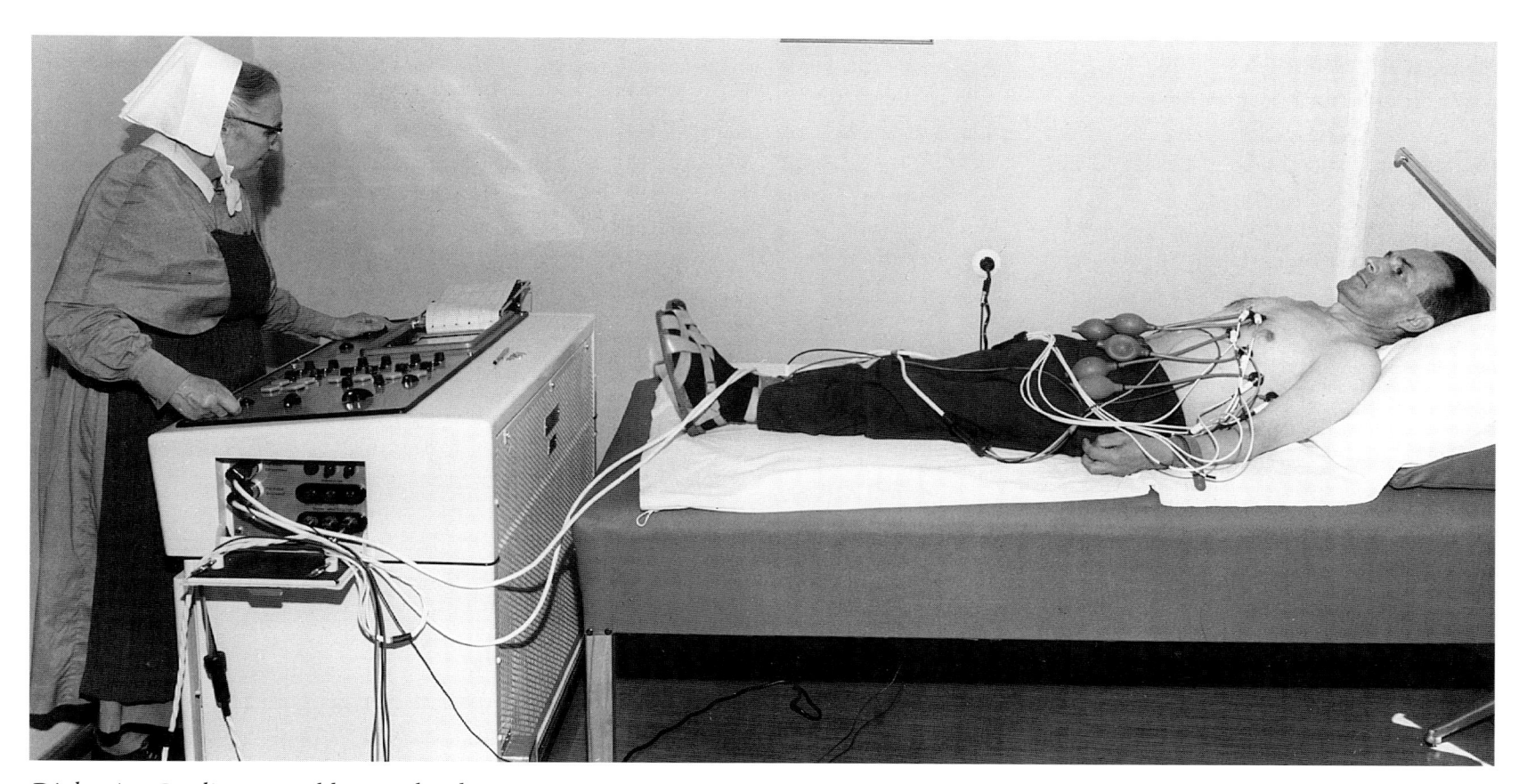

Diakonisse Pauline Immel beim Schreiben eines EKG's um 1960 „Einatmen - ausatmen - nicht atmen"

den alten Akten bestätigt: Wir haben auch damals aufgeklärt, informiert und dokumentiert, aber welch ein krasser Unterschied! Es wirkt im nachhinein ein bißchen mager und karg, was wir aufgeschrieben haben – ein Entlassungsarztbrief bestand aus ein paar Zeilen. Das Aufklärungsgespräch mit dem Patienten oder Angehörigen haben wir uns damals nie bestätigen lassen, aber es fand statt. Die damalige „Pflegedokumentation" wirkt, gemessen an der heutigen, nicht immer sinnvollen „Datenflut", recht bescheiden. Hat dem Patienten unsere damalige Großzügigkeit in diesem Bereich geschadet? Ich glaube nicht. Nützt unser „Dokumentations-Fetischismus" dem Patienten heute? Ich glaube auch nicht. Aber wenn wir ehrlich sind, gestehen wir uns wohl ein, daß diese Bürokratisierung in Wahrheit auch weniger zum Schutz und Nutzen des Patienten, als zur juristischen Rückversicherung von Arzt, Schwester und Krankenhausträger dient. 35 Jahre – das kommt an zwei „Chefärztegenerationen" heran. Es ist gewaltig, was ich in dieser Zeit auch an unserem Krankenhaus an Entwicklungen zum Nutzen unserer Patienten erlebt habe. Die andere Seite ist, daß ich uns Ärzte und Pflegende immer weniger als Menschen in einer personalen Verantwortung erlebe, sondern als Richtlinienerfüller und EDV-Sklaven, die Daten sammeln und verwalten. Natürlich ist es überzeichnet – das Stilmittel der Übertreibung taugt, Sorgen und Befürchtungen schärfer zu zeichnen. Für alle Mitarbeiterinnen und Mitarbeiter unseres Werkes sind die kranken und auf Hilfe angewiesenen Menschen Mittelpunkt.

Das war so, das ist so und wird so bleiben.

Dr. Hansjörg Schneider, Chefarzt der Nuklearmedizinischen Abteilung, im Diak erstmals 1959

Gut gelaunt: Prof. Dr. Geiger, Prof. Dr. Utz, Dr. Schneider

Damals auf der Urologischen Abteilung

Von 1954 bis 1967 war ich auf der Urologischen Abteilung im 2. Stock des Hochhauses. Herr Dr. Ernst Hoerr war der Leitende Arzt der Urologie. Die Station mit 39 Betten war nur von seinen Patienten belegt. Schwester Rösle Hofmann, Bruder Nübel und ich bildeten das Verantwortungs-Team. Dr. Hoerr machte alle Eingriffe wie Resektionen, Cystoskopien, Verbandwechsel usw. in seinem Behandlungszimmer auf dem 2. Stock. Dort hielt er auch seine Sprechstunden. Die großen Operationen wurden im OP im 4. Stock durchgeführt. Weil Dr. Hoerr keinen Assistenzarzt hatte, mußte immer jemand von uns da sein. Besonders bei Nacht war es eine große Verantwortung. Schwester Rösle wohnte auf der Station. Wenn sie im Urlaub war, wohnte ich da. Nach den großen Operationen kamen die Patienten wieder in ihr Zimmer und wurden von uns überwacht.

Am 3. Tag wurde mit Einlauf abgeführt und die Patienten kamen das erste Mal aus dem Bett. Morgens um 6 Uhr erhielten alle Patienten eine Tasse frischen Tee. So kamen wir gleich zu jedem und hörten von ihm selbst, wie die Nacht verlaufen war, so daß man sich sofort ein Bild machen konnte. Vor dem Frühstück wurden stets die nötigen Blutuntersuchungen gemacht und um 7 Uhr mit den verordneten Nierenfunktionsprüfungen begonnen. Gegen 9 Uhr war Visite. Danach wurden die weiteren Verordnungen ausgeführt. Das Wechseln der Dauerkatheter bei den

Männern machte Bruder Nübel. Zum Befestigen gab es eine besondere Methode, denn wir hatten zuerst noch keine Ballonkatheter. Die benützten Katheter wurden gereinigt, ausgekocht und kamen in ein Standglas mit Formaldehyd. Bei Entlassungen von Patienten hat man das ganze Bettzeug, wenn es abgezogen war, samt Matratzen auf einen Liegestuhl gelegt und zum Lüften auf die Terrasse gefahren. Jeden Tag putzte man die Waschbecken und wusch die Nachttische ab. Wöchentlich wurden Bettschüsseln und Nachtstuhltöpfe gefegt, alles war aus Emaille. Auch die Urinflaschen reinigten wir. Von Zeit zu Zeit wurden abwechselnd Fenster geputzt und Türen abgewaschen. Einmal im Jahr beim Großputz wurden die Zimmer, immer wieder mal eines, ganz ausgeräumt, alle Wände abgewaschen und die Fußböden mit einer Desinfektions-Lösung aufgebürstet, nachgewaschen, gewachst und dann geblockt. Bis zum Mittagessen oder bald danach mußten die Patienten wieder im Zimmer sein. Da wir oft alte Männer als Patienten hatten, gab es manches Heitere. Schwester Rösle bekam bei Nacht ab und zu einen Besucher, der sein Bett nicht mehr fand. Ein Patient hatte mal nachts seinen Katheterschlauch statt in die Urinflasche in die Nachttischschublade geleitet, wo noch sein Vesper lag. Im Zimmer 27 hatten wir auch mal einen alten Mann, der ziemlich unruhig war. Wir brachten deshalb ein Bettbrett an. Morgens wunderten wir uns, daß er Socken anhatte. Abends sagte er: „Laß doch das Ding weg, des isch so a Schinderei, bis i da drüber ben". Gern erfüllten wir diesen Wunsch.

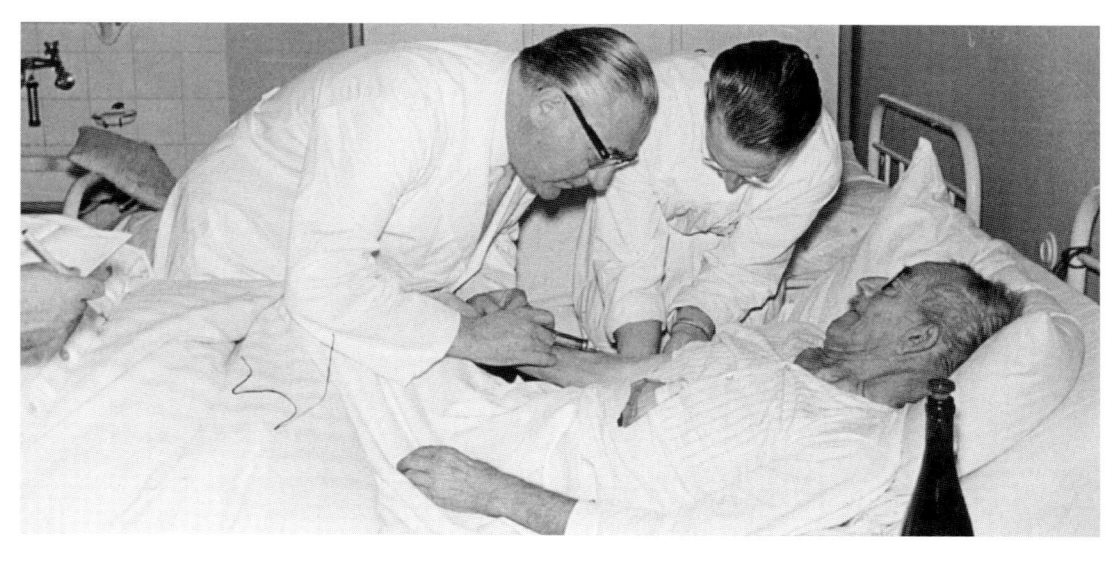

Chefarzt Dr. Ernst Hoerr behandelt einen Patienten

Urologie heute, bei einem Eingriff: Transurethrale Prostataresektion

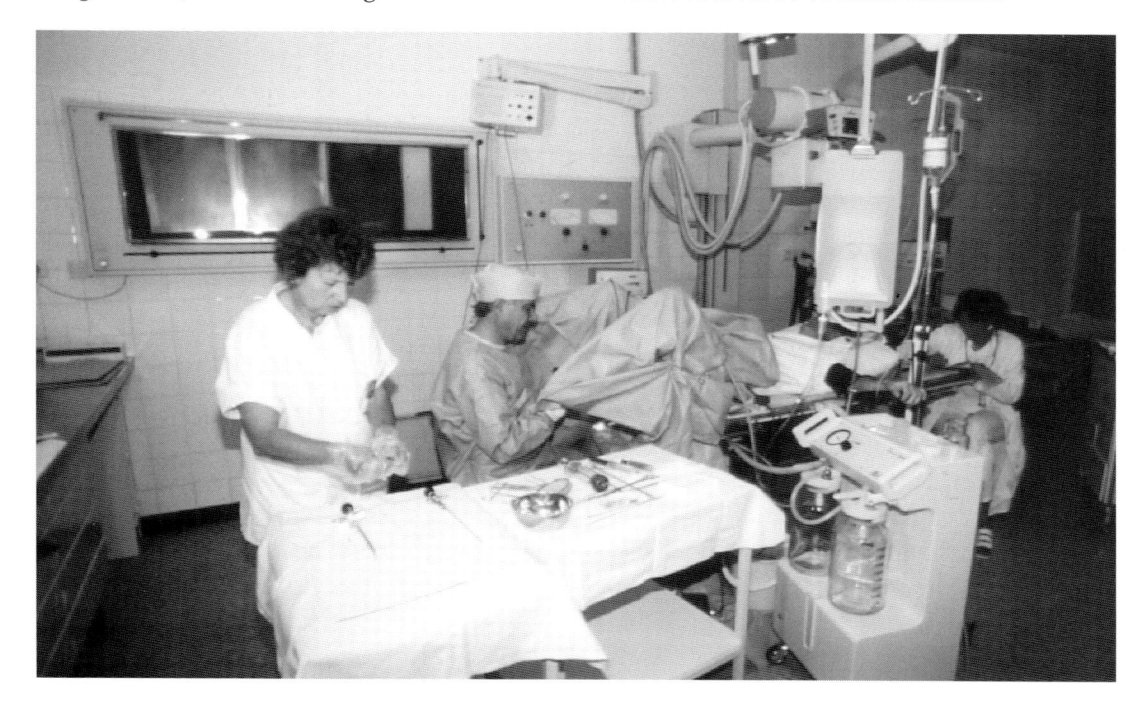

Diakonische Schwester Beate Volz, von 1947 bis 1967 im Diakoniewerk

Veränderungen innerhalb von fünf Jahren

Das Diak vor 100 Jahren und heute – ein gewaltiger Unterschied! Doch wenn ich die fünf Jahre betrachte, die ich jetzt hier bin, so hat sich selbst in dieser kurzen Zeit allerhand verändert. Das Augenscheinlichste sind wahrscheinlich die baulichen Veränderungen, die dem Diak den Charakter einer ewigen Baustelle geben.

Voller Mitleid haben wir manche Besucher an veralteten Hinweisschildern vorbei im Haus umherirren sehen. Hatten sie sich dann endlich den Weg in die gewünschte Abteilung mühsam gebahnt, konnte selbiger beim nächsten Mal schon wieder verbaut sein. Was nun aber aus ehemaligen Baustellen wurde, ist erstaunlich. Die Inbetriebnahme des neuen Operationstraktes 1992 mit neun Operationssälen, zentraler Sterilisation und Intensivstationen war ein wichtiger Meilenstein. Stationen wurden umgesiedelt, renoviert, entstanden neu. Die Ambulanz zog aus beengten Verhältnissen in neue Räume. Und im neuen, großen Eingangsbereich finden immer wieder Ausstellungen statt. Patienten können bestätigen, daß es auch beim Essen Veränderungen gibt. Sie finden jetzt öfter Vollkornprodukte auf ihren Tellern und müssen weniger Verpackungsmüll darauf zurücklassen. Doch gibt es weniger süße Stückle und auch keine offene Milch mehr. Schade!

Krankenpflegeschülerinnen und Krankenpflegeschüler leben heute anders als wir vor fünf Jahren. Zogen wir Frauen zu Beginn der Ausbildung noch geschlossen ins Internat, ist die Wohnpflicht inzwischen aufgehoben. Außerdem dürfen auch Schüler dort wohnen. Heute entscheidet jeder selbst, ob er in die Gemeinschaft der Haller Schwestern und Pfleger aufgenommen werden möchte; bei uns gehörte dieser Schritt noch fest zur Ausbildung.

Sommerstimmung bei der Ausstellungseröffnung im Juli 1995. Im neu gestalteten Eingangsbereich und in der Ambulanz finden regelmäßig Kunstausstellungen statt. Patienten, Besucher und Mitarbeiter freuen sich darüber.

Auch in unserem Krankenpflegedasein hat sich manches verändert, was Patienten und Besuchern nicht so sehr auffällt, aber unseren Alltag entscheidend mitprägt. So ist nun seit mehreren Jahren der Hol- und Bringedienst im Haus unterwegs und entlastet uns auf der Station sehr. Es wurden Dokumentationssysteme ganz neu eingeführt, in denen alle medizinischen und pflegerischen Daten neu erfaßt werden. Diese sind vom Gesetzgeber vorgeschrieben und sollen der Qualitätssicherung in der Patientenversorgung dienen.

Daß damit viel mehr Schreibtischarbeit verbunden ist, ist bedauernswert, aber leider eine Tendenz in der Krankenpflege. Jeder hat sich inzwischen an veränderte Arbeitszeiten gewöhnt. Hosen und Kasaks als Dienstkleidung sind inzwischen nichts Außergewöhnliches mehr.

Gleich wenn man das Diakgelände vom Parkplatz über die Brücke betritt, stößt man auf das Stammhaus, früher lange Zeit das Zentrum des Diak. Vor drei Jahren mußte es geräumt werden und träumt nun von besseren Zeiten …

Das Kreuz auf der alten Kapelle

Das Biblisch-Diakonische Seminar

Alle, die am Diak ihre Ausbildung in Pflegeberufen machen, besuchen zuvor das Biblisch-Diakonische Seminar. Viele von uns sind am ersten Tag des Seminars mit sehr gemischten Gefühlen nach Schwäbisch Hall gefahren. Vier Wochen lang sollte man „Bibelunterricht" (so die allgemeine Vorstellung) haben, nachdem man doch froh war, den oft langweiligen Religionsunterricht mit der Schule abgeschlossen zu haben. Außerdem war den meisten nicht klar, was das alles mit der Ausbildung zur Krankenschwester bzw. zum Krankenpfleger zu tun haben sollte. Diakonie einschließlich Diakonissen waren Begriffe, mit denen man bisher nicht

Beim Plätzchen-Backen: Wer kann da noch widerstehen?

Aufzuzählen wären vielleicht noch die Auflösung der Krankenhaus-GmbH mit der Eingliederung ins ganze Werk, die Verpachtung der Diakhöfe, die Satzung über die neue Struktur des Werks und viele neue Gesichter, gerade auch in Leitungspositionen. Viele Veränderungen – was bleibt? Zum Beispiel der berühmte Diak-Hefezopf …

Diakonische Schwester Adelheid Jehle, seit 1989 im Diakoniewerk

Freizeit mit Schwester Irmtraut Krumrey und Pfarrer Karlheinz Rapp 1994 im Rose-Schmiech-Haus, Waldenburg

viel zu tun hatte und bei denen man schon beim Aussprechen einen trockenen Mund bekam. Das änderte sich allerdings schon am ersten Tag des Seminars. Unsere „Chefin", Schwester Irmtraut Krumrey, begrüßte uns mit so viel Elan und Lebendigkeit, daß es den meisten von uns gleich die Sprache verschlug. Ein Lied mußte also zur Auflockerung gesungen werden. Das hat uns so gefallen, daß wir von nun an jeden Tag mindestens ein neues Lied lernten. Zusammen singen wurde neben den gemeinsamen Mahlzeiten zu unserem liebsten Zeitvertreib. „Zusammen" wurde in diesen vier Wochen überhaupt zu einem wichtigen Wort. Nachdem man sich im Mutterhaus eingelebt und erste Freundschaften geschlossen hatte, freute man sich an den Freitagen schon wieder auf die Montage und die gemeinsame Woche. Daß man an die Bibel auch anders herantreten und daraus lernen kann, haben uns unsere Referenten beigebracht, z. B. mit einer Schnitzeljagd auf Abrahams Spuren oder durch zahlreiche Gruppenarbeiten zu Geschichten aus der Bibel. Gemeinsam etwas erleben und erarbeiten, ein Team bilden, wurde zu einer wichtigen Erfahrung in dieser Zeit. Nebenbei (in Wirklichkeit war es wohl die Hauptsache) haben wir uns alle kennengelernt und uns so schnell in Schwäbisch Hall und im Werk wie zu Hause gefühlt. Ein Besuch bei Diakonissen und Diakonischen Schwestern im Feierabend hat viele Vorurteile über diesen Beruf, oder besser diese Berufung, widerlegt. Respekt ist das wenigste, was man einer solchen Lebensleistung zollen muß. Der Besuch im Heim Schöneck brachte uns eine weitere wichti-

„Mal schauen, was hinter der Mauer ist". Künftige Schülerinnen beim Biblisch-Diakonischen Seminar

ge Erfahrung. Für viele war es der erste engere Kontakt mit behinderten Menschen. Wir staunten, mit wieviel Freude und Unbeschwertheit die Bewohner hier leben. Schnell gingen die Tage vorbei. Die gemeinsamen Mahlzeiten waren, dank der Kochkünste der Küche, immer ein Höhepunkt, wobei wir uns wunderten, wie schnell Schwestern doch essen können. Abends erkundeten wir dann Schwäbisch Hall und Umgebung, weshalb die Nächte zum Teil relativ kurz waren. Am nächsten Morgen waren dann aber alle (besser gesagt, fast alle) wieder bei der Andacht anwesend, zumindest was das Körperliche

Kreatives Miteinander

betraf. Die Tage und Nächte vergingen also wie im Flug, und die vier ewig langen Wochen waren leider schneller als gedacht vorbei. Fast unwillig zogen wir aus dem Mutterhaus aus, fern von unserer treusorgenden Hausmutter, Schwester Luise Binder, und von Schwester Irmtraut Krumrey, die uns mit ihrer lebendigen, zupackenden Art oftmals wieder aus fernen Träumen auf den Boden des Breuningsaals zurückgeführt hat. Es war eine schöne Zeit, in der wir viel gelernt und kennengelernt haben. Allen zukünftigen Seminaristen wünschen wir dasselbe.

Alexander Klenk und andere
Kursteilnehmer im März 1994

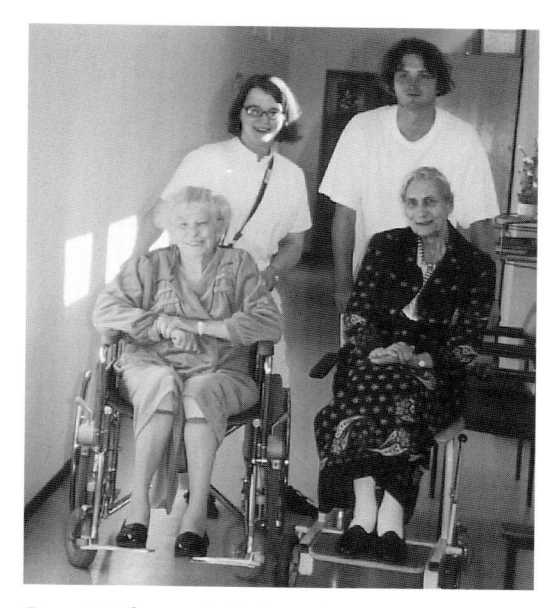

Der Hol- und Bringedienst ist ständig unterwegs im Haus. Viele Zivis im Krankenhaus arbeiten hier. So lernen sie das große Haus kennen.

Zivildienst im Diak

Für viele junge Männer kommt irgendwann – wenn sie nicht ausgemustert worden sind – die Entscheidung zwischen Zivildienst und Bundeswehr. Beides ist Dienst fürs Vaterland, aber bei weitem nicht das gleiche. Da wäre auf der einen Seite der Dienst an Menschen, denen geholfen wird, und auf der anderen Seite der Dienst an der Waffe. Diese Entscheidung muß jeder Wehrpflichtige für sich selbst treffen. Im Bereich des Zivildienstes gibt es nun eine große Palette an Beschäftigungsstellen.

Als angehender Medizinstudent war für mich klar, daß ich meinen Zivildienst in einem Krankenhaus ableisten würde, da ich ins Krankenhausleben hineinschnuppern wollte. Zudem wird Zivildienst in der Pflege als Praktikum angerechnet.

Was das Hineinschnuppern betrifft, ist das Diak natürlich sehr gut geeignet, da hier fast alle medizinischen Fachrichtungen vertreten sind, von der Augenheilkunde bis zur Zahnmedizin. So werden die rund 50 Zivis an vielen verschiedenen Arbeitsplätzen eingesetzt, was am Abend im Ziviwohnheim bei einem Glas Sprudel immer für Gesprächsstoff sorgt.

Ich selber arbeite auf den Gynäkologischen Stationen 3 A + B. Für jemanden, der wie ich direkt nach dem Abitur seinen Zivildienst begonnen hat, war es schon eine große Umstellung, nun gut acht Stunden am Tag zu arbeiten, anstatt in der Schule zu sitzen und den Lehrern zu lauschen. Aber ich habe mich schnell daran gewöhnt, im Team zu arbeiten.

Klar bin ich der Zivi und somit dafür da, die Schwestern zu entlasten und die einfachen Sachen zu machen, die einem beim Zivildienst im Krankenhaus so einfallen (die Sache mit den Bettschüsseln zum Beispiel …), das ist jedoch nicht alles. Die Arbeit macht mir Spaß, das ist die Hauptsache. Und von den Patientinnen kommt soviel zurück, daß mir die Motivation nicht ausgeht.

Im Diak wird ein Zivi nicht nur auf Station eingesetzt, sondern auch im Hol- und Bringedienst, im technischen Bereich, im Versorgungsbereich und, und, und. Wenn ich mir das so recht überlege, sind wir Zivis inzwischen doch ein unverzichtbarer Bestandteil des Diaks geworden, vor allem ein sehr kostengünstiger … Jedenfalls will ich keinen Tag erleben, an dem alle Zivis krank sind, denn das wäre wohl ein recht chaotischer Tag im Diak.

Doch das nur am Rande. Im Krankenhaus zu arbeiten, heißt ja auch, in Kontakt zu kommen mit Leiden und Schmerzen, eben mit den unangenehmen Seiten des Lebens, die gerne verdrängt werden. Das als junger Mensch mitzuerleben, öffnet die Augen für manches und erweitert den Horizont.

Als Zivi kann man für und über das Leben viel lernen. Ich möchte die Zeit, die ich im Diak verbracht habe, nicht missen.

Thomas Föller,
Zivildienstleistender im Diakoniewerk von Juli 1994 bis September 1995

Mit der Krankenpflege auf dem Weg

Nun ist das Krankenpflegeexamen abgeschlossen, eine wichtige Zeit ist vergangen, eine Basis ist gelegt. Nach einer Flut von Ereignissen und Begegnungen braucht man eine Zeitspanne, in der man zurückblickt und Luft schnappt, um zu verstehen, zu begreifen, ja, um letztendlich weitergehen zu können. Wieder beginnt etwas Neues, das nur durch das bereits Erfahrene und Erlebte in einen Kontext gebracht werden kann. Man läßt Dinge los, vergißt. Und man hält Dinge fest: Menschen, die bleiben – ihr Leiden, ihr Sterben, aber auch ihre Hoffnung und ihre Freude. Sie bleiben und haben Spuren an uns hinterlassen.

Erfreut, nun endlich auch einen Platz im Team der Pflegenden zugewiesen bekommen zu haben, ist man anfänglich eifrig bemüht, seine erlernten Verrichtungen „an die Patienten zu bringen". Messen heißt da die Devise: Blutdruck, Puls und Temperatur, usw. Voll beschäftigt mit sich, den „Meßübungen", der Körperpflege, Lagerungen und Verbänden schreitet ein Lernprozeß voran, der irgendwann in die Automatisierung mündet. Die Zeit kommt, in der diese „handwerklichen Tätigkeiten" Routine werden. „Wer bist eigentlich du, der hinter all dem steckt? Wer bist du, außer mit dem arrhythmischen Puls, dem Fieber, den schlechten Hautverhältnissen? Wer bist du noch, außer dem, der die Krankheit hat? Du mußt doch ein Mensch sein, so wie ich einer bin mit Wünschen, Träumen, Sehnsüchten, Ängsten – oder?" Begegnung mit einem Fremden. Mit einem Fremden, dessen Körper ich berühre, dessen Haut ich wasche, dessen Decke ich wegziehe, und dessen unbedeckten Leib ich beobachten soll. Ich breche ein in ein Haus, das nicht mir gehört, um den Versuch zu wagen, nach dem Einbruch ein wenig Wohlbefinden zurückzulassen. Nebenbei ein paar Streicheleinheiten für die Seele, in Gedanken schon beim nächsten Patienten – Pflegepersonal ist oft „Mangelware". Und ich selbst, die Krankenschwester, bin auch nur ein Mensch – genauso vordergründig wie der Patient. Auch ich habe ein soziales Umfeld und eben mal mehr und mal weniger Kraft für die Kranken. Aber es gibt Lichtblicke: Kolleginnen und Kollegen, die wirklich zum Vorbild werden, sind so wichtig! Ich träume einen Traum, der nie in Erfüllung gehen wird: Ich will mir die Zeit nehmen können, jeden Patienten in seiner Ganzheit als Mensch betrachten zu können – und nicht nur seinen „defekten Körper". Es ist eine Vision, die scheitern wird – an mir, an anderen, an den Strukturen der Institution Krankenhaus. Das muß ich akzeptieren und dennoch sensibel bleiben, weiterträumen eben und das mögliche tun. Viel gelernt habe ich oft durch die Patienten selbst; es hat mich begeistert, wie manche der Krankheit den Kampf angesagt haben. Ich habe bewundert, wie manche ihr Schicksal annehmen, und ich habe auch die Verzweiflung erlebt, wenn jemand ein-

Ein Transparent schmückt alljährlich das Gelände am Examenstag

fach keinen Ausweg mehr sah. So hat auch mein Blickwinkel eine Erweiterung erfahren. Krankheit und Tod sind wohl die Dinge im Leben, die wirklich jeden aus jeder sozialen Schicht treffen; da spielt Geld einmal keine Rolle. Und so ist das Krankenhaus ein echter Tiegel mit total unterschiedlichen Menschen. Ein Moment im Leben, in dem ALLE Menschen das gleiche Ziel haben, ist wohl die Krankheit: die Erlösung von Leiden. Man muß lernen, in der Pflege den Menschen dort abzuholen, wo er steht – egal ob arm oder reich, mehr oder weniger intellektuell. Das darf keine Rolle spielen, und so ist man gezwungen, Toleranz zu üben. Und es wird einem klar: Es kann jeden treffen, auch mich. Diese Erkenntnis hat mir Angst gemacht. Alles kommt und geht, – auch ich. Das Empfinden, das ich hatte, als Menschen gestorben sind, ist kaum in Worte zu fassen. Es ist so unfaßbar und unbegreiflich und machte einen Hauch von dem, was man „wesentlich" nennt, ahnbar. Ich habe begriffen, daß so vieles im Leben sinnlos ist – es ist in der Tat nur wenig, was wir wirklich brauchen, und die materiellen Dinge sind der geringste Anteil daran. Man verschwendet so viel Kraft an Kleinigkeiten. Im Wissen, in jeder, aber auch wirklich in jeder Sekunde seines Lebens sterblich zu sein, sollten wir uns nicht krampfhaft darum bemühen, „dem Leben mehr Jahre hinzuzufügen, sondern den Jahren mehr Leben."

Ulrike Werner, im Diakoniewerk als Schülerin und Krankenschwester von 1990 bis 1994

Leben und einkehren im Mutterhaus

Ein Arbeitstag im Mutterhaus ist vorüber. Ich sitze in meinem Zimmer und überdenke den Tag. Da klingelt das Haustelefon. Ich nehme ab. „Unfallchirurgie, Schwester Regine. Wir haben eben einen Patienten versorgt, der auf der Autobahn verunglückte. Können die Frau und das Kind im Mutterhaus ein Zimmer bekommen?" Wie gut, denke ich, daß wir in unmittelbarer Nähe zum Diakonie-Krankenhaus Gästezimmer im Mutterhaus zur Verfügung stellen können. Uns ist es wichtig, Menschen in Ausnahmesituationen Hilfe und Begleitung anbieten zu können. Da fällt mir noch ein Erlebnis ein. Eines Abends kam einer unserer Krankenhausseelsorger und fragte, ob ein Vater mit seinen beiden erwachsenen Töchtern hier wohnen könnte. Die Mutter war gerade auf der Intensivstation aufgenommen worden. Die Diagnose war ernst. Mich haben die folgenden 10 Tage tief und nachhaltig bewegt. Die Art, wie die Familie ihre Mutter begleitete und von ihr Abschied genommen hat, war für mich vorbildlich und wertvoll. Manchmal schaue ich unser Gästebuch an und freue mich über die vielen unterschiedlichen Begegnungen. Da ist das Bild mit den Heidelberger Medizinstudenten, dort das andere mit den Studenten vom Goethe-Institut. Ich höre noch ihr Lachen, wenn sie in ihren verschiedenen Muttersprachen das Abendessen benannten. Vier Wochen waren sie unsere Gäste. Und hier sehe ich das Ensemble der Musikhochschule Hannover. Wir freuen uns jedes Mal über ihre Abendkonzerte in unserer Kirche, und sie genießen unser handfestes schwäbisches Vesper. So manches Mal melden sich ehemalige Schülerinnen und Schüler

Ein Bild aus dem Mutterhaus-Gästebuch: strahlende Gesichter beim Krankenpflege-Examen 1963, rechts Diakonisse Dora Betz, langjährige Schulleiterin

Im Speisesaal des Mutterhauses

der Kranken- bzw. Kinderkrankenpflegeschule zu einem Jubiläumskurstreffen an. Wie staune ich, sie 30 Jahre nach dem Examen wiederzusehen und von ihnen zu hören. Wie vielfältig ihre Lebenswege waren! Wir freuen uns, daß wir unsere Gästezimmer auch Schwestern anderer Mutterhäuser anbieten können. So hat schon manche das reizvolle Schwäbisch Hall und das Hohenloher Land als Ferienziel entdeckt. Regelmäßig brauchen wir unsere Zimmer für die hausinternen Konferenz- und Seminarangebote. Ich sehe in der Gästearbeit einen besonderen diakonischen Auftrag. Im Hauptteil unseres Mutterhauses ist die zentrale Verwaltung des gesamten Evangelischen Diakoniewerkes untergebracht. In den Stockwerken darüber befinden sich 35 Appartements als Schwesternwohnungen. Im Erdgeschoß wohnen die Teilnehmerinnen und Teilnehmer kurzfristiger Seminare, z. B. vom Biblisch-Diakonischen Seminar. Als täglichen Treffpunkt bieten wir im Mutterhaus den gemeinsamen Mittagstisch an, für die hier wohnenden Schwestern, für Mitarbeiterinnen und Mitarbeiter aus der Verwaltung und für alle, die gerne dazukommen möchten. Möge allen, die uns hier begegnen, der alte Hausspruch gelten: „Der Herr behüte unseren Ausgang und Eingang".

Diakonisse Luise Binder, Hausmutter im Mutterhaus, im Diakoniewerk seit 1955

Beim 30jährigen Kurstreffen im Mutterhaus 1989

Man nehme 360 Eier …
Die Krankenhaus-Küche

Was steht heute am Freitag, dem 9. Juni, auf dem Speiseplan? Drei Wahlmöglichkeiten werden täglich geboten: Vollkost, leichte Kost und vegetarische Kost. Heute gibt es in der Vollkost Geflügelcremesuppe, Lauch mit Schinken und Käse überbacken, Butterkartoffeln, Mischsalate; Vegetarier bekommen Blumenkohl-Käse-Medaillons. Die leichte Kost bietet Ofenschlupfer mit Äpfeln und Nüssen, dazu Vanillesoße. Und für alle zum Nachtisch Mandarinenquark. Freitags gibt es auch

Jung und Alt half früher beim Verwerten der Eigenbau-Beeren

öfters Fisch, an den anderen Wochentagen fast immer ein Fleischgericht als Angebot. Die Patienten, die normale Kost erhalten, wählen anhand des Speiseplans ihr Menü jeweils am Tag vorher aus. Heute wurde 250mal Lauch bestellt, 120mal Ofenschlupfer und 40mal Blumenkohl-Käse-Medaillons. Die Mitarbeiter essen im Speisesaal und wählen direkt an der Theke ihr Menü. Ofenschlupfer sind immer heiß begehrt bei Jung und Alt. Die Zutaten: Man nehme 25 Hefezöpfe, natürlich vom Diak-Bäcker, 360 Eier, 10 Liter Milch, Vanillearoma, 5 Pfund Zucker, 15 Kilo Apfelspalten, 5 Pfund Nüsse und Vanillepulver. Die Vanillesoße ist aus 40 Litern Milch gekocht.

Tag für Tag bietet die Krankenhaus-Küche drei Speisen auch zum Frühstück und Abendessen an. Dann gibt es noch die Patienten, die Diät halten müssen. Sie haben einen gesonderten Speiseplan mit einem Menü für Diabetiker, einem für strenge Schonkost und einem für natriumarme Kost. Wie schaffen die Mitarbeiter der Küche das alles? Zwei Küchenteams mit je 14 Personen arbeiten abwechselnd. Ein Team wird geleitet von Klaus Mack und eines von Marie Luise Röckel. Dazu kommen die Mitarbeiter der Spülküche und der Essensausgabe an der Theke. Morgens um 5.30 Uhr beginnt der Frühdienst mit Kaffeekochen und Vorbereitungen. Das erste Frühstück erhalten die jungen Mütter auf der Entbindungsstation vor dem Stillen um 6.45 Uhr. Kurz vor 8 Uhr verläßt das letzte Frühstück die Küche. Bald beginnen die Vorbereitungen für das Mittagessen. Die Bestellungen der Patienten werden mit einem computergestützten Kartensystem ausgewertet, damit die Köche die Mengen planen können. Auf einem Fließband werden die Mahlzeiten auf Tabletts zusammengestellt, in Wärmewagen auf jede Station und dann in jedes Zimmer gebracht. Und die Essen der Mitarbeiter an der Theke? Da gibt es Erfahrungswerte. Frau Röckel rechnet für heute mit 150 Portionen Lauch, 80 Blu-

Die Krankenhausküche heute mit modernem Tablettsystem

Im Speisesaal: „Einmal Blumenkohl-Käse-Medaillons, bitte"

menkohl-Käse-Medaillons und 80 Ofenschlupfern. Wenn das Mittagessen vorüber ist, wird saubergemacht und das Abendessen vorbereitet.

Auch die Vorratshaltung und die Lebensmittel-Bestellung gehören natürlich dazu. Wenn es Kartoffeln als Beilage gibt, rechnet die Küche mit 110 Kilo. Selbst geschält? „Nein", antwortet Frau Röckel, „das würde viel zuviel Personalkosten verschlingen. Früher gab es mehr helfende Hände, die kaum etwas kosteten. Lebensmittel kamen häufig von den Bauernhöfen des Diaks, die inzwischen verkauft oder verpachtet sind.

Heute wird auch hier mit spitzem Stift gerechnet. Dennoch unterscheidet sich die Diak-Küche von anderen Großküchen, wo alles aus der Konserve kommt. Die Äpfel, die es heute in den Ofenschlupfern

Diätassistentin Marie Luise Röckel

Bei schönem Wetter wurde früher im Küchenhof gearbeitet, wie hier beim Rhabarber schneiden

gibt, sind teilweise von eigenen Apfelbäumen. Oder zum Beispiel die Suppe, eine echte Kraftbrühe, hergestellt mit Knochen aus der Diak-Metzgerei. Jeden Tag kochen wir eine köstliche Tagessuppe für das Personal im Operationstrakt, die dort verzehrt wird, damit die Mitarbeiter sich nicht extra ausschleusen müssen. Auch in der Cafeteria gibt es diese Tagessuppe."

Die Krankenhaus-Küche ist nur zuständig für die Versorgung im Krankenhaus. Mutterhaus, Feierabendhaus und die Heime erhalten ihre Mahlzeiten aus einer weiteren Großküche, der sogenannten Hauptküche, unter der Leitung von Horst Wisotzki. Wo viele Menschen leben und arbeiten, wird eben auch viel gegessen!

Barbara Fischer, Öffentlichkeitsreferentin, im Diakoniewerk seit 1992

Die Hauptküche einst, sie ist seit 1903 im Erdgeschoß des Kapellensaals untergebracht

Als Hauswirtschaftsleiterin im Internat

Vor über 26 Jahren kam ich als Hauswirtschaftsleiterin ins Schülerwohnheim. Damals wohnten die Krankenpflegeschülerinnen noch in der Kocherhalde (Gelbingen), bis wir 1973 mit Sack und Pack ins Internat umzogen. Insgesamt haben wir 92 Zimmer, 7 Appartements, 12 Büroräume, Aufenthaltsräume, Küchen, Sanitärräume usw. Zuständig bin ich für Einsatzplanung und Anleitung des Hausreinigungspersonals, den gesamten Wäschereibedarf, für die Bestellung von Handwerkern und für die Belegungspläne der Zimmer. Es gibt häufige Wechsel der auswärtigen Schülerinnen und Schüler nach den Schulblockzeiten.

Ich sorge für das Frühstück, das die Schüler und Schülerinnen während eines Schulblocks gemeinsam einnehmen. Oft denke ich an die früheren Zeiten, als die Schülerinnen erst mit 21 Jahren volljährig

Man findet sich ein zu einem gemütlichen „Schwätzle" im Gartensaal

Das Internat, 1970 erbaut. Wieviele Schülerinnen und Schüler haben hier während ihrer Krankenpflege-Ausbildung gewohnt!

wurden. Damals betreute sie die Hausmutter Schwester Irmgard Ebert. Es existierten wenige Schulblock-Zeiten, das heißt, die Schülerinnen mußten auch nachmittags zum Unterricht, wenn sie Nachtwache hatten. Das Haubentragen war damals Pflicht. Oft halfen die Frauen von der Pforte beim Haubenfalten. Nun gibt es seit mehreren Jahren keine Wohnpflicht mehr, und die großen Doppelzimmer werden gerne als Einzelzimmer gemietet. Examinierte wohnen gerne in einem der Appartements.

Nach getaner Arbeit finden die Schülerinnen und Schüler im Internat Zeit und Raum zum Entspannen, etwa beim Tischtennis-Spielen oder Musizieren. Tagsüber erklingt hin und wieder Klaviermusik oder ein Trompetensolo. Wie oft bereichern diese „Übungsstunden" unsere

Samstag um 14 Uhr zum Kurstreffen den Gartensaal im Internat benützen? Wir bringen alles selbst mit und räumen auch wieder alles auf", antworte ich selbstverständlich mit „Ja".

Durch das gemeinsame Wohnen, die Förderung des Gemeinschaftssinns durch die Schule sowie die Eingliederung in die Schwesternschaft tragen und halten die Kursverbindungen.

Und heute? Nun kann ich schon die Töchter ehemaliger Schülerinnen begrüßen und in ihre Zimmer begleiten.

Ute Hertel,
Hauswirtschaftsleiterin im Internat,
seit 1969 im Diakoniewerk

Der Jugendkreis AKU trifft sich regelmäßig im Untergeschoß des Internats

Examensfeiern. An lauen Sommerabenden ziehen Vorübergehende den Duft von Gegrilltem ein und sehen bunte Lampions auf der Terrasse leuchten. Wieviele Geburtstagsfeiern „überstand" schon der Gartensaal? Nicht nur die Schülerinnen und Schüler erfreuen sich an Weihnachtsfeiern, nein, auch wir von der Hauswirtschaft, der Pforte und das Hausmeisterehepaar dürfen uns verwöhnen lassen. Das Schulteam gestaltet liebevoll diesen Abend. Wenn ich nur an die köstlichen Salate denke! Sehr freue ich mich, wenn ich am Jahresfest oder beim Schwestern-Jubiläum altbekannte Gesichter entdecke. Wenn ein Anruf kommt: „Dürfen wir am

Bei einer Feier im Mutterhaus. V. l. Prälat i. R. Dr. Albrecht Hege, Heinz Nägele, Eva-Maria Hege, Pfarrer Manfred Jehle, Oberin Maria Herwarth

Schwester Emma und die PDL

Schwester Emma lebt nicht mehr. Im Dorf aber sagt immer wieder einmal jemand: „Wißt Ihr noch, wie es war, wenn Schwester Emma kam?" Zum Beispiel bei einer abendlichen Gesprächsrunde im Gemeindehaus zum Thema: „Was ist hilfreich?" Eine Frau erzählt: „Ich weiß nicht, ob ich es damit treffe, nur unser Jürgen hat erst neulich wieder davon gesprochen, wie es bei Schwester Emma war. Jürgen war sechs damals und heftig erkrankt. Wir riefen Schwester Emma. Sie kam. Jürgen: ‚Oh, Schwester Emma, mir ist ja so schlecht!' Schwester Emma legte die Hand auf die heiße Bubenstirn: ‚Ja, Jürgen, es muß Dir ja richtig elend sein!' Sie hätte sagen können: ‚Da muß der Doktor kommen' oder ‚Ich hole rasch etwas aus der Apotheke!'. Doch das kam später. Als erstes war

Vielen noch in guter Erinnerung: die Schwester mit Käfer

Das Büro der Pflegedienstleitung in der Künzelsauer Diakonie-Sozialstation – der PC hat längst Einzug gehalten

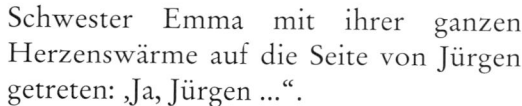

Schwester Emma mit ihrer ganzen Herzenswärme auf die Seite von Jürgen getreten: ‚Ja, Jürgen ...'".
Die Gründer der Diakonissenanstalt Schwäbisch Hall, hätten sie diese Szene miterleben können, sie hätten gewiß zueinander gesagt: „Genau das haben wir gewollt, Gemeindeschwestern für die Dörfer im Hohenloher Land, Frauen, die mit ihrem pflegerischen Können und mit ihrem Herzen bei den Kranken sind und bei denen man spürt, daß sie für ihre häuslichen Patienten die Hände falten." Die Nachfolgerin von Schwester Emma unterschreibt mit PDL (Pflegedienstleitung). Das muß sie oft. Weit zurück liegt die Zeit, in der das kleine Schieferschreibtäfelchen mit angebundenem Griffel an der Haustür von Schwester Emma das einzige Kommunikationsmedium war, um Schwester Emma wissen zu lassen, wo jemand sie braucht. Schwester Heiderose schaltet, wenn sie weggeht, den Anrufbe-

antworter ein – ein Funktelefon für unterwegs wird mit Sicherheit die nächste Anschaffung sein. Sie gibt die Daten in den PC ein, füllt Formular um Formular aus, Dienstpläne, Wochenendpläne, Urlaubspläne, Vorlagen für die Pflegedokumentation und, und ...

In der wöchentlichen Dienstbesprechung sitzen sie zu sechst um den Tisch und vor der Station parken des öfteren die Dienstwagen. Am Ende der Dienstbesprechung bittet Schwester Ines um ein Gespräch unter vier Augen: Ihr Mann hat endlich einen Arbeitsplatz gefunden, leider sehr weit weg, so muß Schwester Ines kündigen. Während Schwester Heiderose im Besprechungszimmer das Licht löscht, denkt sie: Hoffentlich bekomme ich für sie wieder eine Schwester aus dem Diak. Dann weiß ich, daß sie gut ausgebildet ist, und kann hoffen, daß sie zu denen gehört, die die Würde des Menschen auch da achten, wo sie kaum noch erkennbar ist, und daß sie gerade auch an einem solchen Bett etwas weitergeben möchte von der barmherzigen Liebe Gottes, von der sie, die Gesunde, selber lebt.

Ob man im Dorf von Schwester Heiderose sprechen wird auch dann, wenn auf der Diakoniestation jemand anderes mit PDL unterschreibt? Ich möchte es Schwester Heiderose von Herzen wünschen, ihr und ihrem Dorf.

Prälat i. R. Dr. Albrecht Hege, Vorsitzender des Verwaltungsrats von 1962 bis 1990, dann Vorsitzender der Mitgliederversammlung und des Verwaltungsausschusses bis 1993

Mit der Gemeindekrankenschwester einen Tag unterwegs

Um 6 Uhr klingelt bei Schwester Katrin der Wecker, kurz nach 7 Uhr ist sie schon bei ihrem ersten Patienten. Katrin Ziegler, Gemeindeschwester in der Diakoniestation Schwäbisch Hall, hat für heute 17 Hausbesuche auf dem Programm. Anke, noch in der Ausbildung zur Krankenschwester und momentan als Praktikantin in der Gemeindekrankenpflege, begleitet sie.

Zunächst fahren die beiden zu den Patienten, die morgens eine Insulin-Spritze erhalten. Frau K. erwartet sie schon. Ein wenig Zeit für ein „Schwätzle" gehört bei Frau K. dazu, denn sie lebt alleine und hat nicht viele Kontakte.

Weiter geht es nach Gelbingen zu einem Patienten mit Altersdiabetes. Er macht heute keinen guten Eindruck, wirkt müde und klagt über Schwitzen. Schwester Katrin führt eine Blutzuckerkontrolle durch und entscheidet, daß der Hausarzt angerufen wird, um einen eventuellen Unterzucker zu behandeln. Die Angehörigen werden den Arzt in Empfang nehmen, sie wissen Bescheid, so daß Schwester Katrin und Anke ihre morgendliche Tour gleich fortsetzen. Als es 8 Uhr ist, haben sie schon fünf Patienten mit Diabetes besucht. Die nächste Patientin ist eine bettlägerige Frau, die einen

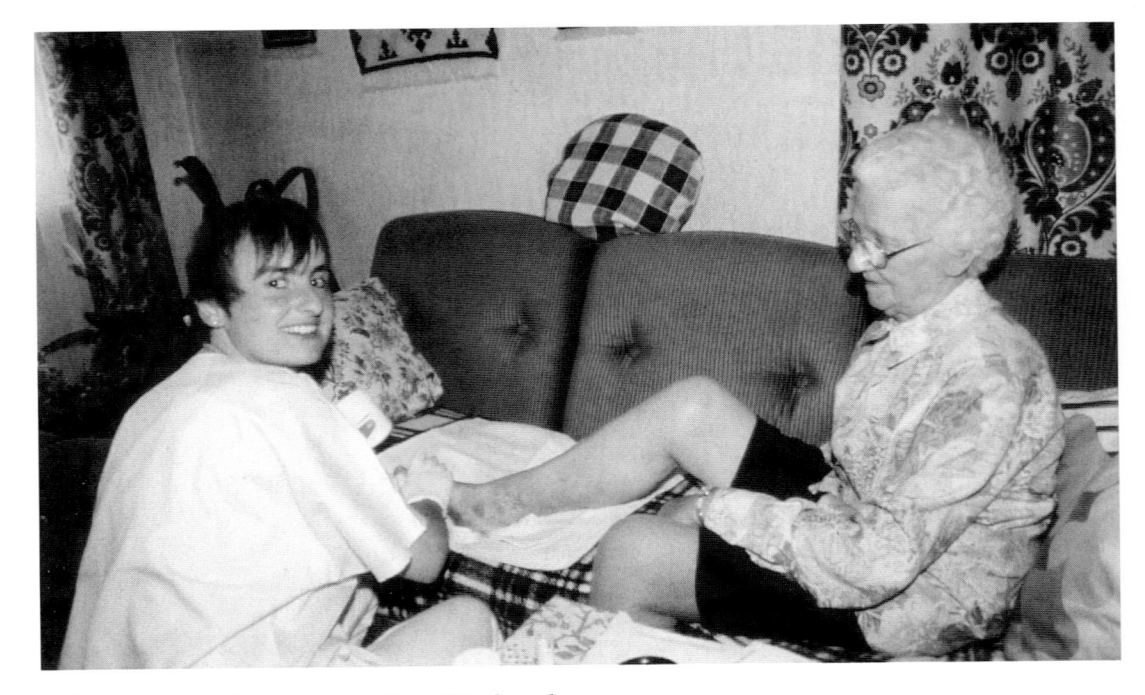

Schwester Katrin erneuert einen Verband

Sie gehören zum Team der Diakoniestation Schwäbisch Hall

Schlaganfall hatte. Auf der Fahrt zu ihr besprechen Schwester Katrin und Anke die Situation dieser Patientin. Anke wird die Frau im Bett waschen, sie anziehen, in den Rollstuhl setzen und die Medikamente verabreichen. Schwester Katrin leitet sie dabei an und zeigt ihr rückenschonende Stütz- und Hebegriffe.

„Aktivierende Pflege" ist ein wichtiger Grundsatz – die Patientin wird darin gefördert, ihre Selbständigkeit so gut wie möglich zu erhalten oder wieder zu erlangen. Das erfordert Geduld. Alles geht langsam, die Patientin ist unsicher. Anke lächelt sie ermutigend an. Nun ist die Frau gerichtet und die beiden Schwestern notieren in einer Pflegedokumentationsmappe, was sie gemacht und während der Pflege beobachtet haben. Dann verabschieden sie sich. Heute abend werden sie wiederkommen, um die Frau ins Bett zu legen.

Nachdem sie drei weitere Patienten besucht haben, fahren sie in ein Pflegehaus zu einem Beratungsgespräch. Herr Sch. ist nach einem Unfall ein schwerer Pflegefall mit Lähmungen an Armen und Beinen und beeinträchtigter Gehirntätigkeit. Momentan befindet er sich noch in der Rehabilitation, aber seine Eltern möchten ihn zu sich nach Hause nehmen, wenn er entlassen wird. Nun bespricht Schwester Katrin mit ihnen, woher sie ein Pflegebett und andere Hilfsmittel bekommen, wo man das Bett am besten aufstellt, welche Artikel zur Inkontinenzversorgung nötig sind, und berät über Finanzierungsmöglichkeiten. Es wird vereinbart, daß die Schwester morgens, mittags und abends in dieses Haus kommen wird, um Herrn Sch. zu pflegen und die Eltern zu beraten und anzuleiten. Diese sind sichtlich erleichtert, denn sie wissen, daß sie mit der schweren Aufgabe nicht alleine dastehen, sondern daß die Schwester stets mit Rat und Tat hilft.

Mittagspause! Etwas erschöpft und hungrig gehen Schwester Katrin und Anke zum Mittagessen und trinken hinterher einen Kaffee, um wieder munter zu werden. Denn heute ist „langer" Donnerstag in der Diakoniestation. Das heißt, daß sich ab 14.30 Uhr das Team zur Dienstbesprechung trifft. Für die Pflegedienstleiterin und die 15 Schwestern und Pfleger sind diese Treffen wichtig, um sich auszutauschen, auch Sorgen loszuwerden und sich als Teil einer Gemeinschaft zu erleben. Nach einer kurzen Andacht stellen die Mitarbeiter neue Patienten vor. Schwester Katrin berichtet von Herrn Sch. Da sich die Schwestern und Pfleger untereinander vertreten, ist es nötig, sich über Vereinbarungen und Pflegemethoden auszutauschen. Dadurch ist ein einheitlicher Stil in der Pflege möglich. Wenn morgen eine andere Schwester zu dem Insulin-Patienten nach Gelbingen kommt, weiß sie, daß der Arzt gerufen wurde, und sie wird danach fragen, was der Arzt gemacht hat. Eine Kollegin fragt Anke, wie sie diese Arbeit in der Gemeinde erlebt. Sie antwortet, daß ihr der abwechslungsreiche Tagesablauf und der Kontakt mit den Patienten und Angehörigen gefalle, es sei sehr interessant. Aber sie merke auch, daß viel Erfahrung und Wissen nötig ist, um selbständig in neuen Situationen richtig zu handeln.

Die Zeit während der Dienstbesprechung bis 17 Uhr vergeht wie im Flug. Und dann sind schon die Abendbesuche dran. Frau H. bekommt donnerstags immer ein Vollbad, die Schwestern planen dafür eine dreiviertel Stunde ein. Dann geht es zu den Insulin-Patienten, die ihre abendliche Spritze erhalten. Anke spritzt unter der Anleitung von Schwester Katrin. Nun werden die Patienten, die sie morgens aus dem Bett geholt haben, wieder gerichtet für die Nacht. Blasen- und Darmentleerung, Medikamente verabreichen, Abendtoilette und schon im Bett noch eine Spritze gegen Thrombose. Liegt der Patient gut, ist das Bettlaken schön glatt, daß er nicht wundliegt? Dann: „Gute Nacht, bis morgen früh."

Nun ist es 19.30 Uhr. Vor Dienstschluß fahren Schwester Katrin und Anke noch kurz zur Diakoniestation und hören den Anrufbeantworter ab. Es liegt nichts vor. Die 24-Stunden-Rufbereitschaft hat diese Woche eine andere Schwester. Schwester Katrin und Anke verabschieden sich. Morgen nachmittag haben sie frei, als Ausgleich für den langen Arbeitstag heute.

Diakonische Schwester Katrin Ziegler, seit 1977 im Diakoniewerk, Gemeindekrankenschwester seit 1988

Dank an die Mitarbeiter im Gottlob-Weißer-Haus

Ich darf wieder mich bedanken
bei den vielen lieben Leuten,
die das Herz von uns Bewohnern
dienstbereit ein Jahr erfreuten,
die uns halfen, die uns hegten,
ohne Eigenliebe pflegten,
die uns noch im Schlaf bewachten,
ihren Rundgang täglich machten.
Will die Namen wieder nennen,
derer, die uns Heimat gaben,
die in Nöten bei uns standen,
uns auch oft getröstet haben.
Gleich zuerst ist liebevoll
Schwester Anne Frenz zu nennen.
Wer würd' sie, die alles meistert,
hier im Hause wohl nicht kennen?
Ihren Kopf möcht' ich nicht haben,
der ist voll bis oben an.

Wir woll'n betend sie begleiten,
wissend, was sie alles kann.
Danke, liebe Schwester Anne!
Bleiben Sie uns Jahre treu,
jeder Tag ist voller Arbeit,
jeder Tag ist randvoll neu!
Mit ihr überlegt Herr Wörner,
wie es wohl am besten geht.
Hat sich jemand krank gemeldet?
Kommt auch einer mal zu spät?
Oft ist seine Mannschaft müde,
eine kriegt gerad' ein Kind.
Gott sei Dank! Er bleibt gelassen,
was nicht alle Männer sind.
Und im nahen Mutterhaus,
da regiert Frau Helmedach,
sie verteilt die leeren Zimmer,
kennt sich aus in ihrem Fach,
zahlt die Gelder prompt am Ersten
und bewacht besond're Scheine,
ich bewund're diese Dame!

Der Heimbeirat des Gottlob-Weißer-Hauses am Tag seiner Wahl

Von der Sorte gibt's nur eine!
Kennen Sie den starken Mann,
der sich Willi Bauer nennt?
Man braucht nur den „Piepser" nehmen
und schon kommt er angerennt!
Alles, was kaputt im Haus,
repariert er fachgerecht.
Wär der Willi nicht im Hause,
ging es jedem von uns schlecht.
Nun rühm ich die edlen Damen,
die im Eßsaal uns bedienen,
ich sah sie nie langsam gehen,
sausen rum wie fleiß'ge Bienen,
füllen Teller, Schüsseln, Tassen,
schleppen schwere Töpfe her,
ach, wenn wir die drei nicht hätten,
wär der Magen immer leer.
Und wir würden dünn und dünner,
wie der Suppenkaspar war.
Solche Engel als Bedienung
sind in uns'rer Welt sehr rar.
Über unseren Michael brauch ich gar
nicht viel zu sagen:
Er trägt Eimer, er schleppt Wagen,
niemals hörte ich ihn klagen.
Er grüßt höflich, ist bescheiden,
Michael, ich mag Dich leiden.
Und der ganze Kreis im Saal
lobt ihn ein für allemal.
Christa Keith ist unentbehrlich,
ja, das sage ich ganz ehrlich.
Unser „Blättle" würde nix,
wenn sie nicht gekonnt und fix
selbiges zusammenbrächte,
manchmal auch bis in die Nächte,
bis es dann auf „Beinen" steht
und sie zu Herrn Friedrich geht.
Dankbar sind wir auch für sie,
ist sie wohl ein Schreibgenie?

Wen soll ich jetzt noch benennen,
die Sie schätzen, die Sie kennen?
Die Gymnastik und das Werken,
Schwimmen soll Bewegung stärken.
Das Gedächtnis wäre leer
und die Beine zentnerschwer.
Jeder soll bedanket sein,
jeder setzt sich für uns ein.
Unentbehrlich sind die Frau'n,
die nach unsern Zimmern schau'n.
Jedes Stäubchen wird entdeckt,
mit dem Lumpen weggeschleckt.
Putzen, saugen, wischen, fegen,
welch ein Segen.
Wenn das Tageslicht ist aus,
kommen Frauen in das Haus.
Sie verschaffen uns die Ruh,
jeder macht die Augen zu.
Und er weiß, er wird bewacht,
jeden Abend, jede Nacht.
Grüne Damen gibt es auch,
und es ist ein alter Brauch,
daß sie sich im Haus verteilen,
jeden Donnerstag verweilen.
Mal im Freien, mal im Zimmer,
liebenswürdig sind sie immer,
kochen Kaffee, holen Kuchen,
den kann schlemmend man versuchen.
Und was jedem so gefällt:
Liebesdienste ohne Geld!
Wo doch Geld so wichtig ist,
lieben – ohne Geld – als Christ!

Margarete Gebhard, Heimbewohnerin
im Gottlob-Weißer-Haus
und Vorsitzende des Heimbeirats

Ist so Nachtdienst im Gottlob-Weißer-Haus?

Wenn um 20 Uhr der Dienst für eine Nachtwache beginnt, ist es das erste, daß sie ihren Korb mit den Eßwaren auspackt und einen Stapel Zeitschriften bereitlegt; auch die Handarbeit, die in dieser Nacht noch fertig werden soll, darf nicht fehlen. Dann sucht sie sich einen bequemen Sessel, legt die Beine hoch und deckt sich mit einer warmen Decke zu. Mit der Fernbedienung wird der Fernseher eingeschaltet. Als letztes stellt sie den Wecker auf morgens um 6 Uhr. So wird sie gerade ausgeschlafen und munter sein, wenn der Tagdienst zur Übergabe kommt.

So ähnlich stellen sich oft Außenstehende die Arbeit einer Nachtwache vor. Sie wissen nicht, daß Wachen, Behüten, Pflegen und für Sicherheit sorgen dauernde Präsenz erfordert. Das Erste beim Nachtdienstbeginn ist die gründliche Information durch den Tagdienst über das Ergehen der Bewohner. Nicht nur über das körperliche Befinden wird berichtet,

Nachtwachenidylle vergangener Tage im Hochhaus

sondern auch, ob Aufregendes oder Anregendes geschehen ist. Diese Information ist sehr wichtig, sie ermöglicht der Nachtwache den einfühlsamen Anschluß ans Tagesgeschehen. Wenn sie dann ihren ersten Rundgang macht, erlebt sie blitzartig verschiedenste Stimmungen. Da sprudelt jemand über vor Freude und muß sich vor dem Schlafengehen unbedingt noch mitteilen, da ist jemand in großer Sorge um Angehörige. Jemand hat etwas verlegt und man beginnt zu zweit zu suchen, oder es wartet jemand, daß man zusammen noch ein Abendgebet spricht. Bei diesem ersten Rundgang mit gleichzeitigem Austeilen der Nachtmedikamente wird die Nachtwache „auf die Minute" erwartet. Wenn alle Bewohner gut versorgt sind, kommen Arbeiten in Küche, Dienstzimmer und Pflegeraum dran.

So wird es meist zwischen 23 und 24 Uhr, bis die Nachtwache zum ersten Mal eine Pause machen kann und sich mit Essen und Trinken stärkt.

Nicht jede Nacht ist hektisch, dann schleichen die Stunden und es will nicht Morgen werden. In dieser Pause suchen wir das Gespräch mit den Kolleginnen zum Erfahrungsaustausch. Es tut auch ganz gut, einfach jemandem über seine schmerzenden Füße berichten zu können. Auch während der Pause sind wir mit einem Ohr an der Klingel, damit wir im Notfall gleich wieder präsent sind.

Aber die Nachtarbeit geht weiter, im nächsten Zimmer kann jemand nicht schlafen, er hat Angst und braucht Bestätigung und Zuspruch, daß alles in Ordnung ist und es vielleicht nur ein böser Traum war. Wieder einem anderen Bewohner geht es schlecht und man schaut in regelmäßigen Abständen nach ihm, reicht etwas zu trinken, schüttelt das Kissen auf und gibt ihm beruhigenden Zuspruch. Gegen Morgen macht die Nachtwache noch einmal eine Runde durch die Zimmer. Wer naß liegt, wer einen neuen Verband braucht, wer Frühaufsteher ist – alle werden versorgt. Soll jemand aus medizinischen Gründen viel trinken, bekommt er den ersten warmen Tee ans Bett serviert. Ist das nicht ein Service? Für jede der Nachtwachen ist es selbstverständlich, ihre Schutzbefohlenen gut zu behüten und zu betreuen. Jede von uns könnte viele Geschichten über ihre Erlebnisse mit den Heimbewohnern erzählen. Letzte Arbeit ist, die am Abend verschlossenen Haustüren aufzuschließen und dem Tagdienst eine umfassende Übergabe zu geben. Nichts darf vergessen werden.

Mit den Gedanken: Hab ich auch alles richtig gemacht? – sinkt die Nachtwache nach 10stündiger Arbeit wohlverdient ins eigene Bett. So ist Nachtdienst!

Rosemarie Schmid, seit 1992 im Diakoniewerk, Käthe Maurer, seit 1979 im Diakoniewerk, Elfriede Gradl, seit 1979 im Diakoniewerk, Nachtwachen im Gottlob-Weißer-Haus

Tagsüber sieht man sie kaum: die Nachtwachen der Wohn- und Pflegestifte

Wo man singt,
da laß Dich ruhig nieder

„Wissen Sie, daß wir einen Kantor am Diak haben?" Die Frage könnte man sicher vielen stellen und würde nur verständnisloses Schulterzucken ernten. Diesen Beruf gibt es nur einmal im Diak. Man hört ihn mehr, als daß man ihn sieht. Fragen Sie doch mal anders, zum Beispiel so: „Wie war das Nachspiel der Orgel am Sonntag? Was hat er bei der Andacht am Schluß gespielt? Welchen Kanon hat er beim Freundeskreis-Nachmittag mit den Gästen gesungen?" Oder: „Hast Du die Geburtstags-Stücke gehört, die er der Oberin komponiert hat?" Es ist das Los des Kirchenmusikers, daß von seiner

Festliches Musizieren beim Oberinnen-Wechsel im Januar 1995

Jeden Donnerstag probt die Singgemeinde im Kapellensaal

Arbeit nur das Endprodukt bekannt ist. Voraus gehen Mühsal und Schweiß, die jeder auf sich nehmen muß, wenn er in künstlerischen Bereichen wirksam sein will. Keiner zählt die Stunden, die der „Tastendrücker" auf der Orgelbank zubringt oder im Arbeitszimmer Noten wälzt. „Noten wälzen" bedeutet, das richtige Notenmaterial zu suchen, wobei viele Gesichtspunkte beachtet werden müssen: Anlaß, Zusammensetzung des Chores, des Orchesters, Schwierigkeitsgrad und Zeitraum der Übungsmöglichkeiten.

Vor allem in der Singgemeinde kommt das

"Noten-Wälzen" zur Geltung. Donnerstag abends treffen sich im Kapellensaal etwa 50 Sängerinnen und Sänger, um Feste, Feiern, Gottesdienste und Konzerte vorzubereiten. Einmal oder zweimal im Jahr wird dann "etwas Größeres" geprobt, wie im letzten Jahr z. B. das Weihnachts-Oratorium. Ansonsten findet die Arbeit mehr im Hintergrund statt, im ewigen und immer wieder neuen "Vorbereitungsstadium". Da heißt es vor allem: Diak-Leute zum Mitmachen einladen, zum Mitsingen in der Singgemeinde, zum Mitmusizieren im Orchester oder Flötenkreis, zum Sich-Erleben außerhalb des Arbeitsalltags bei Festen, Gottesdiensten, Jubiläen, Mitarbeiterfeiern usw.

Ein angenehmer Nebeneffekt: Man hört und liest vom Diak auch mal, wenn es nicht nur ums Kranksein geht. Kirchenmusik als Teilbereich der Öffentlichkeitsarbeit nimmt hier einen weiten Raum ein. Alle Veranstaltungen werden über den Hausrundfunk für Patienten und Bewohner live gesendet. Besonders eifrige Zuhörerinnen sind da die Schwestern des Feierabendhauses und der Heime, die dem Diak angeschlossen sind.

"Wo man singt, da laß Dich ruhig nieder, böse Menschen haben keine Lieder", ein Motto, das vielleicht schon immer mit der Musik verbunden ist und vor Jahren dazu führte, daß im Diak ein Kirchenmusiker angestellt wurde.

Ernst Günter Hillnhütter, Kantor, im Diakoniewerk seit 1987

Sport im Diak

Sport und Krankenhaus – die ersten Gedanken bei dieser Kombination sind eher Bänderdehnung, Schulterprellung, Muskelfaserriß oder gar ein gebrochenes Schienbein. Doch nur wenige wissen, daß Sport im Diakonie-Krankenhaus auch aktiv betrieben wird, wobei hier allerdings nicht auf das tagtägliche Treppensteigen noch auf den Spurt des Bereitschaftsarztes zum Rettungswagen näher eingegangen werden soll. Und es existiert auch nicht einzig und allein als Sportart die für Krankenhausmitarbeiter wichtige und praktische Rückenschulung.

So blüht schon jahrelang ein kleines Pflänzchen im Verborgenen – das Diak-Fußballspiel am Montagabend. Gespielt wird im Sommer auf einigen öffentlichen Plätzen im Schwäbisch Haller Stadtgebiet, im Winter steht glücklicherweise eine Halle im Sonnenhof zur Verfügung.

Schauplatz – Fußballplatz hinter dem Waldfriedhof: Sechzehn durchgeschwitzte Gestalten, manche Patienten würden wohl kaum ihren behandelnden Arzt oder betreuenden Pfleger wiedererkennen, tummeln sich auf dem holprigen Rasen. Plötzlich setzt nach einem langen Steilpaß von Zivi Jochen Arzt Bernd zu einem furiosen Spurt an, umkurvt gelenkig Pfleger Martin mit dem Ball und will schon auf den Torwart, Krankenpflege-

Die Diak-Fußballmannschaft beim Turnier

schüler Tobias, zustürmen, als sich ihm die flinke Schwester Anke noch in den Weg stellt und ihm den Ball wegspitzelt. Frustriert nörgelt Praktikant Stephan hinten mit dem Arzt, daß er nicht abgespielt hat, doch das ist schnell vergessen, da gerade Krankengymnast Jürgen und der ehemalige Pfleger und jetzige Student Armin zusammenprallen. Ehrensache, daß Armin sein Foul zugibt! Den fälligen Freistoß setzt Röntgenassistent Ernst zur allgemeinen Erheiterung ‚in die Wolken', und die Ballsuche bringt eine willkommene Pause zur Erholung und zum schnellen Austausch interessanter Neuigkeiten.

So ähnlich spielen sich normalerweise viele Szenen am Montagabend ab, doch hin und wieder findet auch einmal ein Kräftemessen mit anderen Hobbyfußballmannschaften oder ein sportlicher Vergleich mit dem Kreiskrankenhaus Öhringen statt. Höhepunkte sind natürlich die sogenannten Gerümpelturniere im Haller Umkreis oder das Krankenhausturnier in Melsungen.

Dorthin fährt man – im neu vom Diak gestifteten lila-gelben Dreß – weniger der mageren Resultate, sondern mehr des Gemeinschaftserlebnisses wegen jedes Jahr für ein Wochenende. Mitspielen darf, wer kommt: Mitarbeiter aus allen Bereichen des Krankenhauses, aber auch Freunde und ehemalige Beschäftigte des Diaks sind vertreten, mitunter sogar einige unerschrockene Krankenschwestern, deren Können manch einen ihrer männlichen Kollegen überrascht. Da verschwinden Etiketten und Titel, Rollen auf Station werden abgelegt, und man lernt den Mitspieler auf einmal von einer ganz neuen Seite kennen. Beziehungen werden persönlicher, was auch zur Folge hat, daß der Umgang bei der täglichen Arbeit im Krankenhaus auf einfache Weise kollegialer und vertrauter wird.

Ohne Schiedsrichter muß es natürlich einigermaßen fair auf dem Spielfeld zugehen, und Rücksicht ist ja aufgrund der beruflichen Erfahrung sowieso oberstes Gebot. Und nicht zuletzt spricht für den Teamgeist, wenn noch nach über zehn Jahren immer wieder ehemalige Diak-Mitarbeiter Montag abends zu einem „Kick" und danach natürlich zum Erzählen und Ausgehen nach Hall kommen. Bleibt zu wünschen, daß man sich weiterhin fröhlich auf dem Fußballplatz trifft und nicht „beruflich" auf der Unfallchirurgie miteinander zu tun bekommt.

Gerald Koch, Krankenpfleger,
im Diakoniewerk seit 1987

Auf der grünen Wiese …

Ein schöner Ausflug

„Mami, Mami, morgen machen wir einen Ausflug!" sagte ich zu meiner Mama, als sie mich vom Kindertagheim abholte. „Soso," meinte sie, „dann werden wir also Deinen Rucksack packen." Oh, wie ich mich freute!

Da fällt mir ein, ich muß mich ja vorstellen: Also, ich heiße Laura, bin 5 Jahre alt und eines von 25 Kindern im Diak-Kindertagheim. Gell, ich habe viele Freunde! Die meisten sind jünger als ich, manche sind erst ein Jahr alt. Aber stellt Euch vor, mein Freund Philipp kommt sogar schon bald zur Schule. Unsere Mamas oder Papas arbeiten im Diak, manche auch woanders.

Aber ich wollte Euch ja vom Ausflug erzählen. Der war toll! Morgens schon, gleich nach dem Aufstehen, bin ich zum Fenster gerannt und – ich wußte es – die Sonne ließ uns nicht im Stich! Bestimmt war das Wetter deshalb so schön, weil ich den lieben Gott gestern abend ganz fest darum gebeten hatte. Jetzt beschloß ich, schon mal ganz leise ins Bad zu gehen und mich fertig zu machen. Mama würde sich bestimmt freuen, wenn ich heute ganz schnell startbereit wäre. Und so war es. Wir packten ein gutes Vesper in meinen Rucksack; sogar zwei Knackwürstchen. Ob ich die wohl schaffen würde? Außerdem etwas zu trinken und einen großen Apfel mit roten Backen – wie beim Schneewittchen.

Endlich war Mama auch soweit, und wir fuhren los ins Kindertagheim. Ach, die Fahrt dauerte mir heute viel zu lange.

Einige Kinder warteten schon und hatten auch ihre Rucksäcke mitgebracht. Philipps Rucksack war ganz schwer; naja, er ist ja auch der Größte. Unsere fleißigen Betreuerinnen hatten schon Holzkohle, Würstchen, Windeln für die ganz Kleinen, Pflaster für Wehwehs, die ganz bestimmt kommen würden, und Geld (vielleicht für ein Eis??) zusammengepackt und in einem alten Kinderwagen verstaut. Als alle Kinder da waren, ging's endlich los. Zuerst mußten wir eine kurze Strecke zu Fuß gehen zur Bushaltestelle. Mit dem Bus fuhren wir vom Diak in die Stadt; dort stiegen wir mit Sack und Pack gleich um in den Bus nach Hessental. Das Busfahren machte riesigen Spaß. Der Fahrer hat sich bestimmt auch gefreut über die vielen Kinder, denn so eine lustige Rasselbande fährt er sicher nicht jeden Tag spazieren. Am Bahnhof in Hessental stiegen wir aus. Wie es wohl weiterging? Philipp hatte es schnell erraten: „Ich hab's, wir wandern auf den Berg mit dem Turm; das ist der Einkorn!" Jemand sagte etwas von einem tollen Spielplatz da oben, und so legten wir gleich ordentlich mit Laufen los. Unsere Betreuerinnen wollten uns wegen der kleineren Kinder etwas bremsen. Zuerst taten wir, als hörten wir es nicht, aber schon bald waren wir ganz von allein nicht mehr die Schnellsten. Es ging langsam bergauf, und vom Rennen mußte ich schnaufen wie eine alte Dampflokomotive. Auch mein Rucksack wurde mir langsam zu schwer, aber keiner wollte ihn mir abnehmen. Den anderen ging es auch so, und wir fingen an, ein bißchen zu meckern. Da meinten unsere Betreuerinnen: „Vielleicht sollten wir doch lieber zurückgehen, nicht daß es den Kindern zuviel wird?!" Aber da gab es lautstarken Protest, und bald waren wir auch schon da! Alle Müdigkeit verflog, und wie der Wind hatten wir alle Spielgeräte belegt. Das war ein Klettern, Schaukeln, Wippen,

Ein Picknick ist angesagt – Hunger und Durst sind groß

Hält der Luftballon oder platzt er?

Springen und – manchmal gab es auch etwas Streit. Am liebsten hätten wir nämlich alles auf einmal gemacht. Die kleineren Kinder hielten sich da raus; sie schauten lieber nach den Ziegen und Enten. Unsere Betreuerinnen hatten schon mal das Grillfeuer angemacht, und da verspürten wir richtigen Heißhunger auf Würstchen.

Philipp sagte, er hätte fünf Würstchen dabei und wollte sie alle aufessen, aber das glaubte ich ihm nicht. Wir packten alle unsere Würstchen aus und die Großen legten sie auf den Grillrost. Das war ein

Beim Mittagsschlaf

Knacken und Brutzeln und ein leckerer Duft. Die Würstchen sahen bald wie Schweinchen aus, weil sie auf beiden Seiten eingeschnitten waren. Endlich waren sie fertig! Wir schafften sogar ziemlich viele. Die Betreuerinnen meinten, unser Appetit käme von der frischen Luft. Ich frage mich nur, ob Philipp nicht genug frische Luft bekam, weil er seine fünf Würstchen nicht schaffte. Aber ich hab's ja gleich gewußt. Nach dem Essen wollten wir sofort auf den Turm; jetzt hatten wir ja wieder Kräfte. Aber die Kleinen, die schliefen einfach ein. Sie brauchen eben noch ihren Mittagsschlaf. Damit sie ihre Ruhe hatten, durften wir auf den Turm steigen. Da hatte man eine tolle Aussicht und viel frischen Wind dazu. Das wäre auch ein gutes Versteck da oben. Dann stiegen wir wieder hinab, weil unsere Betreuerinnen noch Spiele mit uns machen wollten. Das Luftballonspiel war das beste von allen. Man mußte sich so fest drücken, bis der Luftballon am Bauch platzte! Nach den Spielen gab es als Überraschung ein Eis. Ach, es war so richtig schön. Aber gerade da meinten unsere Betreuerinnen, wir müßten zusammenpacken und an den Heimweg denken. Unsere Rucksäcke mußten wir wieder selber tragen, aber jetzt waren sie ja leicht. Für den Rückweg hatten wir uns im Wald einen Stock gesucht. So ging es ganz gut bergab. Ich glaube, die kleinen Kinder waren ziemlich müde. Aber ich nicht, na, vielleicht ein bißchen. Als wir nach der Busfahrt wieder im Kindertagheim ankamen, warteten schon ein paar Mamas auf uns. Es war einfach ein toller Tag. Das hat Philipp auch gesagt. Morgen jedenfalls werde ich unsere Betreuerinnen fragen, wann wir den nächsten Ausflug machen.

Diakonische Schwester Cornelia Foeckel, Leiterin des Kindertagheims, im Diakoniewerk seit 1979, läßt Laura erzählen

Schwester Evas Tonfiguren

Alle Jahre wieder werden in unseren Häusern zur Adventszeit Krippenfiguren aufgestellt. Jeder bewundert diese kleinen Ausstellungen. Der Name der Künstlerin bleibt aber meist unbekannt. Sie heißt Schwester Eva Szörösi und erzählt:
Die Handfertigkeit ist ein Erbstück von meinen Eltern. Das Modellieren habe ich nicht gelernt, ich habe auch keine Kurse besucht, die Veranlagung war einfach da. Schon als Dreijährige habe ich mit den Händen gewerkelt, und wenig später machte ich unter Mutters Anleitung die

Eines der zahlreichen Kunstwerke aus Ton, „die Heilige Familie", entstanden vor wenigen Jahren

ersten Versuche mit dem Nähen von Puppenkleidern. In Erinnerung habe ich noch besonders die Mäntel und Kleider in vielen bunten Farben, welche ich für meine Puppen genäht habe. Ich war ein fröhliches und munteres Kind. Nie bin ich ohne meine gut angezogene Lieblingspuppe Berta zur Kirche gegangen. Am schönsten ist es gewesen, wenn die Großmutter aus der großen Bilderbibel vorgelesen hat und anschließend gemeinsam die Bilder angeschaut wurden. Vielleicht wurde hier die erste Anregung für die spätere künstlerische Arbeit gelegt. 1933 wurde ich Diakonisse im Mutterhaus Novi Vrbas in Jugoslawien. Als Schwester fing ich an, Seidenbändchen als Buchzeichen zu malen. Viel Zeit gab es nicht, eine junge Schwester hatte nach damaligem Verständnis wichtigere Dinge zu lernen, fürs Leben und den Dienst der Liebe. Ich wurde als Kindergärtnerin ausgebildet, man höre und staune, damals gab es „nur" Hausexamen. 6 Jahre konnte ich fröhlich und unbeschwert mit den Kindern basteln und spielen. Doch eines Tages wurde ich aus der Beschaulichkeit herausgehoben und erneut auf die Schulbank geschickt. Das Erlernen der Krankenpflege stand auf dem Plan, und zwar im Diak in Schwäbisch Hall, aus dem eine der Oberinnen für Novi Vrbas gekommen war. Nach dem Examen widmete ich mich über 20 Jahre der Krankenpflege für Erwachsene, vorwiegend in Krankenhäusern in Ungarn, bedingt durch Krieg und Nachkriegszeit. Während dieser Zeit war auch Gelegenheit für einen einjährigen Kurs zur Erlernung der Pflege von Frühgeborenen. Ab 1963 betreute ich im Kinderheim Wilhelmsglück die Säuglinge. In den Jahren 1968/69 ging die Aufnahme der Säuglinge stark zurück. Von 1971 bis 1972 betreute ich eine Kleinkindergruppe im Kinderheim Wilhelmsglück. Für diese Kinder gestaltete ich meine erste Krippe aus Lehm. Das Material fand ich auf dem Acker vor dem Haus. Aus Liebe wollte ich den Kindern etwas Schönes zu Weihnachten schenken. Mein Grundgedanke dabei war das Bibelwort: „Denn so sehr hat Gott die Welt geliebt, daß er seinen einzigen Sohn dahingab, damit alle, die an ihn glauben, nicht verloren gehen, sondern das ewige Leben haben." Daraus sind alle meine Krippenfiguren hervorgegangen.

Diakonisse Eva Szörösi, im Diakoniewerk von 1937–1940 und seit 1963, heute im Ruhestand

Feierabendschwestern: mit Rat und Tat zur Seite

1995 dachten wir alle besonders häufig 50 Jahre zurück: an das Kriegsende, an die Jahre davor und auch danach. In dieser Zeit kamen die jetzigen Feierabendschwestern ins Haller Mutterhaus. Wir waren bereit, unser Leben für kranke und hilfsbedürftige Menschen einzusetzen. Dafür wurden wir ausgebildet: fachlich für den Dienst im Krankenhaus hier und auswärts (einschließlich Wochen- und Kinderpflege), für die Gemeindekrankenpflege, für den Dienst an geistig behinderten und alten Menschen. Einzelne Schwestern übernahmen auch Aufgaben in der Verwaltung und in der Hauswirtschaft. Zum Tagesanfang gehörte die „Stille Viertelstunde" vor der gemeinsamen Morgenandacht: persönliches Bibellesen und Gebet,

Beim 104. Geburtstag der Diakonisse Emma Weller gratulieren Pfarrer Manfred Jehle und Alt-Oberin Margarete Zeuner

Diakonisse Angelika Dick wohnt im Feierabendhaus

im besonderen für unser Werk – seine Leitung und alle Aufgabenbereiche. Wir wuchsen in den Jahrzehnten unseres Dienstes hinein in Berufserfahrung und Mitverantwortung – zusammen mit der Schwesternschaft und den Mitarbeitern. Das hat uns geprägt bis in unsere Feierabendjahre, die wir überwiegend hier in unserer Heimat, im Diakoniewerk, verbringen. Der früher große Kreis der Diakonissen hat sich integriert in die „Gemeinschaft der Haller Schwestern und Pfleger". Die Zahl der Diakonissen ist klein geworden, nur noch wenige Schwestern stehen im aktiven Dienst. Darum sind wir froh über die wesentlich größere Zahl der „Diakonischen Schwestern und Pfleger". Die meisten Feierabendschwestern sind im Alter zwischen 65 und 90 Jahren. Daß die Kräfte im Alter abnehmen und die Pflegebedürftigkeit zunimmt, ist relativ häufig. Jede Schwester, die noch selbständig sein kann, ist dankbar – jede, die Hilfe nötig hat und empfängt, ebenso. Der Dank gilt in erster Linie Gott, der uns führt und begleitet – der Dank gilt aber auch der Schwesterngemeinschaft, die trägt und Fürbitte übt. Uns Feierabendschwestern wird vieles abgenommen, was sonst eine Ruheständlerin selbstverständlich zu tun hat! Wir setzen uns täglich an den gedeckten Tisch, unsere Wäsche wird gewaschen, beim Großputz können wir tatkräftige Hilfe bekommen. Deshalb sind wir, wenn wir das wollen und soweit unsere Kräfte reichen, frei für andere Aufgaben. Es erfüllt uns mit Befriedigung, daß wir so in den Aufgabenbereichen unseres lieben Mutterhauses noch ein wenig mithelfen können. Dazu gehört: für die Mahlzeiten den Tisch decken, das Essen auftragen, beim Abwaschen helfen; Blumen richten und pflegen, die Räume auch durch Bilder und anderes zu einer schönen Heimat werden lassen. Weiter können wir noch teilweise im Krankenhaus und Altenhilfebereich Einzelnen behilflich sein durch Essen und Trinken geben, auch Medikamente verabreichen, helfen bei ärztlicher Verordnung, mit anderen spazierengehen oder sie im Rollstuhl fahren – und, wenn nötig, bei Schwerkranken und Sterbenden wachen. Tun das alles Ruheständlerinnen, müssen sie soviel schaffen? Ja – aber wer angefragt und gebeten wird, darf selbstverständlich Ja oder Nein sagen – so wie eine gute Großmutter oder der Großvater in einer Familie oder die Tante! Und selbstverständlich werden wir Feierabendschwestern auch zur Hilfe in der eigenen Familie herangezogen! Im Alter noch helfen dürfen und Dankbarkeit dafür empfangen, macht die Tage sinnvoll. Und Freuden

Diakonisse Emma Seuferlein und Diakonisse Marie Stapf, 90 und 96 Jahre alt. Wenn die Augen nicht mehr mittun, findet sich eine Vorleserin.

sollen gewiß auch Platz haben! Freuden? Wer hat nicht Freude am Blumenpflücken, an der Pflege eines Gartenlandes, am Vorlesen, an Halma oder anderen Spielen. Miteinander treiben Feierabendschwestern Gymnastik, gehen zum Schwimmen. Es gibt Ausflugstage im Frühsommer und Herbst, Freizeittage, Konzerte in unserer Auferstehungskirche, Vorträge, Konferenzen und Geburtstagseinladungen im kleinsten und im großen Kreis. Einzelne Schwestern begleiten am Klavier das Choralsingen, tun Mesnerdienst oder sitzen an einer Pforte, wo sich Gelegenheit zur Auskunfterteilung oder einem kurzen Gespräch ergibt. Auch im Gabenbüro wird Verwaltungsarbeit erledigt und ein Teil des „Blätter"-Versandes. Beiträge zu den Mitteilungsblättern und zum Jahreskalender des Werkes werden erfragt und Hilfe beim Führen der Geburtstagsbüchle für die ganze Mitarbeiterschaft. Die zu Weihnachten verschenkten Losungsbüchle für die Schwestern- und Mitarbeiterschaft werden jedes Jahr mit einer besonderen Karte geziert; das machen Feierabendschwestern aus der Gruppe der Diakonischen Schwestern. Aufgrund von Erfahrung an ärztlichen Schreibtischen und in der Apotheke helfen Feierabendschwestern auch dort. Und schließlich: Über den Hausrundfunk wird jeden Tag um 9.05 Uhr der Morgengruß für Patienten und Heimbewohner gesendet. Eine Schwester lädt Patienten zum Krankengottesdienst ein (einmal in der Woche),

Beim Halmaspielen: Diakonisse Helene Gartner mit einer Heimbewohnerin

holt sie ab, begleitet sie zurück. Wenn keine Abendandacht aus der Kirche übertragen wird, helfen Schwestern beim Gruß über den Hausrundfunk. In aller Stille wird das tägliche Mittagsgebet von einer Gruppe von Feierabendschwestern gehalten. Hier werden im Lauf der Woche die Anliegen innerhalb des Diakoniewerkes und darüber hinaus in die Fürbitte aufgenommen. Beteiligen sich nicht die Feierabendschwestern mit einem wesentlichen Anteil am Gemeindeleben unseres geliebten Diakoniewerkes? Morgenandacht, Tischgebet und Bibelarbeiten in verschiedenen Häusern sind „Leitfäden". Eine besondere Frage wurde von einer Schwester an eine todkranke Schwester gestellt: „Freust Du Dich aufs Heimgehen?" – „Ja, ich freue mich." – „Sagst Du bitte Grüße an die, die mit mir befreundet waren und vorausgegangen sind?" - „Wenn ich sie sehe und wiedererkenne, dann gerne. Gelt, an …".

Auch beim Jahresfest sind die Feierabendschwestern aktiv: Diakonisse Anne Kochendörfer

Diakonisse Dora Betz, im Diakoniewerk seit 1947, Oberin von 1979 bis 1987, heute im Ruhestand

Begegnungen durch fünf Jahrzehnte

„Alles wirkliche Leben ist Begegnung", sagte der jüdische Religionsphilosoph Martin Buber. So gesehen ist auch mein eigenes Leben nichts anderes als die Geschichte meiner Begegnungen. Die eindrücklichsten waren meist nicht die bei besonders wichtigen Anlässen, sondern die ganz alltäglichen. Sie haben geprägt, Zuneigung und Abneigung geweckt, erschüttert und ermutigt, traurig oder froh gemacht. Viele wirkten auch zurechtbringend und wegweisend. Davon möchte ich ein wenig erzählen. Im Herbst 1945 trat ich als Krankenpflegeschülerin in die damalige Diakonissenanstalt Schwäbisch Hall ein. Im Bombenhagel und unter Artilleriebeschuß war mein Lebensplan gereift. Sollte ich davonkommen, wollte ich nicht mehr für mich, sondern für andere da sein. Ich wollte praktisch helfen und dadurch etwas für den Frieden zwischen Menschen tun.

Die Krankenpflegeausbildung machte mir viel Freude, brachte aber auch mancherlei Erschrecken und Angst mit sich. Wie werde ich dem allem gewachsen sein? Da waren die vielen unheilbar kranken Menschen, die Zweifelsfragen der jungen Mutter, die sterben und ihre Kinderschar zurücklassen mußte. „Komm doch bald wieder, wir brauchen Dich", stand es mit ungelenken Buchstaben unter dem bunten Bild, das ihr die Kinder gemalt hatten. In solchen Situationen ging mir allmählich auf, wieviel Menschen einander helfen, wie sie sich gegenseitig aufmuntern und stützen.

Die Operationsschwester der HNO-Abteilung erlebte ich besonders hilfreich. „Ich tauge nicht zur Krankenschwester", hatte ich ihr erklärt, nachdem es mir bei der ersten Operation schlecht geworden war. Sie nahm das scheinbar gar nicht zur Kenntnis, erzählte aber, daß sie seit 15 Jahren hier arbeite, obwohl der Arzt sie zunächst ganz ablehnte, weil sie dreimal „schlapp gemacht" hatte. So war es für sie gar keine Frage, daß ich mich zur nächsten Operation richten mußte. Mir aber war „wind und weh". Sie spürte das. „Also, Schwester Gisela, wir machen's jetzt so, daß wir uns immer wieder einmal kurz anschauen und dabei denken: Wir wollen helfen. Sie werden merken, daß alles gut geht." Es ging gut. Mich aber begleitet dieser kleine Satz nun schon durch Jahrzehnte. Er hat sich, nicht allein für mich, bis heute bewährt. Wäre mir Schwester A. damals nicht so energisch und doch einfühlsam begegnet, so hätte ich wieder aufgehört, ehe ich angefangen hatte.

Sehr nachdenklich machte mich damals auch das Verhalten eines Chirurgen. Er behandelte einen Patienten, dessen Knochenbruch nicht heilte. Obwohl psychosomatische Ursachen damals kaum

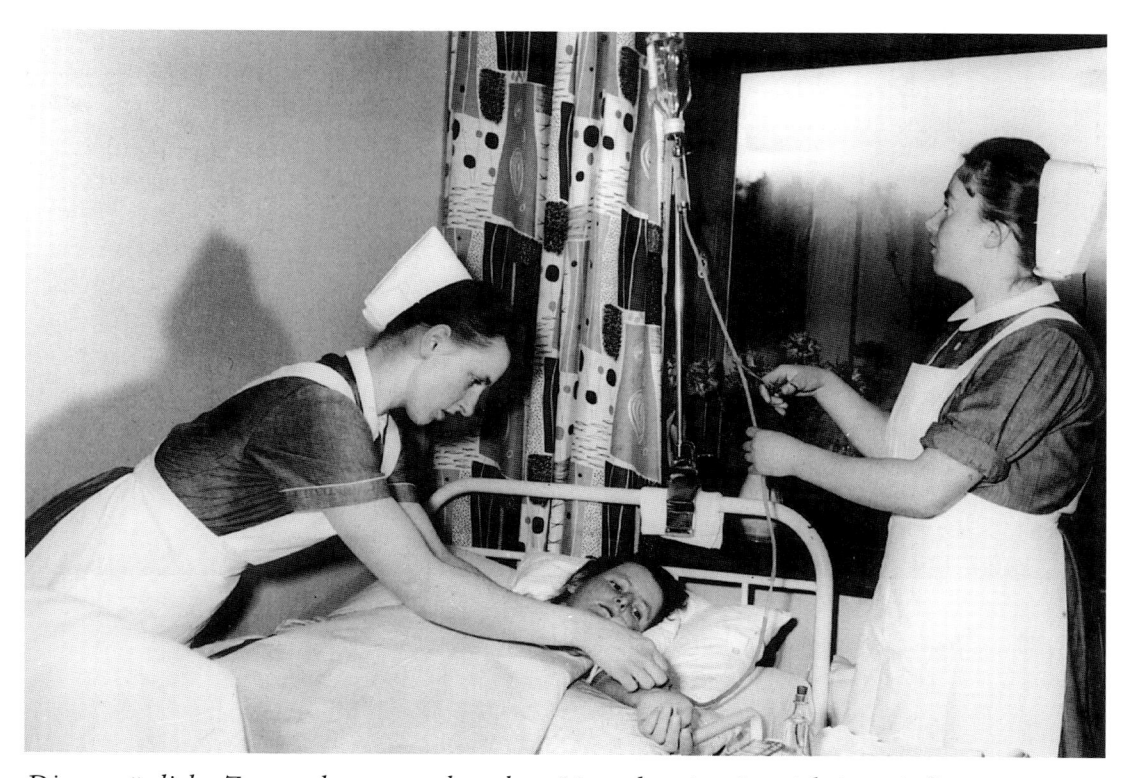

Die persönliche Zuwendung zum kranken Menschen ist ein wichtiges Anliegen – damals wie heute

Die Stationsschwester Diakonisse Johanna Müller beim Kurvenschreiben ca. 1965

Visite auf der Inneren Abteilung mit Chefarzt Prof. Dr. Heißmeyer und Dr. Wink vor einigen Jahren

bekannt waren, fragte er den Mann nach den Verhältnissen daheim. Dabei kam heraus, daß die Familie völlig zerstritten war. Der Arzt nahm sich Zeit, mit den Angehörigen zu sprechen. Wider alles Erwarten versöhnten sie sich und der Patient wurde erstaunlich schnell gesund. Eine andere Begegnung war heilsam im Blick auf Vorurteile. Meine neue Stationsschwester war gefürchtet. Es ging das Gerücht um, sie sei ungerecht und schimpfe den ganzen Tag. Kein Wunder, daß ich innerhalb der ersten halben Stunde eine Flasche, den Trichter für eine Magenfistel und ein Thermometer fallen ließ. Glücklicherweise begriff ich, daß die Unheilserie nur durch das sofortige „Geständnis" eingedämmt werden konnte. Ich fand Schwester G. in einem Mehrbettzimmer, wo sie zusammen mit einer Schülerin Betten abzog, um sie auszuwaschen und für die nächsten Patienten herzurichten. Das gefiel mir. Noch mehr allerdings, daß sie sich ruhig anhörte, was ich alles zerbrochen hatte, und dazu nur sagte: „Gern haben Sie das nicht getan. Gehen Sie weiter." Damit begann eine Zusammenarbeit, durch die ich bei einer strengen, aber gerechten Stationsschwester in fachlicher wie in menschlicher Hinsicht viel gelernt habe. Wir blieben einander bis zu ihrem Lebensende von Herzen zugetan.

Seither habe ich noch oft erfahren, wie spannend es ist, hinter einer rauhen Schale nach dem süßen Kern zu suchen, und wie frohmachend, ihn zu finden. Immer gelingt das nicht. Damit kann ich am besten umgehen, wenn ich versuche, hinter jedem Menschen, der mir begegnet, Jesus zu sehen. Durch ihn kann ich mich dem anderen zuwenden, mich ihm öffnen, versuchen, ihn zu verstehen. Durch ihn kann ich mich hinterfragen und korrigieren lassen. Durch ihn können wir das tun. Durch ihn einander zurechthelfen, trösten und begleiten.

Am Sterbebett einer 40jährigen Mitschwester begegnete mir deren Mutter. Sie war mit der einzigen Tochter besonders eng verbunden. Ihr Leid war unsagbar, versteinert saß sie da. Auch mir blieb jedes Wort im Hals stecken. Hiob fiel mir ein. Dabeibleiben wollte ich, die beiden wenigstens Nähe spüren lassen. „Herr, ich kann nicht, hilf doch bitte", schrie es in mir. Lange saßen wir Hand in Hand, zutiefst aufgewühlt. Aber dann waren da auf einmal Worte aus dem 23. Psalm: „Und ob ich schon wanderte im finstern Tal, fürchte ich kein Unglück; denn du bist bei mir." Seine Nähe war spürbar.

Gemeinsam beteten wir bis zum Schluß: „Und ich werde bleiben im Hause des Herrn immerdar." Ein heller Lichtschein durchbrach die Dunkelheit. Wir wurden still. Friedlich lag die Sterbende da. Ein paar Monate später besuchte ich mit der Mutter das Grab auf dem Schwesternfriedhof. Erste Frühlingsblumen blühten, Vögel zwitscherten, Sonnenschein lag über den Gräbern. Erstaunlich, wie sich Frau D. darüber freuen konnte. Nach und nach sprach sie auch von dem, was so sehr schmerzte. Das Hergebenmüssen, das Alleinsein, das Heimweh dessen, der alles verloren hat. Dann aber, beinahe zögernd und doch unvermittelt: „Ich glaube, Sie ahnen gar nicht, wieviel Sie mir damals geholfen haben." Wie sollte ich auch! Jetzt standen wir miteinander unter dem Kreuz, dem Zeichen dessen, der dem Tod die Macht genommen und das neue Leben geschenkt hat. Er selbst hatte getröstet und aufgerichtet. Dafür konnten wir danken und ihm die Zukunft überlassen.

Peter begegnete mir während meiner Zeit als Gemeindeschwester. Er war drei Jahre, lag aber schlaff und kraftlos in seiner Sofaecke. Der kleine Körper mit den zarten Gliedern war so zerbrechlich, daß er ganz leblos schien. Dennoch lag ein heller Schein über ihm. Der Bub hatte dunkelbraune, wache und leuchtende Augen. Sie spiegelten etwas wider von dem, was in ihm lebte. Er konnte zuhören, sprechen und fragen. Gerade jetzt beobachtete er ganz aufmerksam die ersten Gehversuche seines Schwesterchens. Kein Neid war spürbar. Er lachte mit der Kleinen.

Beide Kinder wuchsen bei den Großeltern auf. Auch sie hörten die Geschichten gern, die ich Peter während der Morgenpflege erzählte. Er liebte Märchen, aber die Geschichten von Jesus noch viel mehr. Sie waren ihm näher, denn Jesus segnete die Kinder, stillte den Sturm, heilte Kranke. „Auch ich werde einmal ganz gesund sein", freute er sich oft. Eines Tages sah der Nachbar auf einen Sprung vorbei. In der engen Wohnküche wirkte der stattliche Mann beinahe bedrohlich, wie ein Nichts ihm gegenüber das kranke Kind. Gutmeinend, doch hoffnungslos sagte er. „O Kerle, Dir kann au keiner me helfa!" Die Worte fielen wie Hammerschläge. Jeder traf. Erschrocken und hilflos sahen wir einander an. Ich versuchte, den Kleinen in meinen Armen zu bergen.

Das unbeschreibliche Unbehagen lastete schwer, als uns Peter überraschend befreite. Mühsam hob er den winzigen Zeigefinger: „Doch, mir kann einer helfen, der dort oben." Wir atmeten auf, erlebten die verändernde Kraft Jesu Christi in der Schwachheit dieses Kindes. „Einer kann helfen", so hatte er vertrauensvoll gesagt. Was auch geschehen mag, daran ändert sich nichts. Das ist in unserer schnellebigen Zeit und angesichts mancher beängstigenden Entwicklungen ein gutes Gefühl. Danke, Peter!

Im Diak-Gelände und seinen Häusern sind die verschiedensten Menschen unterwegs. Wie sie sich begegnen, ob sie sich wirklich begegnen, bleibt spannend. Es hängt ganz vom Einzelnen ab. Auch ich bin immer noch mitten drin. Dadurch erlebe ich vielerlei, erfahre was freut und was bedrückt. Vieles ereignet sich. Das Leben pulsiert. Mancherlei läßt sich wahrnehmen, manches läßt innehalten.

Eines Tages wurde ich im Kinderzentrum Maulbronn überrascht. „Hilf mir, es selber tun", las ich an der Tür zur Montessori-Therapie. Ich stutzte. Die leitende Schwester lachte: „Wissen Sie noch, das haben wir im Pädagogik-Unterricht bei Ihnen gelernt." Ich konnte mich nicht mehr erinnern, aber offensichtlich war die praktische Umsetzung für mich immer noch schwierig.

Und so hört auch das Lernen aneinander und miteinander nicht auf. Auch nicht die Freude über einen freundlichen Gruß, ein ermutigendes Wort, eine teilnehmende Geste! All das ist unabhängig von Stellenplänen und engen Mitteln, unabhängig von dem, was in der modernen Arbeitswelt zu schaffen macht. Und „es kostet kaum Zeit, macht aber glücklich und froh". So wurde mir gesagt, so habe ich es dankbar erlebt, und erlebe es immer wieder. Solche Begegnungen – und viele andere – lassen hoffen, denn sie leben aus der Begegnung mit Gott, der in Jesus Christus nahe ist, damit alle finden können, was sie brauchen.

Diakonisse Gisela Laible,
seit 1945 im Diakoniewerk,
heute im Ruhestand

Das traditionelle Lichtles-Singen findet damals wie heute am 1. Advent im Krankenhaus und in den Heimen statt

Schwäbisch Hall – Indonesien – Eisenach

Im Diak in Schwäbisch Hall war bereits vor 1960 die Krankenpflegeausbildung so konzipiert, daß es nicht schwierig war, die englische Anerkennung zu bekommen. Das war der Hauptgrund, warum ich im Herbst 1961 dort mit meiner Ausbildung begann. Sozusagen nebenher erlebte ich damals eine Form christlichen Lebens und der Gemeinschaft, die mich beeindruckte und ansprach. Der Zyklus der Andachten ist mir gut in Erinnerung: 1961 stand noch das alte Mutterhaus, in dessen Speisesaal wir uns zur Morgenandacht versammelten. Es gab eine genaue Einteilung der Tische mit Sitzordnung. Besonders erinnere ich mich an die Lesung der adventlichen Texte in der Vorweihnachtszeit. Im Krankenhaus gehörte die Morgenandacht noch selbstverständlich an den Anfang des Tages. Sie fand, bevor es Schwesternzimmer gab, in der Stationsküche statt. Mittags, wenn die Glocke läutete, wurde das Friedensgebet gebetet. Die Abendandachten in der Kapelle, später in der Kirche, besuchte ich gern und freiwillig. Dabei wurden mir Lieder, Gebete und Bibeltexte vertrauter, so etwa die Donnerstag-Liturgie des Magnificats. Abends lasen wir Schülerinnen in „unseren" Patientenzimmern eine kurze Andacht. Zuvor hieß es aussuchen, was wohl heute passend sein könnte. Sonntags gab es „kirchfrei", so daß alle bis auf eine den Gottesdienst besuchen konnten (oder schwänzen ...). In der Wochenschlußandacht wurden mehrstimmige Liedsätze gesungen, und auch das monatliche Fürbittegebet ließ ich nach Möglichkeit nicht aus. Ich spürte damals, wie der Glaube etwas Gemeinsames, Verbindendes und Tragendes war. Ich fragte, ob ich Diakonisse werden könnte, auch wenn ich „in die Mission" gehen wollte. Ich konnte.

Über die „Freitreppe" geht's zur Wohnung einer Nomadenfamilie im Hochland Nordost-Sulawesis (1979)

Mit dem Motorrad ist die Anreise in abgelegene Dörfer weniger schweißtreibend und bequemer (1976)

Indonesien: Fehlernährung und Würmer sind der Grund für die großen Bäuche – und doch kann rasch geholfen werden (1979)

1968 wurde ich eingesegnet, und als ich 1969 nach Indonesien ausreiste, war mir das Diak neben dem Elternhaus zur zweiten Heimat geworden. Zuerst arbeitete ich ein Jahr lang in Tumbang Lahang und vertrat dort die Leiterin der Poliklinik, die in Heimaturlaub fuhr. Dann, bis 1973, war ich in Nanga Bulik, wo die Haller Diakonisse Hilde Laidig schon viele Jahre lebte und neben der Poliklinikarbeit einen Reisedienst ausbauen wollte. Im Flußgebiet im Inneren Kalimantans hieß es neue Lebensweisen kennenlernen, im tropischem Klima und in einfachsten Verhältnissen zu arbeiten. Ich mußte lernen zu diagnostizieren und zu therapieren, Geburten – auch komplizierte – ohne Arzt durchzuführen. Ich mußte Entscheidungen treffen, ohne fachlichen Austausch, ich mußte wirklich selbständig handeln. Meine Erfahrungen im fremden Land mit fremder Kultur, fremder Umgebung veränderten mich. Erst später wurde mir bewußt, wie stark mich die Auseinandersetzungen mit Gewohntem und Neuem geprägt haben.

Im zweiten Aufenthalt von 1974 bis 1977 wollte ich selber mehr in die Dörfer gehen und präventiv arbeiten. Mit dem Motorrad oder zu Fuß besuchte ich nun in Westkalimantan die Frauen in ihren Dörfern. Ernährung, Kinderwiegen, Vermeidung der wichtigsten Krankheiten, Basisbehandlungen und Familienplanung, aber auch Gespräche über Bibeltexte sowie das Feiern christlicher Feste gehörten zum Programm. Beim dritten Aufenthalt in Nord-Sulawesi arbeitete ich in der Minahasa-Kirche. In einer Abteilung des Krankenhauses planten wir, anfangs zu viert, Kurse für Frauen, Männer, Gesundheitskader, Dorfhebammen usw. und führten diese in den umliegenden Dörfern, auf anderen Inseln und in unserem Kurszentrum durch. Es war eine reiche und gute Zeit, diese elf Jahre! Viele Kontakte sind geblieben. Indonesien hat mich geprägt und mich erleben lassen, was es bedeutet, zur Zweidrittel-Welt zu gehören. Manches Mal, besonders in den beiden ersten Aufenthalten, fühlte ich mich einsam und unsicher. Da war mir oft die Schwesterngemeinschaft in Hall wie ein Netz, das mich hielt, wenn Bedrängnis oder Angst vor der Verantwortung und Einsamkeit mich überfielen. Zu wissen, daß die Mitschwestern mich in ihre Fürbitte eingeschlossen hatten, war für mich eine große Hilfe! Wenn ich dann zwischendurch in Heimaturlaub kam, fühlte ich mich im Mutterhaus daheim und wohl.

1980 kehrte ich ohne Rückreisevisum nach Deutschland zurück. Ich war voller Spannung und Erwartung, wie mein Leben weitergehen würde. Zuerst hatte ich Gelegenheit, zwei Jahre im „Dienst für Mission und Ökumene" der Landeskirche mitzuarbeiten. Ich wohnte in der Nähe meiner Eltern. Im Mutterhaus hatte ich trotzdem mein festes Domizil, wofür ich sehr dankbar war, denn oft kam ich zu Besuch dorthin, bis ich ab 1982 wieder ganz in Hall wohnte und arbeitete. Seit meiner ersten Ausreise hatte sich das Mutterhaus nicht nur baulich verändert. Durch neue Strukturen, Tarifrechte und vielerlei offene Fragen in der Schwesternschaft und Leitung waren auch im geistlichen und gemeinschaftlichen Bereich viele Veränderungen eingetreten. Und natürlich hatte auch ich mich in all den Jahren, in denen ich in der Fremde heimisch geworden war, verändert. Wir machten es uns nicht immer leicht, blieben aber im Gespräch. Inzwischen war ich seit Jahren Pflegedienstleiterin einer kleinen Sozialstation in der Nähe Stuttgarts und trug mich mit dem Gedanken, nochmals nach Indonesien zu gehen und dort mitzuarbeiten. Bei Gesprächen im Mutterhaus traf ich auf Verständnis und Zustimmung. Als es dann doch nicht klappte, war ich zuerst sehr deprimiert. Ich hatte geglaubt, daß dort noch einmal eine Aufgabe auf mich warte. Ich war bereit, etwas Neues zu beginnen. 1990 sprach ich bei einer Konferenz in Stuttgart mit dem stellvertretenden Leiter des Diakonischen Werkes Thüringen. Dort wurden dringend Pflegedienstleiterinnen für die neu zu gründenden Diakonie-Sozialstationen gesucht. Ich fuhr zu einem weiteren Gespräch nach Eisenach, dann nach Schwäbisch Hall. Das Mutterhaus stimmte zu. Es war klar, daß nach der Wende auch personelle Hilfe im Osten Deutschlands gebraucht würde. So begann ich Ende November 1990 als Referentin für Diakonie-Sozialstationen im Diakonischen Werk Thüringen. Das bedeutete Mithilfe beim Aufbau von 41 Diakonie-Sozialstationen, die im Bereich der Evangelisch-Lutherischen Kirche Thüringen liegen. Mitte 1994 waren dort ca. 600 Mitarbeiterinnen und Mitarbeiter beschäftigt. Meine Erfahrungen aus Indonesien wie Improvisieren, Umbruchsituation, dauernde Veränderungen, einfache Wohn- und Arbeitsplatzverhältnisse, aber auch ein Umgang mit der Einsamkeit, waren für die ersten Jahre hier besonders wichtig. Ich hätte wohl nicht durchgehalten, wenn die Jahre in Indonesien, die mich sehr geprägt hatten, nicht gewesen wären, und die Hoffnung und Erfahrung, daß Gott weiterhilft, auch wenn die Kraft manchmal am Ende scheint. Immer wieder treffe ich Haller Mitschwestern und bin dankbar für deren Teilnahme und Mittragen. Die Besuche in Hall haben einen anderen Charakter bekommen als früher. Gemeinsam sind wir auf einem Weg innerhalb der Diakonie. Vieles hat sich verändert. Manchmal taten die Veränderungen weh. Es ist wie oft in einer Familie. Im Diak ist es schon seit vielen Jahren üblich, daß sich ein kleiner Kreis von Schwestern täglich zum Mittagsgebet trifft. Eine dieser Schwestern berichtete mir von ihren Fürbitten, in die sie mich auch eingeschlossen haben. Sicher ist es ungewöhnlich, daß die Mitglieder einer Schwesterngemeinschaft allein und in größerer Entfernung arbeiten, deshalb heißt mein Status auch „beurlaubt", aber es zeigt die Möglichkeiten und Bereit-

Beim Spaziergang ist die „Sister" aus der Poliklinik „ungefährlich" (1973)

schaft, über die üblichen Aufgaben hinaus Mitarbeiterinnen freizugeben. Es liegen auch Chancen in dieser Weite. Für uns einzeln Betroffene ist es wichtig zu wissen und zu erfahren, daß auch unsere Arbeit mitgetragen wird.

Diakonisse Waltraud Keck,
im Diakoniewerk seit 1961,
heute Eisenach

Bambusrohre ersetzen in Indonesien noch immer manche Wasserleitungen (1978)

Begegnung mit der Staatsmacht 1940

Von Hitlers Euthanasieprogramm blieb auch die Arbeit mit geistig Behinderten der Diakonissenanstalt nicht verschont. Bereits ab Oktober 1939 mahnte das Reichsinnenministerium an, die Schwerbehinderten zu melden. Der damalige Leiter der Diakonissenanstalt, Pfarrer Wilhelm Breuning, verfolgte mit großer Sorge die Vorgänge, die sich in Behinderteneinrichtungen des Landes abspielten. Deshalb verzögerte er monatelang die Meldung der Behinderten in der Diakonissenanstalt. Angehörige wurden gebeten, ihre Behinderten zu besuchen. Es wurde ihnen gesagt, daß das Heim kein sicherer Ort mehr sei. Im November 1940 wurde völlig überraschend das ganze Haus beschlagnahmt. Renate Breuning, die Tochter von Pfarrer Wilhelm Breuning, hat in ihrer Jugend die dramatischen Ereignisse miterlebt. Sie berichtet von den Tagen der Beschlagnahmung:
Am 14. November 1940 um 11 Uhr werden das Gottlob-Weißer-Haus und das Mutterhaus durch Kreisleiter Drautz von Heilbronn und zwei weitere Kreisleiter im Auftrag der „Volksdeutschen Mittelstelle" beschlagnahmt. Es gelingt Pfarrer Breuning in einem sehr schwierigen Gespräch, durch die Freigabe des Feierabendhauses die Beschlagnahmung des Mutterhauses zu verhindern. Dort wohnen alle jungen Schwestern, die im Krankenhaus arbeiten. Als Frist zur Räumung werden acht Tage und acht Nächte zugestanden. Die Häuser sollen der Aufnahme von 1400 Volksdeutschen dienen, die bereits unterwegs seien. Die Schlüssel der beiden leerstehenden Häuser sind am 22. November um 15 Uhr zu übergeben. Auf die Frage von Pfarrer Breuning, was für die 500 Bewohner des Gottlob-Weißer-Hauses vorgesehen sei, wird auf die leeren Plätze in Weinsberg verwiesen. Ein großes Erschrecken geht durch das ganze Haus, als diese Nachricht bekannt wird. Pfarrer Breuning und Frau Oberin Luise Gehring besprechen, wie sie dieser Wahnsinns-Forderung gerecht werden können.
Freitag, 15. November: Außer den zuständigen Stellen in Stuttgart sucht Pfarrer Breuning verschiedene christliche Erholungsheime auf, um freie Plätze zu finden. Leider vergebens, da die Volksdeutsche Mittelstelle diese Häuser beschlagnahmen

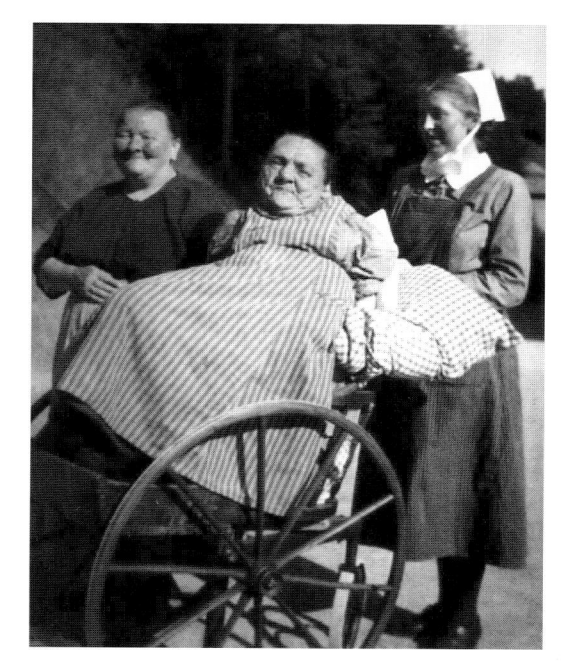

Ein Bild aus friedlichen Tagen

ließ. Zugleich bespricht Oberin Luise Gehring den Auszug der jungen Diakonissen aus dem Dachgeschoß des Gottlob-Weißer-Hauses und bemüht sich um Plätze für die Feierabendschwestern.

Samstag, 16. November: Fieberhafte Arbeit überall in der Anstalt! Die Einkaufsabteilung im Erdgeschoß des Feierabendhauses zieht ins Mutterhaus um, die Feierabendschwestern gehen zum Teil zu Verwandten, zum Teil ins Erholungsheim nach Calw. Die Unruhe in den Häusern der Diakonissenanstalt ist groß. Es wird aber trotzdem versucht, auf den Stationen des Gottlob-Weißer-Hauses „Ruhe zu bewahren".

Sonntag, 17. November: Die ansonsten in den ersten Adventswochen im Gottlob-Weißer-Haus stattfindenden Abendmahlsfeiern werden auf diesen Sonntag vorverlegt. Pfarrer Wilhelm Lotze, der Seelsorger und „Vater" der Behinderten, übernimmt diesen schweren letzten Dienst für sie.

Montag, 18. November: Nachdem klar ist, daß uns niemand helfen kann und wird, beginnen die Verhandlungen mit Weinsberg. Direktor Dr. Joos, der dortige Anstaltsleiter – er hat sich nach dem Krieg das Leben genommen – hilft Pfarrer Breuning im Rahmen seiner Möglichkeiten. Es wird ausgehandelt, daß die behinderten Kinder in ihren Betten und mit den sie pflegenden Schwestern kommen dürfen. Er verspricht, in seinen leerstehenden Abteilungen unsere Schwerkranken aufzunehmen. Nach der Abendandacht sagt Pfarrer Breuning der Hausgemeinde, wie sich die Umzüge und Räumungen vollzie-

Der Gutshof in Wilhelmsglück: von 1940 bis 1980 Heimat für geistig behinderte Frauen

hen sollen. In aller Eile werden Notunterkünfte eingerichtet: im alten Krankenhaus, im Stammhaus, im Kapellensaal, in Wilhelmsglück und im Altersheim; für das übrige Inventar und die Kirchenbänke werden in Hall Lagerräume angemietet. Der Umzug der Feierabendschwestern ist in vollem Gange.

Dienstag, 19. November: Die Mehrzahl der Feierabendschwestern reist mit dem Zug ab nach Calw. Im Gottlob-Weißer-Haus geht das fieberhafte Arbeiten unserer Frau Oberin und der Schwestern zum Teil bei Tag und Nacht weiter. Es stehen kriegsbedingt kaum Transportmittel zur Verfügung, so muß vieles ge-

schleppt werden. Ein Verkehrs-Omnibus nach Göppingen mit 31 Behinderten und ein erster Bus nach Weinsberg fahren an diesem Tag ab.

Mittwoch, 20. November: Die behinderten Kinder werden mit ihren Betten in Möbelwagen der Firma Hüfner nach Weinsberg transportiert und von ihren Schwestern begleitet. Die pflegebedürftigen Frauen, die nach langen Verhandlungen auch für Weinsberg bestimmt waren, werden ebenfalls in Möbelwagen auf Matratzenlagern nach Weinsberg transportiert. Unsere Schwestern bemühen sich, den Transport so menschlich wie möglich zu gestalten; doch bleibt der herzbewe-

gende Abschied unaussprechlich. Selbst den Männern der Firma Hüfner kommen Tränen. Frau Oberin Luise Gehring begleitet alle bis zur Abfahrt und setzt sich dem ganzen Schmerz aus. Als die Woche vergangen war, hatte sie weißes Haar.
Donnerstag, 21. November: Das Inventar des Gottlob-Weißer-Hauses wird ausgeräumt. In den Notunterkünften versuchen die Schwestern mit den Behinderten, sich in den bescheidenen Verhältnissen einzurichten.
Freitag, 22. November: Um 15 Uhr werden die Schlüssel der geräumten Häuser an Kreisleiter Bosch übergeben. Von da an standen die Häuser monatelang leer! Von den 545 Heimbewohnern konnten 265 in den Häusern der Diakonissenanstalt untergebracht werden, 31 kamen nach Göppingen, 239 nach Weinsberg, 7 konnten entgegen den Bestimmungen entlassen werden, 3 sind in dieser Woche verstorben. Das Gottlob-Weißer-Haus und das Feierabendhaus wurden zu unterschiedlichen Zwecken genutzt. Bei Kriegsende war im Gottlob-Weißer-Haus ein Lazarett, später befand sich dort die Tuberkulose-Abteilung des Krankenhauses. Die Feierabendschwestern kehrten nach Kriegsende in ihr Haus zurück.

Diakonisse Renate Breuning,
im Diakoniewerk seit ihrer Schulzeit,
heute im Ruhestand

1940, die letzten Tage im Gottlob-Weißer-Haus

Behindertenarbeit im Stammhaus

Bevor Heim Schöneck gebaut wurde, wohnte eine Gruppe von etwa 50 behinderten Frauen im Stammhaus. Davon will ich ein wenig erzählen.
Wir lebten wie eine große Familie zusammen; viel Schönes ist mir in Erinnerung, aber auch schwere Stunden blieben nicht aus. Die Verhältnisse waren einfach. In den Zimmern standen mehrere Betten. Es gab keinen eigenen Schrank oder Nachttisch für jede Frau, sondern einen Holzhocker mit Klappdeckel. Die Wäsche und Kleider wurden auf dem als Garderobe hergerichteten Dachboden des alten Krankenhauses aufbewahrt.
Eine Schwester, meist eine Feierabendschwester, richtete jede Woche für jede einzelne Heimbewohnerin ein Wäschebündel und die Kleider in Weidekörben. Bettwäsche, die tägliche Wäsche und die Sonntagskleider waren im Stammhaus aufbewahrt. Mit der Zeit kamen laufend Verbesserungen: Jede Bewohnerin bekam einen Nachttisch! Wir konnten nun auch eigene Kleider für die Frauen kaufen. Wie gerne ist die eine oder andere mit in die Stadt gefahren zum Anprobieren. Die Mitschwester hatte ein Auto, das war schön.
Eigentlich fühlten sich unsere Frauen trotz einfacher Lebensweise wohl, sie gehörten ganz zum Diak, und sie fühlten sich auch ganz zugehörig. Bei Jahresfesten, Geburtstagen, Weihnachtsfeiern, sonntäglichen Gottesdiensten und anderen Anlässen waren sie selbstverständlich

dabei. Die Frauen halfen an manchen Stellen im Werk mit. Thekla, sie konnte nur gebrochen sprechen, war viel unterwegs und bekannt im ganzen Diak. Sie half in der Bindenwäsche fürs Krankenhaus mit. Den Tagesablauf gestaltete sie, wie sie wollte. Das fing schon morgens an: Sie stand erst auf, wenn die anderen Mitbewohner fertig gewaschen waren, weil sie sich alleine im Bad richten wollte. Natürlich kam sie etwas später zum Frühstück. Das wurde akzeptiert. Sie hatte sozusagen eine bessere Stellung.

Hedwig war eine gute Kraft in der Diätküche und kochte selbständig die Nierendiät. In der Krankenhausküche waren immer ein paar Frauen beim Spülen tätig. Traute Sch. legte auf der Wochenstation die Hemdchen und Kittelchen und wickelte Nabelbinden.

Mit im Haushalt waren auch die noch etwas Rüstigeren beschäftigt. Daneben hatten wir mehrere Frauen, die stricken konnten, besonders Socken. Es gab draußen eine gute Kundschaft, die die Wolle brachte. Gretel strickte weiße Söckchen mit Lochmuster. Sie war taubstumm, aber sie nahm ihre Umwelt ganz wahr. Sie besaß einen schönen Puppenwagen und spielte gerne mit den Puppen. Von dem verdienten Geld kauften wir Obst und Kekse.

Einmal im Jahr machten wir einen Ausflug. Die Vorfreude und der Tag selber waren ein Höhepunkt. Jeden Monat wurde Geburtstag gefeiert mit Kaffee und Kuchen, Singen, Spielen – die Freude war groß. Im Alltag erlebten wir viel Nettes mit unseren Frauen.

Am Stammhaus Mitte der 60er Jahre – im Freien bei sonnigen Temperaturen schmeckte das Mittagessen besonders gut

Die mongoloide Martha, „Schatzele" genannt, half am Vormittag in der Bindenwäsche. Nachmittags hielt sie ihr besinnliches Schreiben ab. Stundenlang saß sie am Tisch und schrieb Nullen, bis der leere Zettel mit geraden Linien voll war. Stolz verschenkte sie das Blatt an uns. Marie N., schon hoch betagt, sagte zu einer jungen Schwester, die neu am Morgen ins Zimmer kam und nicht recht wußte, wo anfangen: „Komm no, waschen wirst auch können". In diesem Zimmer war auch eine Frau, die oft sehr unruhig war. Als diese einmal mit den Beinen die Federdecke auf den Boden warf, sagte Marie ganz energisch: „Wart Kerle, wie wird es Dir gehen, wenn Du zum Kommiß kommst." Die Friedel freute sich am Montag schon wieder auf den Sonntag, wenn sie ihr schönes Kleid anziehen durfte.

Als 1980 das Heim Schöneck eingerichtet wurde, fanden unsere Frauen dort ein neues Zuhause.

Diakonisse Luise Winter,
im Diakoniewerk seit 1945,
heute im Ruhestand

24 Jahre im Brettheimer Krankenhaus

Im August 1958 ging meine Reise in ein neues Arbeitsfeld: Brettheim. Es gab viel zu lernen. Ich mußte mich in einigem umstellen, mich an die Menschen gewöhnen und mich verständigen. Vielseitige Aufgaben kamen auf mich zu:
Krankenpflege,
Ambulanz,
Operationen,
Entbindungen,
Röntgen,
Hauswirtschaft,
(Küche, Waschküche, Bügelzimmer, im Garten, beim Bauen usw.) – da blieb man bei allem auf dem laufenden. Oft mußten wir auch sehr schnell handeln, z. B. bei Unfällen; der Arzt war nicht immer gleich zur Stelle.

Mit den Jahren habe ich mich eingearbeitet; das Vielseitige hat mir gut gefallen. Wer so lange Jahre an einem Platz ist, kennt die Patienten und ihre Familien. Freud und Leid haben wir miteinander getragen. Auch mit bescheidenen Mitteln kann man Patienten viel Freude bereiten und gut pflegen bei Tag und bei Nacht. Sie wußten, wir sind immer da. Wenn es nötig war, bin ich mit dem Arzt zu Unfallstellen gefahren, bei Tag und bei Nacht. Ab und zu machte ich auch Hausbesuche, wenn etwas Besonderes war.

Viel Freude erlebte ich bei Entbindungen, auch manches Leid. Die Neugeborenen waren meine Lieblinge. Patienten hatten wir von vier Jahren bis ins hohe Alter. Die Kinder lagen bei den Erwachsenen, da waren sie „Hahn im Korb". In den ersten Jahren mußten wir morgens um 5 Uhr den Herd in der Küche mit Holz anheizen, damit wir um 6 Uhr warmes Wasser hatten, um die Patienten zu waschen. Zugleich mußten wir die Heizung anfeuern und immer wieder nachsehen, daß das Feuer nicht ausging. Im Winter mußten auch in der Nacht Kohlen nachgefüllt werden; das durfte nicht vergessen werden, sonst wurde es kalt. Da stellte man sich den Wecker.

In den 24 Jahren, in denen ich dort war, hatten wir Tag und Nacht Betrieb. 1962 bis 1963 wurde angebaut: Wirtschaftsräume und Schwesternzimmer. Dann bekamen wir Ölheizung und in der Küche einen elektrischen Herd mit sechs Platten und noch manche andere Erleichterung dazu. Es wurden in alle Krankenzimmer Waschbecken eingebaut mit kaltem und warmem Wasser. Auch das war eine Erleichterung.

Der Nachtdienst verlief so: Wenn es klingelte, stand man auf, sah nach den Patienten, dann ging man wieder schlafen bis zum nächsten Klingeln. Es kam auch vor, daß man die ganze Nacht auf war; trotzdem begann um 6 Uhr der normale Dienst. In der Nacht waren Entbindungen, es kamen Schwerkranke, Unfälle und manchmal auch Leute vom Ort, die sich

Das Krankenhaus Brettheim vor dem Umbau, Ende der 50er Jahre

Rat holten, wenn sie einen Kranken im Haus hatten, oder bei Sterbenden. Leider hatten wir keine Gemeindeschwester mehr.

Ich war sehr eng mit der Gemeinde verbunden. Auch bei der Begleitung von Schwerkranken und Sterbenden war ich manche Nacht unterwegs und trotzdem bei Tag wieder da. Also: arbeitslos war ich nie! Bei all der vielen Arbeit habe ich manchen Spaß erlebt.

Ein alter Mann sagte einmal zu mir: „Komm, Du kannst zu mir ins Bett reinschlafen, ich mache Platz, dann bin ich nicht so allein".

Ein 5jähriger Junge fragte mich: „Schwester, gehst Du mit Deinen Kleidern und Schuhen ins Bett, weil Du so schnell da bist?"

Diakonisse Luise Kühnle,
im Diakoniewerk seit 1952,
heute im Ruhestand

„Ebbes" von meinem Leben

Wenn ich zurückdenke, dann sehe ich mich im Januar 1952 auf dem Haller Bahnhof stehen, umgeben von ein paar Habseligkeiten. Ich fror tüchtig, mein abgeschabter Mantel gab nicht mehr viel Wärme ab. Aber nicht nur die Kälte ließ mich frieren, auch die Angst vor dem, was auf mich zukommen wird. Aber halt: ... da war doch die biblische Zusage, die mir Mut gemacht hatte, mich im Haller Mutterhaus als Diakonissenschülerin zu melden. „Fürchte dich nicht, ich bin mit dir, weiche nicht, denn ich bin dein Gott, ich stärke dich, ich helfe dir auch" (Jes. 41,10).

Betthupferle gefällig?

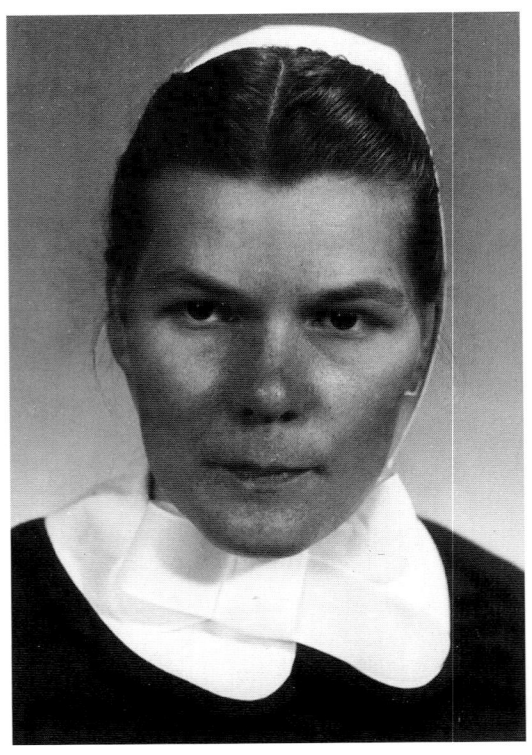

Diakonisse Hilde Ebert, in der Tracht der 50er Jahre

Wie oft hat mir dieses Wort in meinem späteren Schwestersein Trost und Kraft gegeben, aber in diesem Moment hatte ich es vergessen! Zum Glück wurde auch gleich eine Frau mit Haube sichtbar, ein Leiterwägelchen hinter sich herziehend. Gemeinsam luden wir Koffer und Tasche auf und holpri, poldri ging es zum Diak! Schwester Karoline, die damalige Schülerinnenmutter, brachte mich auf mein Zimmer, das schon von drei „Neuen" bewohnt war. Wir beschnupperten einander und fanden bald heraus, daß wir gut zusammenpaßten.

Natürlich gibt es eine Gute-Nacht-Geschichte!
Gespannt lauschen die Kinder Schwester Hildes Vorlesung

Als ich im Nähzimmer mein erstes Schwesternkleid anzog, sagte Schwester Anna: „So, das Äußere kann ich machen, eine rechte Schwester kann nur Gott machen." Das hatte mich sehr beeindruckt, und ich nahm mir vor, mir alle Mühe zu geben, daß etwas „Rechtes" aus mir wird!
Nun, der Anfang war gemacht. Wie es weiterging? Wir wurden damals alle zunächst in der Altenpflege eingesetzt. Das war eine gute Vorschule für unseren späteren Beruf. Ich möchte diese Zeit nicht missen. Dann folgte die Ausbildung zur Kinderkrankenschwester.

Damals herrschte eine Kinderlähmungsepidemie. Das war eine sehr schwere Zeit. Wir hatten es nicht nur mit den kranken, gelähmten Kindern zu tun, sondern auch mit verzweifelten Eltern. Die Amerikaner schenkten uns die erste Eiserne Lunge!
Vor dem Staatsexamen bangte mir sehr. Meine Bitte war, Gott solle mich doch vorher „heimholen". Nun, er holte mich nicht heim, sondern brachte mich durch, so daß ich Mut bekam, auch noch die Krankenpflegeschule zu durchlaufen.
Zuvor war ich aber noch zwei Jahre auf der Chirurgischen Kinderstation, eine sehr schöne Zeit! Dr. Schwarz operierte damals noch die Lippen- und Gaumenspalten. Die Pflege der Kinder war nicht leicht.
Einmal gab es auf der Station Alarmstufe I. Ein Professor war im „Anzug". Angehörige eines Kindes wünschten, daß noch ein Professor von außen zu Rate gezogen wurde. Unter einem Professor konnte ich mir 1955 nicht viel vorstellen, außer, daß er eine Art „Übergröße" sei. Dr. Hopfengärtner, der damalige Chefarzt der Inneren Kinderabteilung, übertrug mir die Aufgabe, den Professor zu betreuen. Das kann ich in meinem Leben nicht mehr vergessen.
Ich sollte eine Kurve schreiben, mit einem Blick überschaubar. Der muß aber einen großen Kopf haben, dachte ich so bei mir. Armer Papierkorb, er konnte die abgeworfenen Kurven nicht mehr fassen, bis es mir zu dumm wurde. Ich dachte, wenn der es nicht lesen kann, soll er es bleiben lassen, und er hat es auch sein lassen, ihn interessierte das kranke Kind mehr. Belegte Brötchen mußte ich auch besorgen. Wie gerne hätte ich eines gegessen, aber die waren ja abgezählt, so war das nicht möglich. Damals war ein belegtes Brötchen noch etwas Besonderes!
Wenn ich so zurückdenke, kommen mir viele Kinderschicksale in Erinnerung. Es gab noch nicht die Behandlungsmöglichkeiten wie heute. Unser Ernstle, ach, er war beim Fangen eines Kätzchens vier Meter hinunter auf eine Tenne gefallen. „Kaum Hoffnung bei der Kopfverletzung", so der Arzt. Der Vater blieb in der Nacht hier. Ich höre ihn heute noch laut

beten um Rettung seines einzigen Kindes. Ernstle kam durch! Ich begegnete ihm vor ein paar Jahren auf dem Flur unseres Krankenhauses. „Hallo, Schwester Hilde, kennen Sie mich nicht mehr, ich bin doch Ihr Ernstle!" Und wie ich ihn wieder erkannte, an der Narbe am Kopf.

Eines Tages mußte ich zur Frau Oberin kommen. Sie sagte mir, daß ich in ein kleines Krankenhaus versetzt würde. Oh, das gefiel mir gar nicht, aber Gott sagte: „Ja, ich geh mit Dir!" Also packte ich meinen Koffer und fuhr mit der Bahn dorthin. Eine neue Erfahrung war für mich, daß man dort „alles" machen mußte, etwa bei kleinen Operationen helfen. Da es eine ländliche Gemeinde war, kamen auch oft Leute mit Verletzungen, also hieß es, in die Ambulanz zu gehen. Dort machte ich meine erste Röntgenaufnahme mit Erfolg! Eine Zeitlang war ich auf der Wochenstation. Brachte eine Hebamme in der Nacht eine Frau zur Entbindung, rief sie an: „Schnell, stehen Sie auf, kommen Sie in den Kreißsaal". Dort half ich dann solange, bis Mutter und Kind versorgt waren. Dann durfte ich noch ein wenig schlafen, wenn es nicht gerade morgens war.

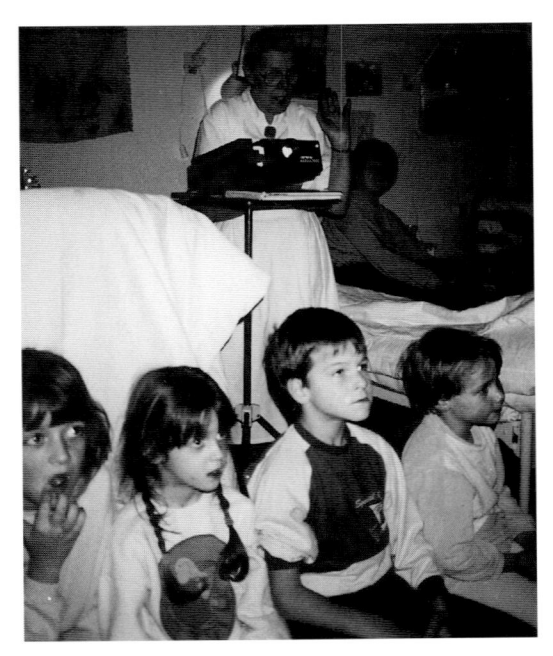

Bei einem Notfall mußte ich auch einmal eine Äthernarkose machen, heute unvorstellbar. Trotz allem Schönen dort wurde ich das Heimweh nach dem Diak nicht los. Um so mehr freute ich mich, daß ich nach halbjährigem Einsatz zurück durfte.

Nun erwartete mich eine neue Aufgabe, die Hals-Nasen-Ohren-Abteilung. „Lang bleibst net", dachte ich am Anfang, 30 Jahre wurden daraus. Die Station war geprägt durch den damaligen Chefarzt Dr. Bosse. Ich lernte ihn sehr schätzen. Was lag alles in den 30 Jahren drin! Viele Kinder und Erwachsene sind mir begegnet. Viel Fröhliches habe ich erlebt, aber auch das Schwere blieb nicht aus. Zu Dr. Bosses Zeit wurde in der Regel in örtlicher Betäubung operiert, nur selten in Vollnarkose. In diesen Fällen mußte die Schwe-

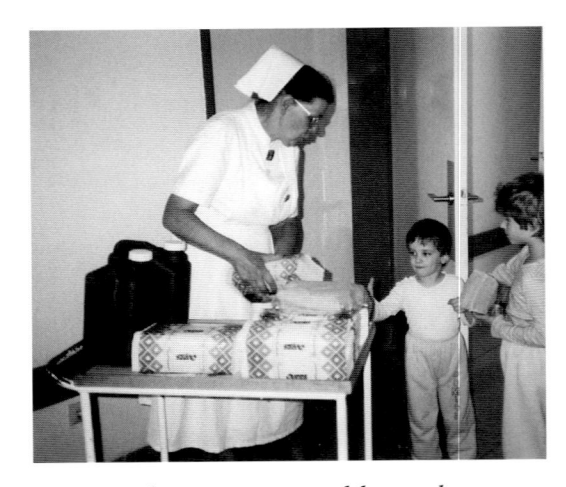

Leuchtende Kinderaugen beim Diavortrag mit Diakonisse Hilde Ebert

Ob der Kaspar die Großmutter wohl findet?

Was werden wir jetzt wohl von der Schwester bekommen?

ster die Äthernarkose durchführen. Das änderte sich schnell mit der Besetzung durch jüngere Ärzte: Dr. Dr. Menke, Dr. Mulach, Dr. Konschal.

Wir hatten noch kein Wachzimmer. Die Frischoperierten wurden von der Station überwacht. Da waren wir sehr froh an der Mithilfe unserer lieben Feierabendschwestern.

Durch den Umbau 1978 kamen wir aus der Enge in die Weite. Das war gut, so konnten unsere Kinder besser Dreirad fahren. Und es gab nun ein gut eingerichtetes Wachzimmer. Es wäre noch viel zu erzählen, aber jetzt sollen die Kinder zu Wort kommen.

Jeden Abend war Dia-Schau. Da fragte eines der Kinder einmal: „Schwester Hilde, zeigst heut wieder licht'ne Bilder?"
Bei einer solchen Märchenstunde fragte ich einmal: „Was ist eigentlich eine Witwe?" Einem kleinen Buben war das klar: „Das ist eine Frau mit einer Haube!" Einmal hatten wir Zwillinge auf Station, das war für die anderen Kinder etwas Besonderes. Ich belauschte ein Gespräch. Zuerst wurden sie sich nicht einig, aber bald merkten sie, daß man da miteinander Geburtstag haben muß. „Also ich bin bestimmt auch ein Zwilling, doch, ich habe nämlich mit meiner Großmutter Geburtstag," so der Fritzle.

Unser Martin hatte Geburtstag, er durfte mit den Schwestern Kaffee trinken. Darauf war er stolz. Auf einmal fragte er die neben ihm sitzende Schwester. „Du, heut werd i fünf, nun rat mal, Du, wie lange ich viere gwesen bin."

In der Nacht war ein Gewitter. Am Morgen fragte die Schwester: „Na, Walter, hast du des Gwitter heut nacht auch gehört?" „Nein, weischt, i hab so ein leichte Schlaf, do hör i nichts!"

Oft brachten Eltern ihre Kinder, die selbst schon einmal als Kinder hier waren. Da konnte es vorkommen, daß ein Vater sagte: „Schwester Hilde, kennen Sie mich nicht mehr, ich bin der kleine Fritzle, der Ihnen doch immer so geholfen hat". Wir hatten damals noch keine Besuchszeit. Die Arbeit mit den Kindern war mir ein großes Geschenk. Danke, liebe Kinder!

Diakonisse Hilde Ebert,
im Diakoniewerk seit 1952,
heute im Ruhestand

Einweihung des Waldhauses 1978 im Beisein von Gesundheitsministerin Annemarie Griesinger

Chronik über das Diak

1880	Pfarrer Hermann Faulhaber macht auf einer Versammlung in Schwäbisch Hall Vorschläge zur Gründung eines Diakonissenhauses für das württembergische Frankenland (27. 9.)
1881	Pfarrerversammlung in Crailsheim (13. 6.), Beschluß der Gründung, Komitee unter Vorsitz von Hermann Fürst zu Hohenlohe-Langenburg
1885	Beginn der Bauarbeiten für das Stammhaus
1886	1. Februar Eröffnung des Diakonissenhauses. Erste Patienten 2 diphtheriekranke Mädchen. Pfarrer Faulhaber Anstaltsleiter bis 1899. Oberin Diakonisse Sophie Pfizmajer bis 1890. Erste Diakonisse Lisbeth Weidner. Zahl der Kranken im März: 39. Sanitätsrat Dr. med. Robert Dürr Hausarzt, sein Sohn Sanitätsrat Dr. med. Richard Dürr, ab 1899 Hausarzt, ab 1910 Chefarzt der Chirurgischen Abteilung
1888	Erste Gemeindestationen in Langenburg und Dörzbach
1889	Bau des Johanniterkinderkrankenhauses durch den Johanniterorden und eines zweiten Diakonissenhauses durch den Evangelischen Bund. Pfarrer Karl Reischle, 2. Pfarrer bis 1899
1890	Diakonisse Elisabeth Schultes Oberin bis 1891
1892	Diakonisse Lotte Gerok Oberin bis 1899
1894	Dekan Christian Lang, Schwäbisch Hall, Vorsitzender des Verwaltungsrats
1895	Ankauf des Diakonissenhauses des Evangelischen Bundes. Zunächst Erholungsheim
1899	Schwere wirtschaftliche Krise des Hauses. Pfarrer Gottlob Weißer Anstaltsleiter bis 1930
1900	Diakonisse Emma Weizsäcker Oberin bis 1925. Verlegung der Kranken vom Stammhaus ins frühere Bundesdiakonissenhaus. Am 1. 5. Beginn der Schwachsinnigenarbeit im Stammhaus. Leitung: Diakonisse Lisbeth Weidner, ab 1928 Diakonisse Karoline Winter. Aufnahme junger Frauen, die nicht der Diakonissenschaft beitreten (Lernschwestern), zur Erlernung der Krankenpflege
1901	Beginn der Kinder-Solbadarbeit und der Arbeit in auswärtigen Krankenhäusern: Kirchberg (Jagst), Künzelsau, Öhringen. Am 15. 9. erstes Jahresfest mit Schwesterneinsegnung. Einführung einer Prüfung in Krankenpflege. Gesamtzahl der Diakonissen: 83
1902	Bau der Kapelle, ermöglicht durch eine größere Spende von Frau Kommerzienrat Benger
1904	Fertigstellung des Waschhauses. Aufnahme des Diakonissenhauses in die Kaiserswerther Generalkonferenz
1905	Bau des Mutterhauses (133 Diakonissen)
1906	Bisheriges Schwesternheim wird zum „Kleinen Frauenheim" (Altenheim)
1908	Im letzten Gebäude der einstigen „Haller Industrie" finden dauernd pflegebedürftige Frauen Aufnahme (Friedenshort)
1909	Einrichtung eines Biblisch-Diakonischen Kurses. Erste Einweisung von Kranken durch die AOK Schwäbisch Hall am 1. 4.

1910	Dr. med. Karl Elsäßer erster Leitender Arzt der Inneren Abteilung und der Schwachsinnigenabteilung	1926	Einweihung des Feierabendhauses am 6. 12.
1912	Einweihung des Schwachsinnigenheims am 7. 7., heute Gottlob-Weißer-Haus	1927	Dr. Friedrich Michaelis Oberarzt der Chirurgischen Abteilung, ab 1961 Chefarzt der Orthopädischen Abteilung. Einrichtung der Abteilung für Hals-Nasen-Ohren-Krankheiten unter Dr. med. Paul Bosse
1913	Ernst Fürst zu Hohenlohe-Langenburg Ehrenvorsitzender des Verwaltungsrats		
1914	Dekan Gustav Groß Vorsitzender des Verwaltungsrats. Lazarett in der Anstalt. Über 100 Schwestern pflegen in Heimat- und Etappenlazaretten. Pfarrer Wilhelm Lotze Krankenhausseelsorger, „Vater der Behinderten", stellvertretender Anstaltsleiter	1929	Dr. med. Max Kibler Chefarzt der Inneren Abteilung, ab 1947 Leiter der Abteilung für Rheuma- und Asthmakranke im Wichernhaus
		1930	Pfarrer Wilhelm Breuning Anstaltsleiter bis 1956. Bau des Krankenhochhauses (bis 1938) mit Badhaus
1916	Erwerb des Schwesternerholungsheimes „Libanon" in Calw	1933	Inbetriebnahme des Badhauses am 19. 7. Landgerichtsdirektor Heller Vorsitzender des Verwaltungsrats. Dr. Erik von Rutkowski Facharzt für Gemüts- und Nervenleiden
1918	Einrichtung der Augenabteilung unter Dr. med. Hans Baumgärtner		
1919	Diakon Wilhelm Schrenk Leiter der Ökonomie-Abteilung	1934	Einrichtung eines Altersheimes im früheren städtischen Krankenhaus
1920	Dekan Johannes Horn Verwaltungsratsvorsitzender	1936	Gesamtzahl der Schwestern: 538
1923	Dr. med. Wilhelm Dürr Chirurgische Abteilung, ab 1933 Chefarzt	1937	Die Gynäkologische Abteilung und Wochenstation selbständig unter der Leitung von Dr. med. Hellmut Teichmann
1924	Erste staatliche Krankenpflegeprüfung in der Anstalt. Diakonisse Elisabeth Müller wird als Oberin an das Diakonissenhaus Novi Vrbas / Jugoslawien entsandt (bis 1939)	1938	Amtsrat Eugen Nißler Anstaltsrechner. Die Diakonissenanstalt erwirbt von den Gustav-Wernerschen Anstalten das Bruderhaus und Kinderheim in Wilhelmsglück
1925	Diakonisse Luise Gehring Oberin bis 1961. Stellvertreterin Diakonisse Elisabeth Leitz. Kauf des Rollhofs zur Unterbringung von Pflegebefohlenen (geistig Behinderten). Pachtung des Teurershofs und des Veinauer Hofs	1939	Landgerichtsdirektor i. R. Ulrich Lörcher Vorsitzender des Verwaltungsrats. Dipl.-Ing. Walter Bischoff Leiter der Bauabteilung.

Kriegsbeginn am 1. 9.: 26 Mitarbeiter, darunter 6 Ärzte zur Wehrmacht einberufen, 22 Schwestern zum Lazarettdienst hier und in anderen Heimatlazaretten. Evakuierung der Mutterhäuser Karlsruhe und Speyer nach Schwäbisch Hall

1940 Röntgenabteilung unter Facharzt Dr. med. Willi Kuch, seit 1947 selbständige Abteilung. Am 14. 11. Beschlagnahmung des Feierabendhauses und des Gottlob-Weißer-Hauses (GWH). 276 Behinderte werden Opfer der Euthanasie des 3. Reiches

1941 Umsiedler aus dem Osten bewohnen die beschlagnahmten Häuser

1942 Nationalsozialistische Lehrerbildungsanstalt in den beiden beschlagnahmten Häusern bis 1945

1944 Evakuierung des Mutterhauses Nonnenweier nach Schwäbisch Hall

1945 Februar bis April Kriegslazarett im GWH (danach in Bad Mergentheim). 15 Diakonissen vom Mutterhaus Paul-Gerhardt-Stift in Berlin übernehmen die Verwundetenpflege im GWH. Einzug der Amerikaner in Schwäbisch Hall am 17. 4. Einrichtung einer Urologischen Abteilung unter Dr. med. Ernst Hoerr

1946 Dr. Fritz Fuß, Rechts- und Sozialberater. Erweiterung der Zahnstation zur Kieferchirurgischen Abteilung unter Leitung von Dr. med. Dr. med. dent. Karl Schwarz. Freigabe des GWH zur Aufnahme von Tbc-Kranken. Dr. med. Hans-Henning von Arnim ab 1950 Chefarzt des Tbc-Krankenhauses. Eröffnung einer Abteilung für Hautkranke auf Anweisung der Besatzungsmacht, Leitung Dr. med. Ewald Wollnitza. Pfarrer Friedrich Wall Krankenhausseelsorger bis 1969

1947 Dr. med. Kurt Tiefensee Chefarzt der Inneren Abteilung. Die Innere Kinderabteilung wird selbständig, Chefarzt Dr. Fritz Hopfengärtner Facharzt für Kinderkrankheiten. Dipl.-Ing. Richard Seeger Leiter der Technischen Abteilung

1948 Staatlich anerkannte Kinderkrankenpflegeschule ab 1. 4., leitende Unterrichtsschwester Diakonisse Käthe Schmid. Abiturientenkonvikt für angehende Theologiestudenten unter Leitung von Pfarrer Richard Haug bis 1950. Bau des Wichernhauses (Unterbringung von Mitarbeiterinnen, ab 1958 Feierabendschwestern). Amtsrat Erwin Bauer Krankenhausverwaltung

1951 Ministerialrat i. R. Karl Ströle Vorsitzender des Verwaltungsrats

1953 Tagung der Kaiserswerther Generalkonferenz in unserem Haus (7.–11. Mai)

1954 Diakon Robert Vatter Leiter der Ökonomieabteilung

1956 Pfarrer Gotthold Betsch Anstaltsleiter bis 1980. Dr. med. Erwin Nitzsche Belegarzt der Augenabteilung. Bau des Schwesternheimes für 150 Schwestern (Einweihung 1958). Pfarrer Bernhard Huppenbauer weiterer Anstaltspfarrer bis 1966.

1957 Eintritt der ersten Helferinnen des „Diakonischen Jahres". Pfarrer Gerhard Kumpf Krankenhausseelsorger bis 1980

1958	Apothekerin Gisela Schnellen Leitung der Krankenhausapotheke
1959	Ausreise von Diakonisse Hilde Laidig nach Indonesien (bis 1981)
1960	Im erweiterten Badhaus Unterbringung der Kinderabteilung (Innere Kinderstation, Säuglingsstation, Frühgeborenenstation). Haus Persis in Mainhardt und das Thier-Schmiech-Heim in Waldenburg Erholungsheime für Schwestern. Privatdozent Dr. med. Heiner Janert Belegarzt auf der Augenabteilung. Amtmann Eckert Anstaltsrechner
1961	Diakonisse Margarete Zeuner Oberin bis 1979. Stellvertreterin Diakonisse Elisabeth Breuning. Erweiterung der Chirurgischen Abteilung, Chefarzt Dr. med. Erich Jäger. Dr. med. Helmut Jobst Leitender Arzt des Zentrallaboratoriums bis 1984 (von 1976 bis 1984 Leitender Arzt in der Krankenhausleitung)
1962	Prälat Dr. Albrecht Hege Vorsitzender des Verwaltungsrats. Dr. med. Diether Bruns Leiter der Orthopädischen Belegabteilung
1963	Einweihung der Auferstehungskirche, von Architekt Bischoff nach den Wünschen der Schwesternschaft in der Diakonissenanstalt geplant und gebaut. Dr. Gretel Schwarz führt die Kieferchirurgische Abteilung nach dem Tod ihres Mannes weiter.
1964	Einweihung des Schwimmbads. Einweihung des erneuerten Kinderheims (Säuglingsheim) in Wilhelmsglück
1965	Einweihung des Schulhauses. Ausbau der Krankenpflegeschule, Kinderkrankenpflegeschule und Schule für Krankenpflegehilfe auf insgesamt 192 Plätze. Leitende Unterrichtsschwestern: Diakonisse Dora Betz, Diakonisse Elisabeth Burkhardt (ab 1966). Pfarrer Gerhard Schubert, Planungen für den Sonnenhof (Einrichtung für geistig behinderte Kinder)
1966	Modernisierung der Röntgenabteilung, Chefarzt Dr. med. Karl-Heinz Vogelgesang. Einweihung des Luise-Gehring-Hauses mit Appartements für 30 Schwestern. Dr. Gerhard Hennig Pfarrer für Jugend und Unterricht bis 1970
1967	Staatliche Anerkennung der 1jährigen Schule für Krankenpflegehilfe. Dr. med. Wolfgang Hepting Chefarzt der Anästhesieabteilung. Dr. Dr. med. Carl-Wilhelm Menke Belegarzt der HNO-Abteilung. Bau von 5 Mitarbeiterhäusern in der Kocherhalde und Haus Bergfrieden. Inbetriebnahme einer Kindertagesstätte

Seite 134
Die Wohn- und Pflegestifte Nikolaihaus und Gottlob-Weißer-Haus: Begegnungen in der Tagesgruppe

Seite 135
Bilder aus dem Heim Schöneck:
ein Bewohner mit seinem Lehrer in der Maltherapie,
Bewohnerin in Wilhelmsglück,
Biblisches Anspiel beim Sommerfest 1995

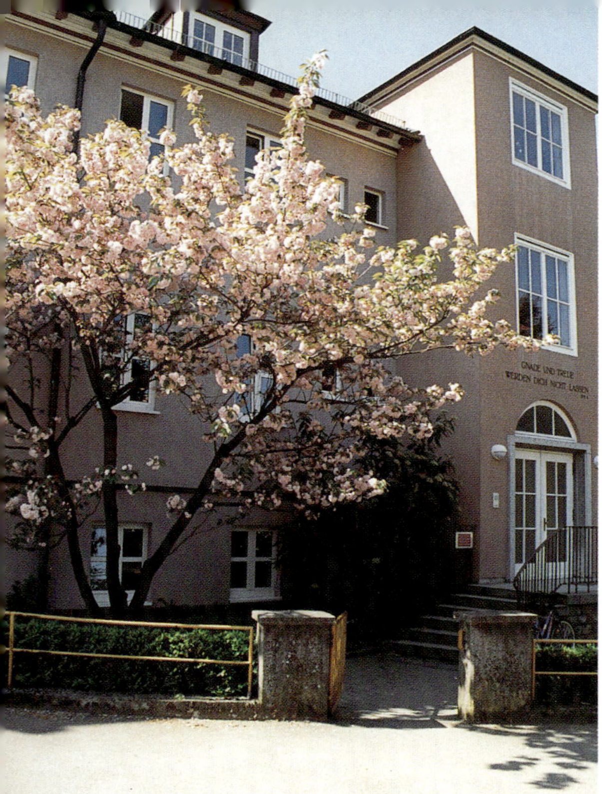

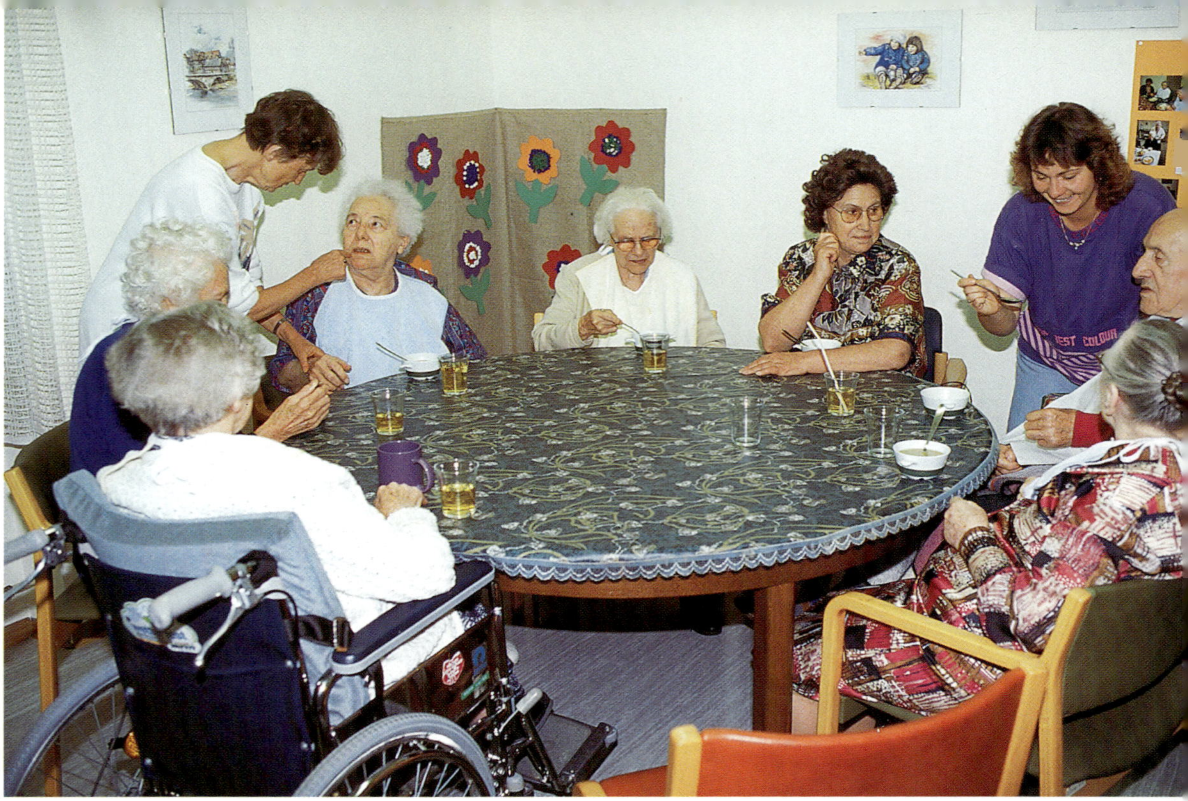

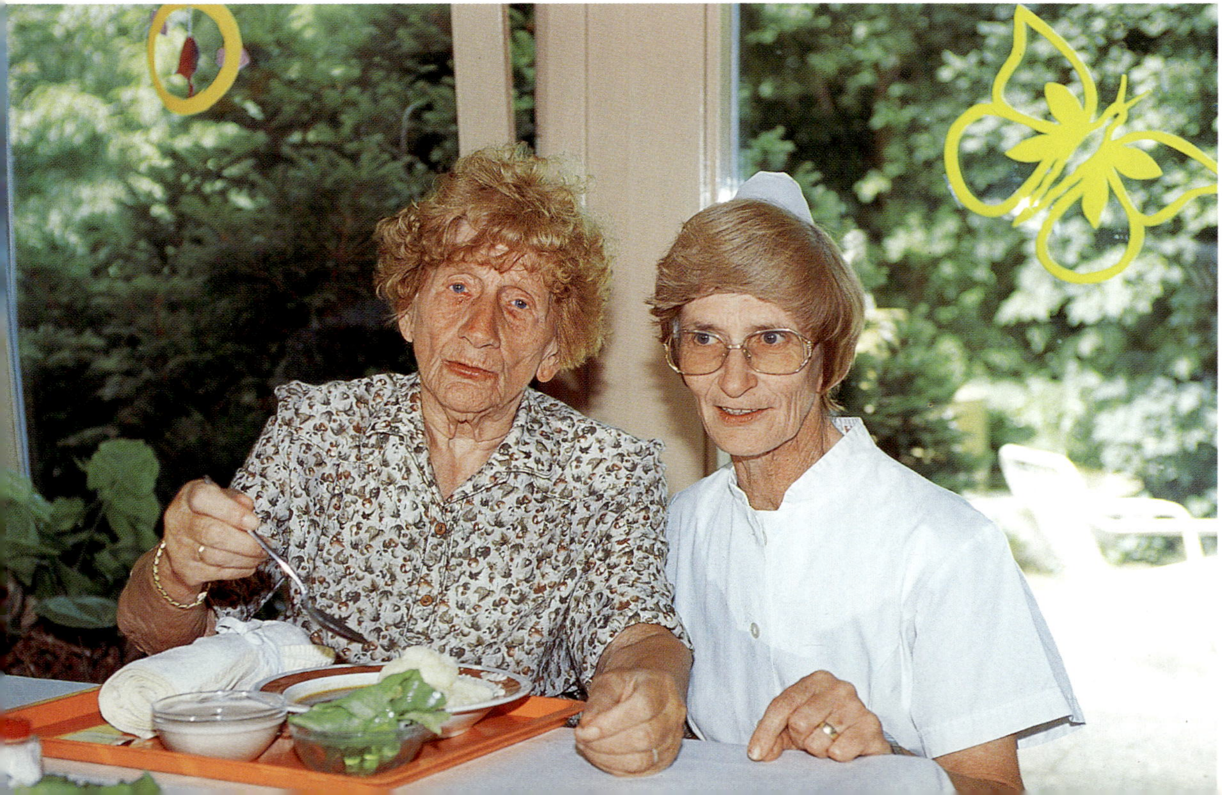

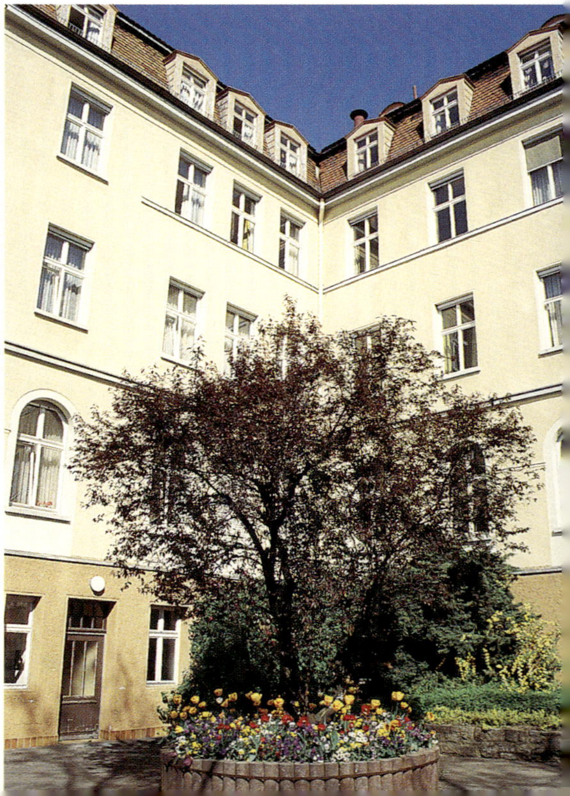

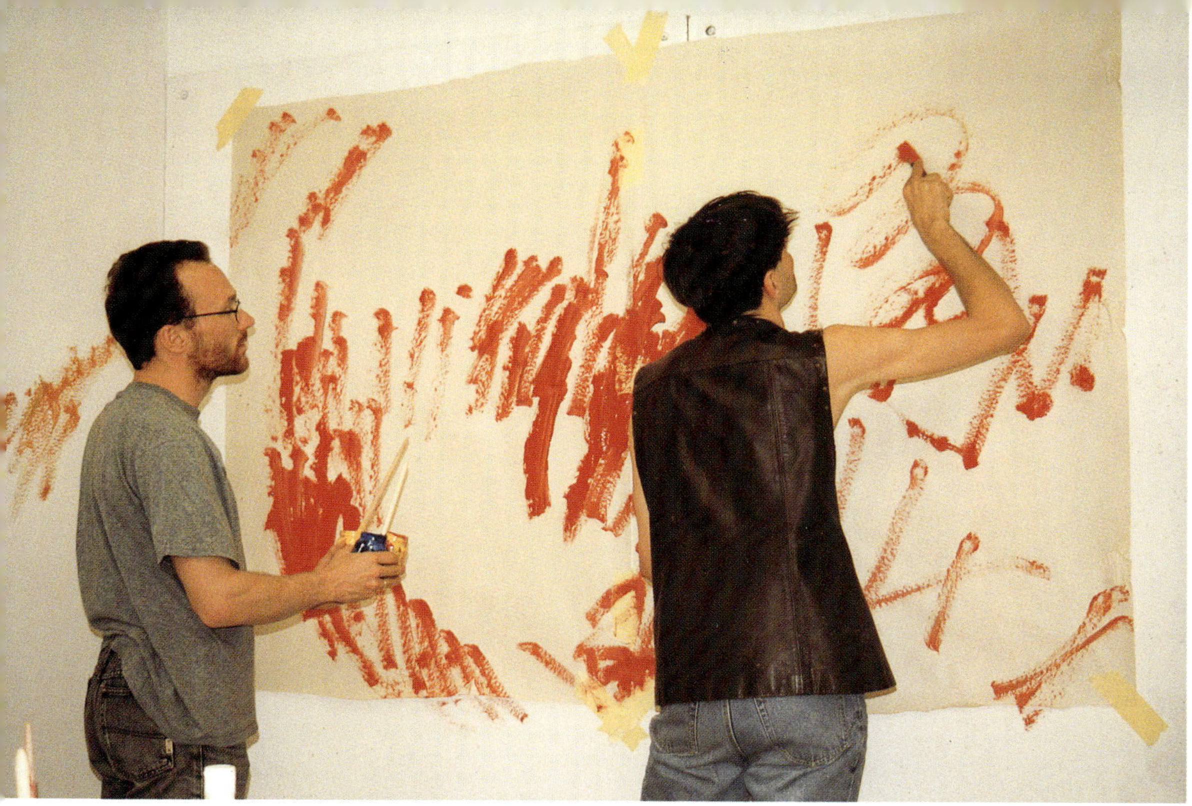
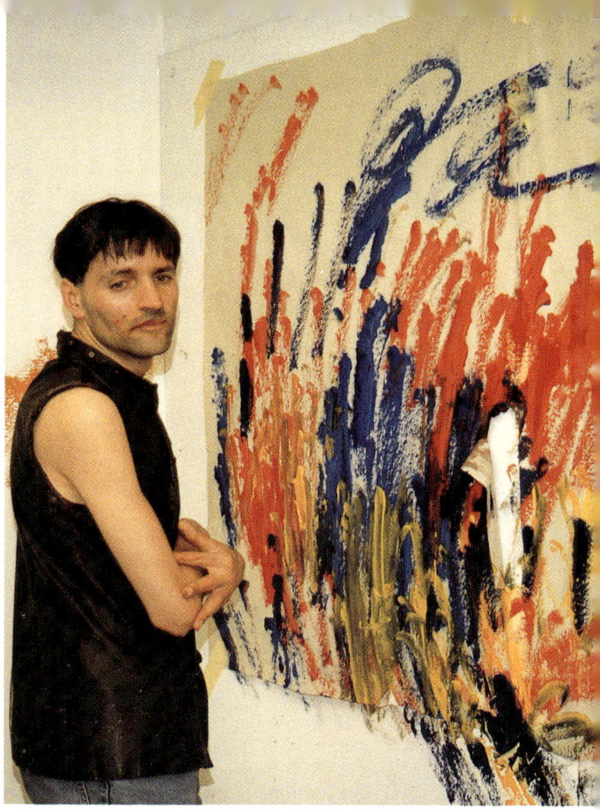
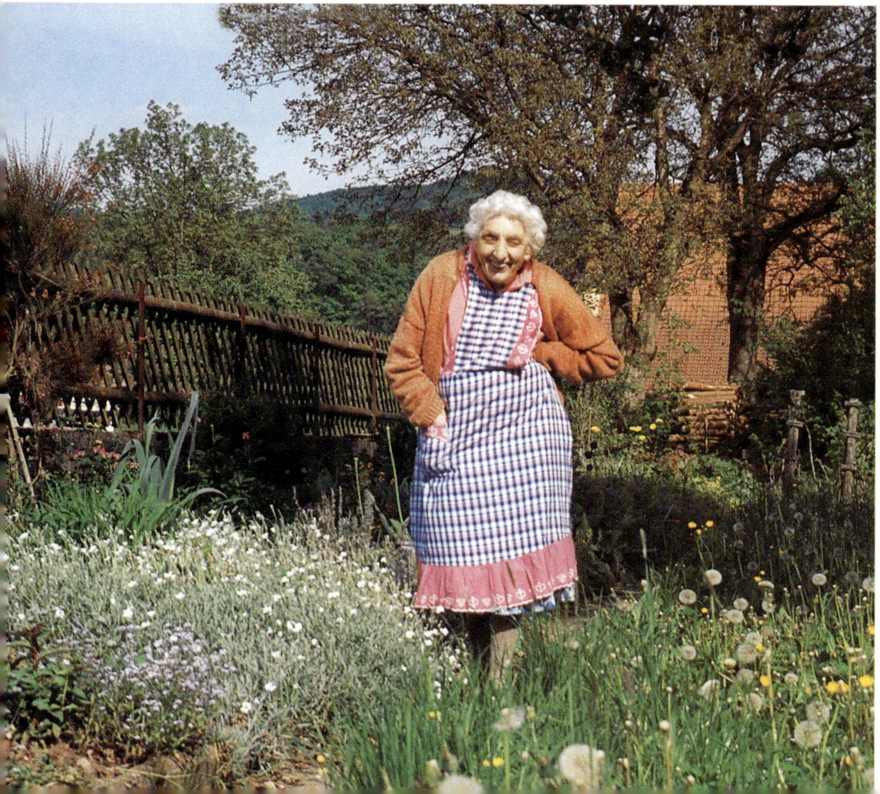
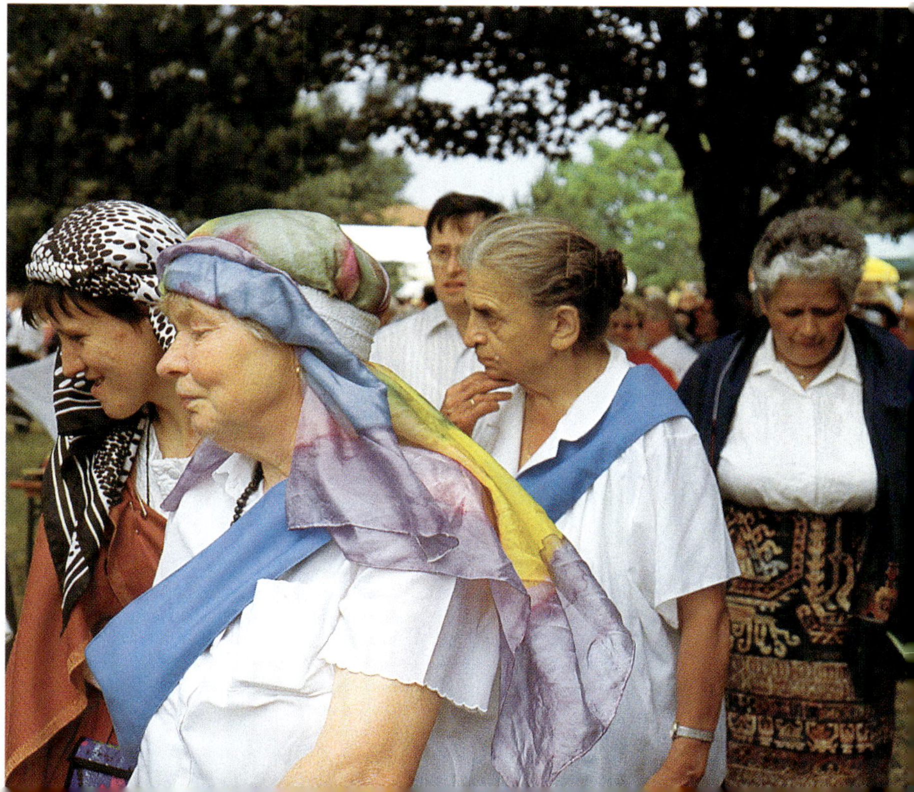

1968 Diakonissen und Verbandsschwestern schließen sich zur Haller Schwesternschaft zusammen und geben sich eine neue Ordnung.
Stellvertretende Oberin Diakonisse Hanne Leitz.
Erster 1jähriger Fortbildungskurs für Krankenschwestern und Krankenpfleger.
Einweihung des Sonnenhofes am 3. 11., Leiter Pfarrer Gerhard Schubert, Beginn mit finanzieller und personeller Hilfe der Diakonissenanstalt.
Modernisierung und Erweiterung der Inneren Abteilung, Chefarzt Prof. Dr. Erwin Kuntz.
Das „Alte Krankenhaus" wird abgerissen für ein Internat der Krankenpflegeschule

1969 Pfarrer Manfred Jehle stellvertretender Anstaltsleiter.
Erstes Biblisch-Diakonisches Seminar für Schülerinnen vor Beginn der pflegerischen Ausbildung.
Professor Dr. Reiner Blobel Chefarzt der modernisierten Gynäkologisch-Geburtshilflichen Abteilung.
Diakonisse Waltraud Keck reist nach Indonesien aus (bis 1981)

1970 Verkauf von Haus „Libanon" in Calw.
Einweihung des Internats der Krankenpflegeschule für 96 Schülerinnen.
Mutterhaus-Umbau.
Modernisierung der Balneologischen Abteilung.
Adolf Götz Pfarrer für Jugend und Unterricht bis 1977.
Pfarrerin Gertrud Schwarz Seelsorgerin bis 1984

1971 Stellvertretende Oberin Diakonisse Gisela Laible

1972 Bau eines Wohnhauses für die Zivildienstleistenden und einer Kindertagesstätte

1973 Das Diakonie-Krankenhaus wird GmbH nach Inkrafttreten des Krankenhausfinanzierungsgesetzes.
Geschäftsführer: Rechtsrat Teichmann und Finanzrat Eckert. Alleingesellschafter ist das Evangelische Diakoniewerk.
Diakonisse Renate Breuning und Diakonisse Liese Krauß Oberschwestern, organisatorische und pflegerische Leitung des Krankenhauses.
Priv.-Doz. Dr. Peter Barth Chefarzt der Inneren Abteilung.
Dr. Gerhard Meisel Chefarzt der Anästhesieabteilung.
Schließung der Tbc-Abteilung im GWH.
Chefarzt Dr. med. von Arnim in Ruhestand.
Es entstehen Pflegeabteilungen für alte Menschen.
Einweihung des erneuerten Mutterhauses und des Breuningsaals.
Rose-Schmiech-Haus in Waldenburg wird modernes Erholungs- und Freizeitheim für Schwestern und Mitarbeiter.
Die Pflegebefohlenen vom Rollhof ziehen nach Wilhelmsglück ins ehemalige Kinderheim (Säuglingsheim), Gustav-Werner-Haus.
Ende der privaten Kinderpflegerinnen-Ausbildung.
2 Gruppen mit Klein- und Schulkindern bis 1981 in der Luisenruhe, Wilhelmsglück.
Schwester Maria Zimmermann Referatsleiterin Behindertenarbeit, deren Neugestaltung geplant wird.
Schwester Maria Herwarth Referatsleiterin Gemeindekrankenpflege.
Die Kinderkrankenpflegeschule feiert ihr 25jähriges Bestehen

1974 Dr. med. Rainer Ksinsik weiterer Belegarzt der Augenabteilung.
Dr. Eberhard Batzer zweiter Belegarzt der Orthopädischen Abteilung.
Johannes Sachse Leiter der Krankenhausverwaltung.
Dr. Albrecht Schmidt Chefarzt der Urologischen Abteilung.
Herbert Wörner erster Haller Pfleger in der Gemeindekrankenpflege.

Einweihung des Auguste-Mohrmann-Hauses mit Eigentumswohnungen.
Renovierung des Feierabendhauses.
50jähriges Jubiläum der Krankenpflegeschule

1975 Ing. grad. Walter Lindenmaier Leitung der Technischen Abteilung.
Eröffnung der Schule für Krankenpflegehilfe am Kreiskrankenhaus Künzelsau (Träger: Hohenlohekreis und die Diakonissenanstalt). Krankenpfleger und Krankenpflegehelfer schließen sich der „Gemeinschaft der Haller Schwestern und Pfleger" an.
Abriß des alten Waldhauses (bisherige Infektionsabteilung). Ende der Solebad-Kinderkuren

1976 Pfarrer Wolfgang Taut stellvertretender Anstaltsleiter bis 1982.
Chefarzt Priv.-Doz. Dr. Gerhard Utz weiterer Chefarzt der Inneren Abteilung.
Beginn der Planungen für ein Altenpflegezentrum im Gottlob-Weißer-Haus. Diakonisse Irmgard Ebert Leiterin des Referats Altenhilfe.
Rolf Grünberg Leiter der Ökonomieabteilung

1977 Ulrich Warth Pfarrer für Jugend und Unterricht bis 1984.
Dr. Uwe Konschal weiterer Belegarzt der HNO-Abteilung.
Prof. Dr. Peter Barth, Chefarzt der Inneren Abteilung, verunglückt tödlich.
Dr. Hansjörg Schneider Chefarzt der Abteilung für Nuklearmedizin

1978 Die Diakonissenanstalt erhält die Rechtsform eines eingetragenen Vereins – „Evang. Diakoniewerk Schwäbisch Hall e. V."
Dipl.-Ing. Sigmund Ritter Leiter der Bauabteilung.
Priv.-Doz. Dr. Hannes-Hinrich Heißmeyer weiterer Chefarzt der Inneren Abteilung.
Priv.-Doz. Dr. Hartmut Geiger Leiter der Kinderabteilung.
Einrichtung der Neuropädiatrischen Abteilung, Chefarzt Dr. Klaus-Peter Goldacker.
Einweihung des neu erbauten Waldhauses mit Infektionsstationen, Urologischer Abteilung und Augenabteilung

1979 Diakonisse Dora Betz Oberin bis 1987, zugleich weiterhin Leiterin der Krankenpflegeschule und Schule für Krankenpflegehilfe.
Das Altersheim in der Salinenstraße in „Nikolaihaus" umbenannt (heute Wohn- und Pflegestift).
Eröffnung des Kinderzentrums Maulbronn, Klinik für Neurologie und Sozialpädiatrie, mit Haller Schwestern

1980 Pfarrer Eckhard Klein Hauptgeschäftsführer bis 1990.
Pfarrer Paul Ranz Krankenhausseelsorger bis 1988.
Dr. Richard Klink weiterer Chefarzt der Gynäkologisch-Geburtshilflichen Abteilung.
Schwester Elisabeth Hiller und Diakonisse Sigrid Herz Pflegedienstleitung im Erwachsenenbereich des Krankenhauses, Schwester Annemarie Holzwarth im Kinderbereich. Einrichtung einer „Schule im Krankenhaus" in der Kinderabteilung.

Seite 138

Das Diak unterwegs:
Schnappschüsse von Freizeiten im Kleinen Walsertal, in Polen, Norwegen und Mecklenburg-Vorpommern

Seite 139

Leben im Diak –
dazu gehören Freizeitangebote und auch ein Freibad

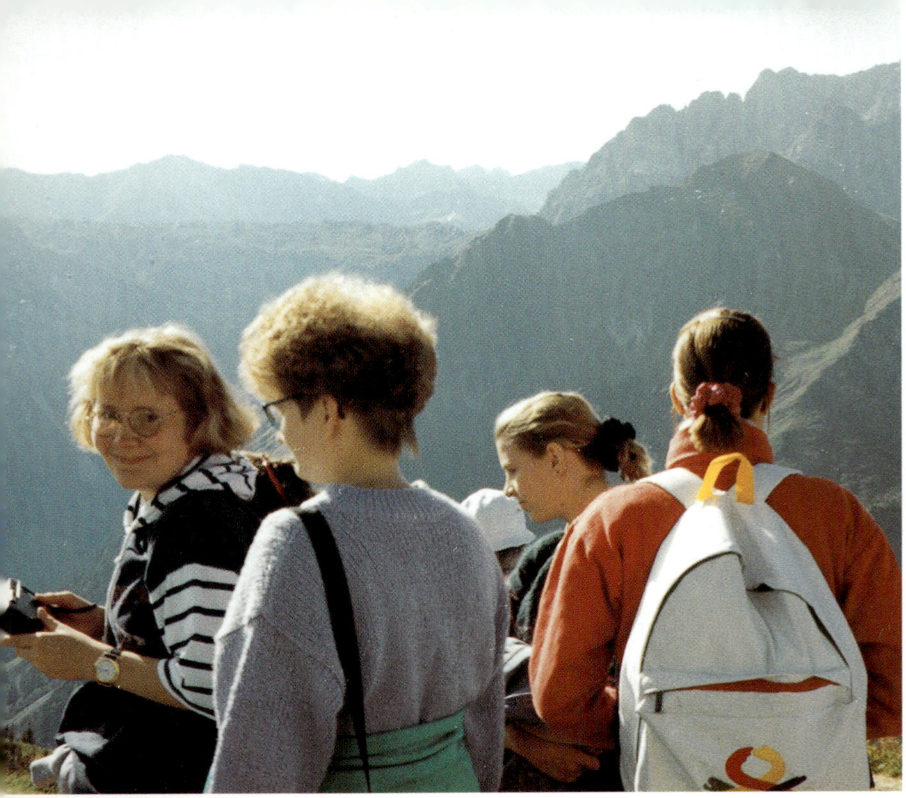
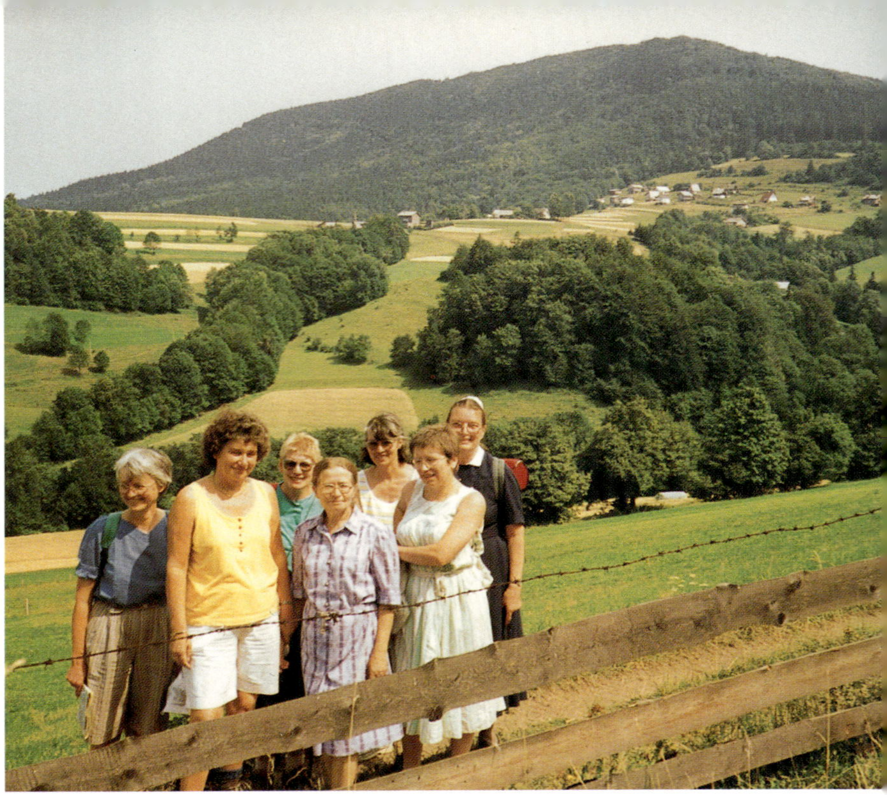
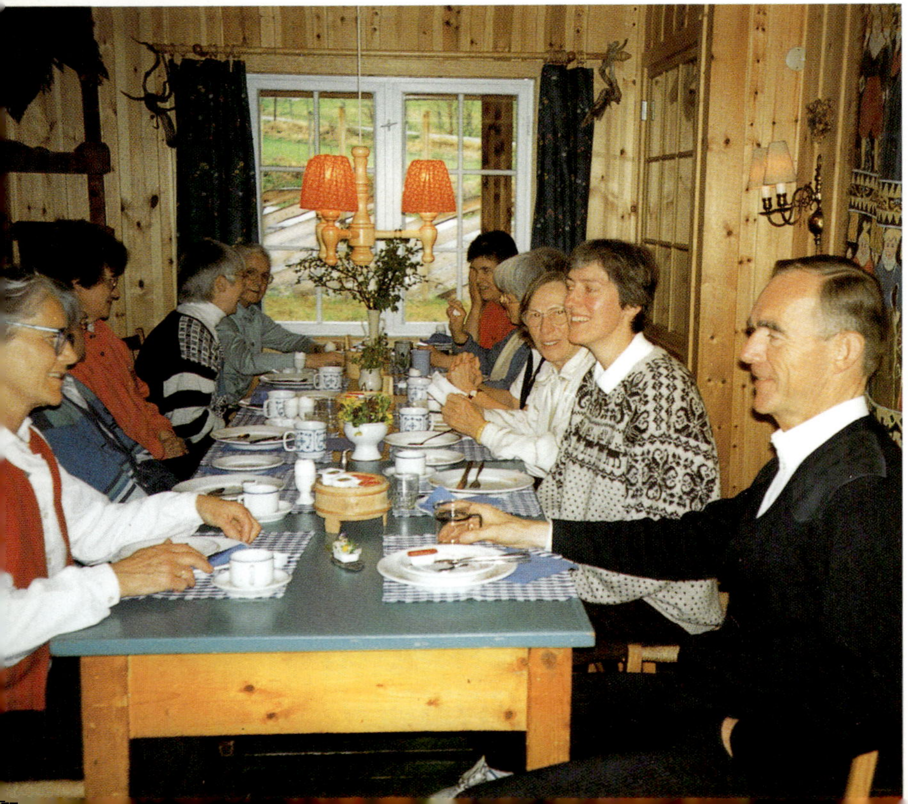
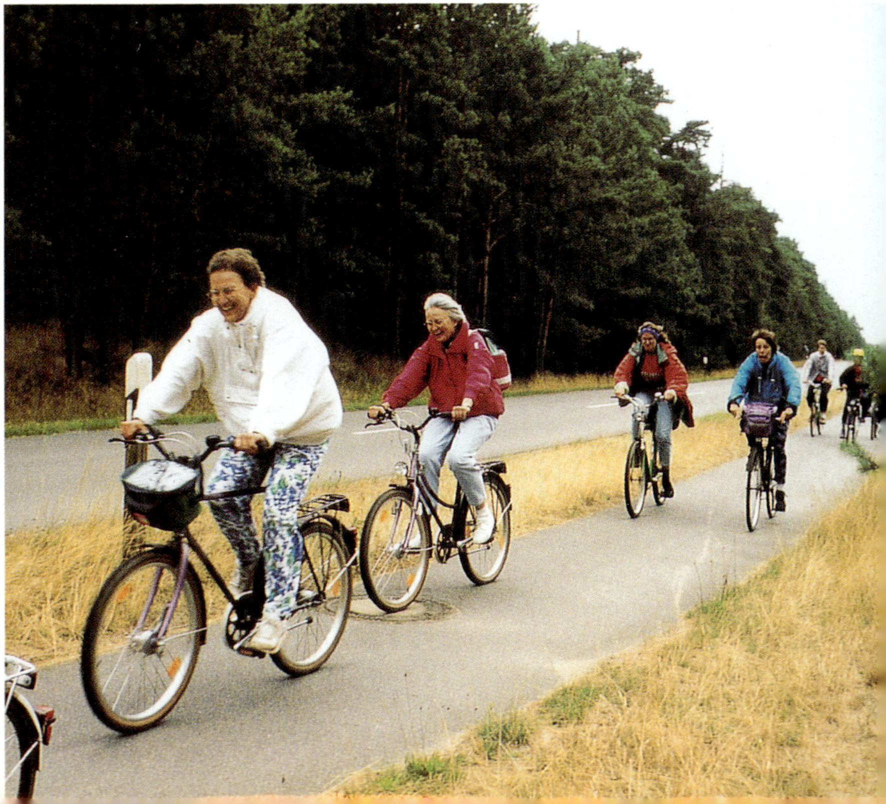

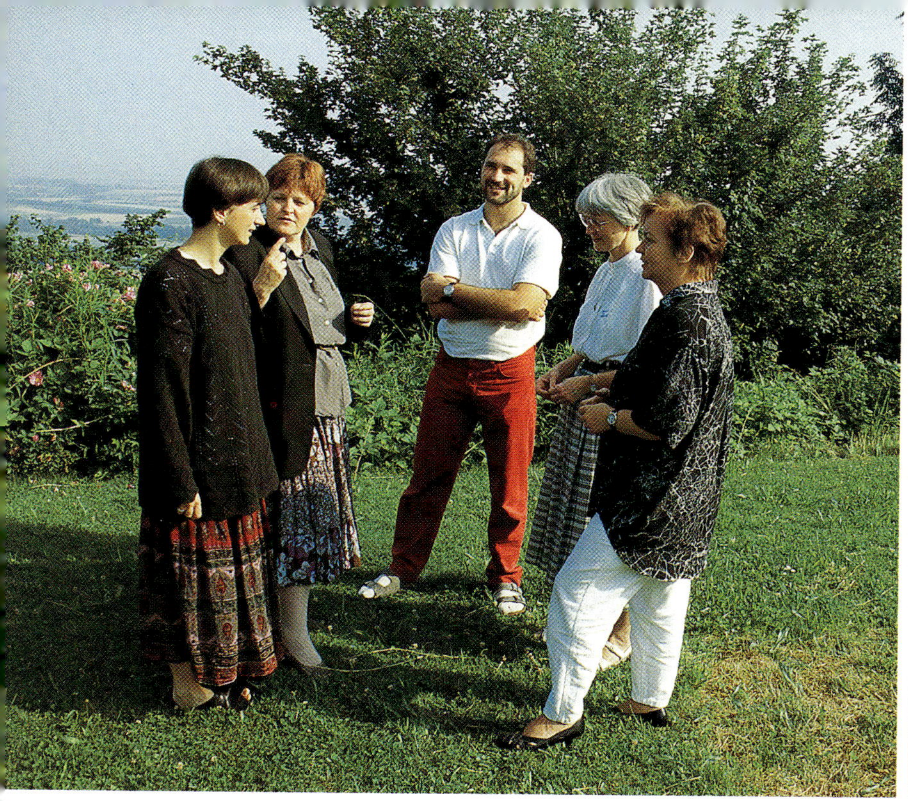
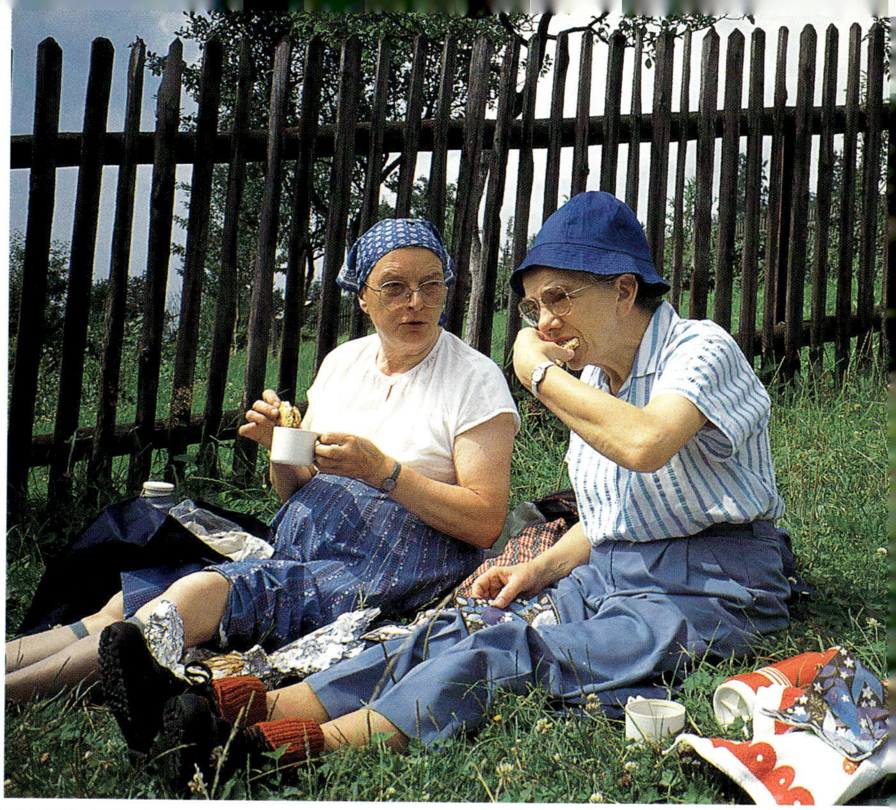
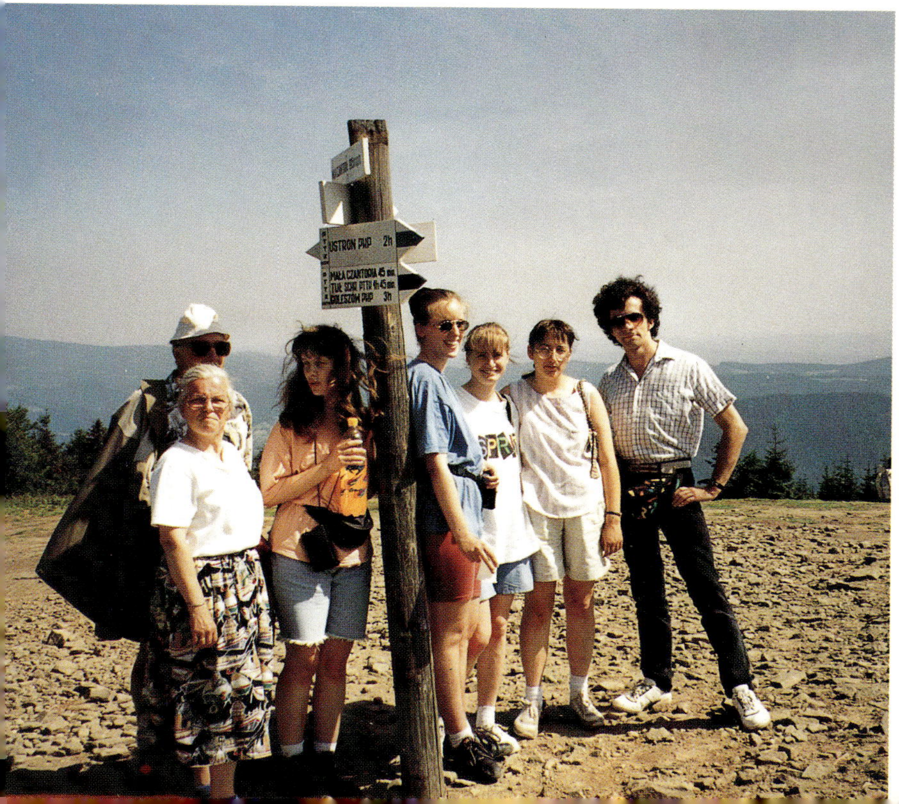
USTRON PKP 2h
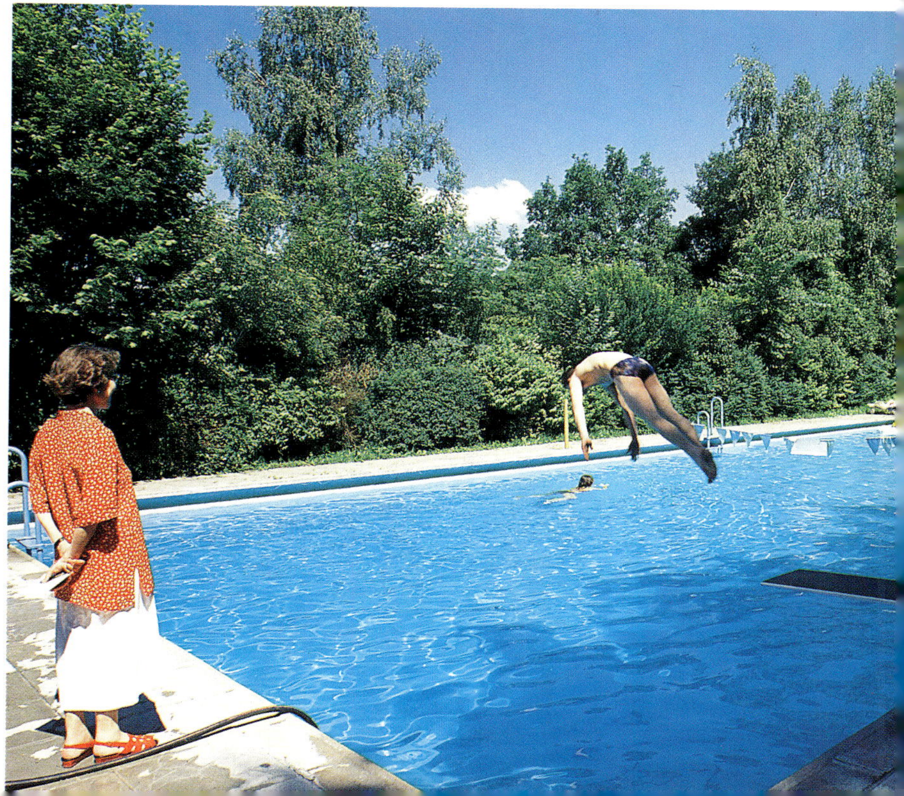

Eröffnung von „Heim Schöneck" für 120 erwachsene Menschen mit geistigen Behinderungen. Heimbewohner des Stammhauses und eine Gruppe von Wilhelmsglück ziehen ein.
Beginn der Ausbildung zur Krankenpflege im Kreiskrankenhaus Öhringen und Künzelsau in gemeinsamer Trägerschaft mit dem Hohenlohekreis, theoretische Ausbildung im Diakoniewerk

1981 Umzug der Neuropädiatrischen Abteilung in das Johanniter-Kinderhaus.
Beginn der Fachschule für Heilerziehungspflege auf dem Sonnenhof, unter Mitträgerschaft des Evangelischen Diakoniewerkes.
Am 4. 12. Übergabe des umgebauten GWH, Pflegewohnheim für 116 Bewohner, heute Wohn- und Pflegestift.
Dr. Karl Fahr weiterer Leitender Arzt der Kinderabteilung.
Pfarrer Hermann Thomann Krankenhausseelsorger, zugleich Gemeindepfarrer in Geislingen/Kocher

1982 Umbau- und Renovierungsarbeiten im Krankenhaus (5. OG, OP-Bereiche, Apotheke).
Schließung der Hühnerfarm „Sonnenhalde".
Einzug der Bewohner in den neuen Friedenshort, Badweg

1983 Beginn der stufenweisen Sanierung des Diakonie-Krankenhauses, Renovierung des Wichernhauses.
Diplom-Betriebswirt Detlev Stöhr finanzieller Geschäftsführer.
Diplom-Betriebswirt Heinz Nägele Personalleiter, Geschäftsführer ab 1984.
Einrichtung der Neurologie als 16. Fachabteilung, Leitung Priv.-Doz. Dr. Jürgen Meyer-Wahl.
Diakonisse Elisabeth Hiller Pflegedienstleitung im Krankenhaus (Erwachsenenbereich).
Diakonisse Gertrud Fischer und Schwester Christine Jeworrek Leiterinnen der Kinderkrankenpflegeschule

1984 Diakon Arnold Moskaliuk.
Gründung der Ökumenischen Krankenhaushilfe „Grüne Damen".
Dr. Detlev Rehnitz Chefarzt der Röntgenabteilung.
Priv.-Doz. Dr. Hans Peter Geisen Chefarzt des Zentrallabors.
Dr. Hansjörg Schneider Ärztlicher Direktor.
Pfarrer Hans Frieder Breymayer stellvertretender Hauptgeschäftsführer und 2. Pfarrer bis 1991

1985 Schwester Maria Herwarth stellvertretende Oberin.
Chefarzt Dr. Erich Jäger geht in Ruhestand.
Aufgliederung der Chirurgischen Abteilung in zwei Bereiche: Allgemein- und Gefäßchirurgie, Leitung Prof. Dr. Volker Lenner.
Unfall-, Hand- und Wiederherstellungschirurgie, Leitung Priv.-Doz. Dr. Hartmut Siebert.
Neubau der Wäscherei in der Salinenstraße.
Renovierungs- und Sanierungsarbeiten in der Chirurgischen Abteilung, Zentrallabor und in der Hochhausküche.
Dr. Roberto Mulach weiterer Belegarzt der HNO-Abteilung

1986 100-Jahr-Jubiläum des Evang. Diakoniewerkes.
Apotheker Klaus Schmidt Leiter der Krankenhausapotheke.

1987 Schwester Maria Herwarth Oberin
Schwester Hanni Krüger und Schwester Susanne Mayr Leiterinnen der Krankenpflegeschule.
Schwester Irmtraut Krumrey Fortbildungsreferentin.
Prälat Dr. Albrecht Hege 25 Jahre Vorstandsvorsitzender und Vorsitzender des Verwaltungsrats.
Einführung 2jähriger Weiterbildungskurse für

Anästhesie- und Intensivpflege und ab 1992 für den OP-Dienst

1989 Diakonisse Margarete Mühlbauer Leiterin des Referats Gemeindekrankenpflege.
Professor Dr. Geisen Ärztlicher Direktor

1990 Schwester Irmtraut Krumrey stellvertretende Oberin.
Pfarrer Kurt Württemberger Krankenhausseelsorger.
Umstrukturierung des Diakoniewerkes.
Wiedereingliederung der Diakonie-Krankenhaus GmbH in das Evangelische Diakoniewerk e. V.
Bildung eines vierköpfigen Vorstandes (Direktor Pfarrer Manfred Jehle, Oberin Maria Herwarth, Verwaltungsdirektoren Heinz Nägele und Wolfgang Hanselmann).
Bildung einer gemeinsamen Mitarbeitervertretung (MAV).
Einweihung des renovierten Nikolaihauses mit 56 Plätzen, heute Wohn- und Pflegestift.
Rolf Hitzler Pflegedirektor.
Schwester Mechthild Mohr Referatsleitung des Bereichs Altenhilfe

1991 Diakon Martin Weidenfelder.
Pfarrer Sven Jacobsen 2. Pfarrer.
Augenarzt Dr. Martin Nowak weiterer Belegarzt.
Dr. med. Christina Lederer-Förster Betriebsärztin

1992 Inbetriebnahme des neuen Zentral OP mit 9 OP-Sälen, Intensivstationen und Zentralsterilisation.
Diethelm Ricken Verwaltungsdirektor.
Dr. Thomas Pescheck Leiter der Belegabteilung für Mund-, Kiefer- und Gesichtschirurgie.
Einweihung eines Wohnheims in der Stauferstraße (Außenwohngruppe von Heim Schöneck).
Barbara Fischer Referentin für Öffentlichkeitsarbeit

1993 Prälat Hans Kümmel übernimmt den Vorsitz der Mitgliederversammlung und des Verwaltungsausschusses.
Anschaffung eines Kernspintomographen.
Einweihung der neuen Ambulanz und Notaufnahme.
Umbau des Foyers im Krankenhaus.
Einweihung der Bronzeplastik „Stillung des Sturmes" von Ulrich Henn am Jahresfest.
Karlheinz Rapp Pfarrer für junge Erwachsene und Unterricht.
Dieter Seybold Leiter der Personalabteilung.
Herbert Schmid Leiter der Abteilung für Finanz- und Rechnungswesen.
Einrichtung einer Abteilung für Neurochirurgie unter der Leitung von Dr. Michael Dette, ab 1994 gemeinsam mit Dr. Thomas Hopf.
Verkauf des Heizkraftwerks an die Stadtwerke Schwäbisch Hall, Verpachtung des Hofes in Wilhelmsglück

1994 Martin Scheerer Leiter der Krankenhausapotheke.
Sanierung des 4. OG des Krankenhauses.
Ingrid Kettner Referatsleiterin Behindertenhilfe
Verpachtung des Hofes in Veinau

1995 Schwester Irmtraut Krumrey Oberin.
Diakonisse Margarete Mühlbauer Stellvertreterin

*Seite 142   Der Schwesternfriedhof
Die Fenster der Auferstehungskirche*

*Seite 143   Blick auf das Diak-Gelände
unten: in der Kinderabteilung
Das Redaktionsteam dieses Buches in froher Runde*

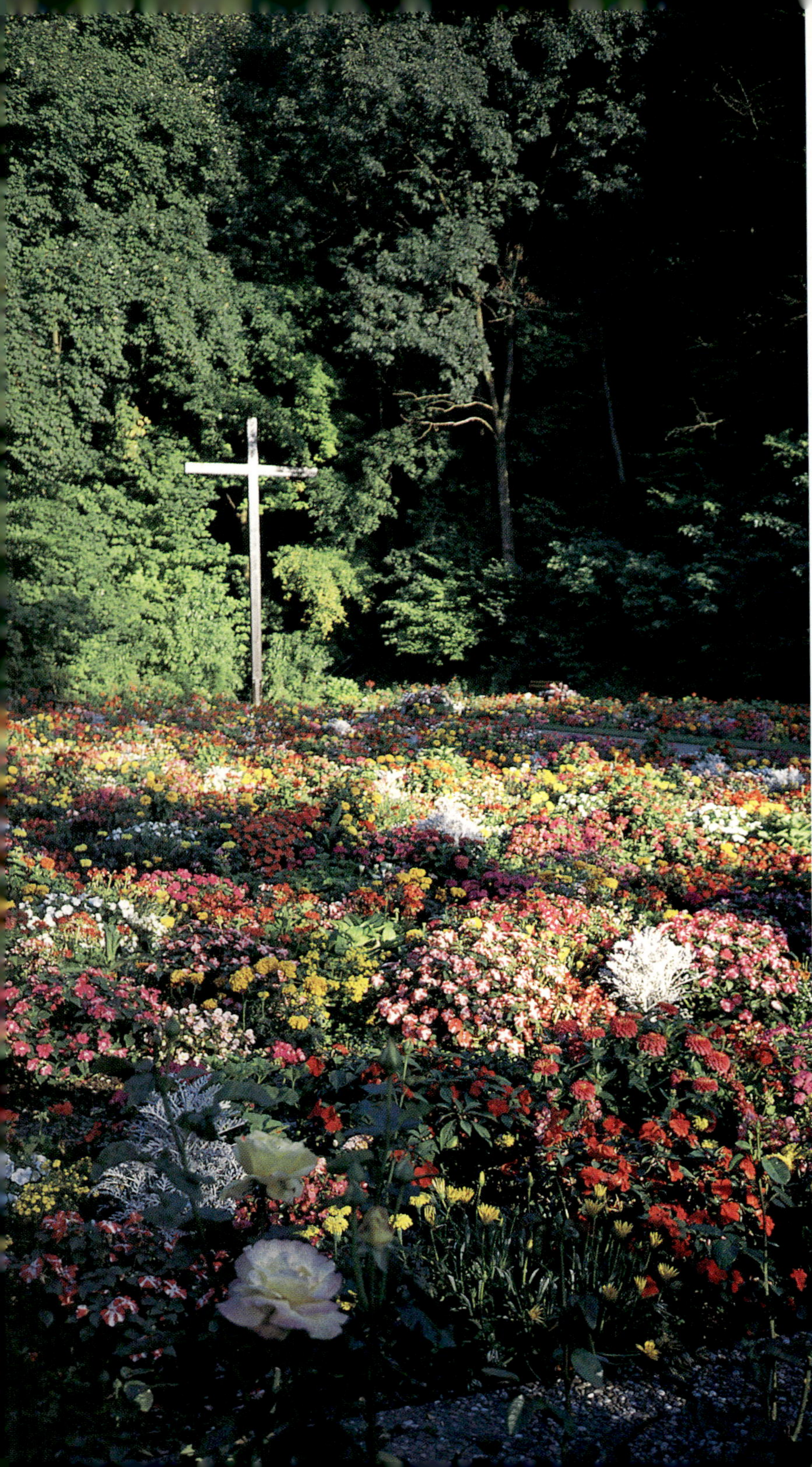

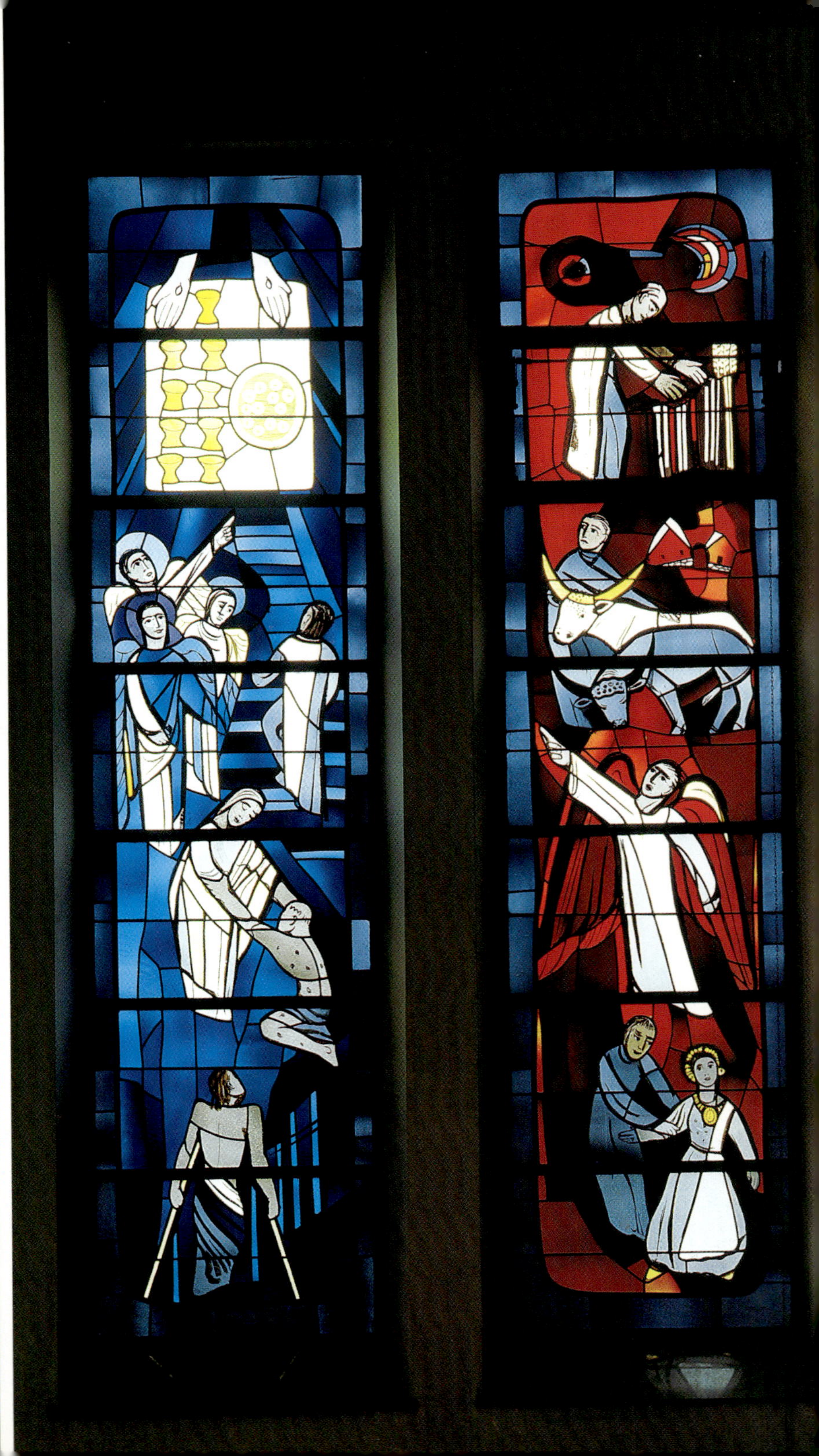

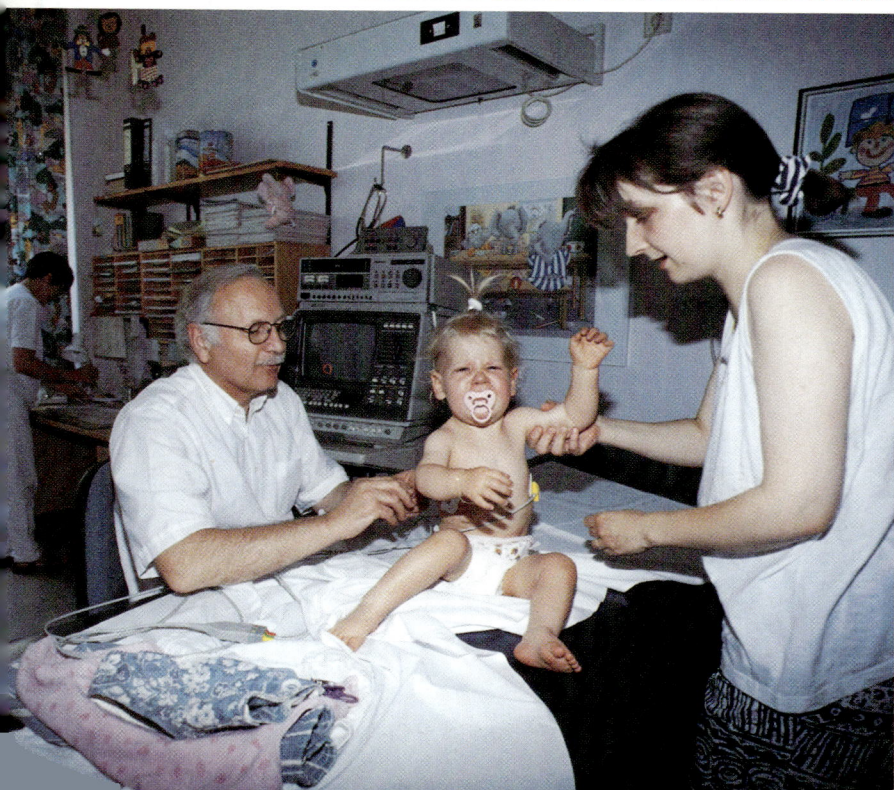

Im Wir-Verlag Walter Weller erschienene Textbildbände:

Thüringer Wald	ISBN 3-924492-50-6,	DM 49,80
Nordwestlicher Thüringer Wald	ISBN 3-924492-51-4,	DM 34,80
Südöstlicher Thüringer Wald	ISBN 3-924492-52-2,	DM 34,80
Frankenwald und Umgebung	ISBN 3-924492-57-3,	DM 34,80
Obere Saale / Thüringer Schiefergebirge	ISBN 3-924492-54-9,	DM 29,80
Landschaft Obere Saale/SCZ	ISBN 3-924492-33-6,	DM 19,80
Westböhmen / Západní Cechy	ISBN 3-924492-62-X,	DM 29,80
Westliches Erzgebirge	ISBN 3-924492-56-5,	DM 29,80
Zwickau und Umgebung	ISBN 3-924492-58-1,	DM 24,80
Klingenthal am Aschberg	ISBN 3-924492-59-X,	DM 29,80
Hof im Wandel der Zeit Band I	ISBN 3-924492-63-8,	DM 34,80
Hof im Wandel der Zeit Band II	ISBN 3-924492-64-6,	DM 34,80
Willkommen in Hof	ISBN 3-924492-65-4,	DM 34,80
Vogtland (Band 1: Hof/Plauen)	ISBN 3-924492-53-0,	DM 34,80
Vogtland (Band 2: Thüringen/Sachsen/ Bayern/Böhmen)	ISBN 3-924492-55-7,	DM 29,80
Der Schmalkaldische Krieg (Vogtland)	ISBN 3-924492-60-3,	DM 14,80
Im Sog des Chaos	ISBN 3-924492-67-0	DM 16,80
Bergbau und Bergleute	ISBN 3-924492-21-2,	DM 29,80
Stauferkreis Göppingen	ISBN 3-924492-04-2,	DM 29,80
Wir – Ries, Härtsfeld, Heidenheimer Alb	ISBN 3-924492-03-4,	DM 29,80
Aalen, einst und jetzt	ISBN 3-924492-22-0,	DM 38,00
Erlebnisse in einem Bauerndorf	ISBN 3-924492-66-2,	DM 19,80
Wege zum Glücklichsein	ISBN 3-924492-32-8,	DM 29,80
Grüne Juwelen – Wandern durch Baden-Württemberg	ISBN 3-924492-31-X	DM 29,80
Kocher/Jagst (Crailsheim/Schwäbisch Hall)	ISBN 3-924492-42-5,	DM 39,80
Schwäbisch Hall	ISBN 3-924492-41-7,	DM 19,80
Das Diak in Schwäbisch Hall	ISBN 3-924492-70-0	DM 39,80
Musizieren im Raum Aalen	ISBN 3-924492-12-3,	DM 29,80
Musizieren im Raum Schwäbisch Gmünd	ISBN 3-924492-11-5,	DM 29,80
Musizieren im Raum Heidenheim	ISBN 3-924492-13-1,	DM 29,80
Zauberhaftes Südtirol (mit viersprachigen Bildtexten)	ISBN 3-924492-11-8,	DM 38,00

Alle nachfolgenden Bände komplett mit dreisprachigem Text:

Willkommen in Schwäbisch Hall	ISBN 3-924492-44-1,	DM 24,80
Willkommen in Hohenlohe	ISBN 3-924492-43-3,	DM 34,80
Vom Neckar zur Donau	ISBN 3-924492-08-5,	DM 39,80
Landkreis Reutlingen	ISBN 3-924492-09-3,	DM 39,80
Fils, Teck, Hohenneuffen, Hohenurach	ISBN 3-924492-06-9,	DM 39,80
Hohenstaufen, Rechberg, Stuifen	ISBN 3-924492-05-0,	DM 39,80
Donau, Ries, Ostalb, Brenztal	ISBN 3-924492-07-7,	DM 39,80
Rund um den Schönbuch	ISBN 3-924492-40-9,	DM 39,80